VIER WANDELAARS EN EEN SICILIAAN

Marion Pauw
Elle van Rijn
Roos Schlikker
Femmetje de Wind

Vier wandelaars en een Siciliaan

Roman

the house of books

Naar een idee van Elle van Rijn

Omslagontwerp: Margo Togni, Renkum
Auteursfoto: © Yvette Kulkens
Visagie: Elles Nijkamp
Typografie: Crius Group, Hulshout

ISBN 978 90 443 6334 0
ISBN 978 90 443 6335 7 (e-book)
NUR 301

www.thehouseofbooks.com
www.overamstel.com

OVERAMSTEL
uitgevers

The House of Books is een imprint van Overamstel uitgevers bv

FSC
www.fsc.org
MIX
Papier van verantwoorde herkomst
FSC® C104608

Proloog

Lot

Ze zeggen dat de mens twee drijfveren heeft: liefde en angst. Natuurlijk zou ik heel braaf hebben geroepen dat het liefde is – alleen maar liefde die stuurt wie ik ben en wat ik doe. Maar toen Joy twee weken geleden binnenstormde en ik haar mond zag bewegen, krampte het in mijn kruis.

Joy kwam nooit op een doodgewone dinsdagnamiddag aanwaaien. 's Avonds stond ze weleens opeens voor de deur. Als er een minnaar was weggelopen of wanneer het haar niet lukte zich te concentreren op haar tekst, of als ze vond dat zíj een rol had moeten spelen in plaats van 'die hysterische Eucalypta met die enge neus'. Maar aan de banaliteit van mijn gezinsleven die zich aan het begin van elke avond opdrong – kinderen naar sportklasjes, boodschappen doen, een wokschotel in elkaar draaien – onttrok Joy zich het liefst. Toch stond ze daar, en terwijl haar mond bewoog kneep alles onder mijn baarmoeder zich samen.

Het is een misverstand te denken dat het bange in je borst woont. Wie ooit opeens moest remmen voor een wild dier dat in de nacht de weg oversteekt en je met rode ogen door de voorruit aankijkt, weet dat diepe, hevige angst niets te zoeken heeft boven je middenrif. Angst nestelt zich in de laagte.

Sinds die namiddag zeurt het in mijn lijf. Joy's lippen vormden letters die als vanzelf tot woorden werden gesmolten. Woorden die ik eerst niet goed begreep. Woorden die na een tijdje beelden werden. Beelden die ik in mijn hoofd heb gesmeed en die ik niet meer weggedacht krijg.

Terwijl ze praatte staarde ik naar die lippen, een vleugje parelmoer in de gloss. Pas toen ze een tijdje niet meer bewogen, realiseerde ik me dat ik een vraag moest beantwoorden.

'Heb je écht nooit iets geweten?' vroeg ze nogmaals, nu dwingender.

Heb ik echt nooit iets geweten? Wat een onzin om te denken dat je na veertien jaar huwelijk elke dagelijkse stap van de ander kent. Want wat is weten? Een rare gedachte die plots in je kop opduikt. *Hij zal toch niet…?* Een schichtige blik. *Wat kijkt-ie raar.* Een joviale schouderklop. *Au.* Te hard. Alsof je zijn mattie bent. Ben je een schaap als je geen idee hebt dat je hier conclusies aan moet verbinden? Of durf je te vertrouwen? En laat je je leiden door liefde in plaats van angst?

Misschien was het liefdevol dat ik zo lang zweeg. Dat kan ik goed. Mijn kop houden. Of simpelweg doorbabbelen zonder echt iets te zeggen, wat in feite hetzelfde is. Gewoon flink zijn, rug recht, dat werk. Maar Joy had hem opgebeld terwijl ze naast me zat en had gezegd dat hij nu naar huis moest komen. Dat het belangrijk was. Joy praat graag in hoofdletters. Zelf is ze een wandelend uitroepteken. Haar luide stem, haar uitbundige manier van kleden, haar lach die klettert als een steiger die op een stoep bruusk door bouwvakkers in elkaar wordt gezet. Er is niemand die om Joy heen kan. En Jos al helemaal niet.

'Lobbes, jij meldt je binnen een kwartier bij Lot en dan gaan jullie eens heel, heel goed praten!'

Het was Joy die Jos de naam Lobbes had gegeven. Lot en Lobbes, dat vond ze geestig. Lobbes zelf vond ze iets minder geestig. Nou ja, ze vond eigenlijk niets van hem. Zoals je van de kleur beige niets kunt vinden.

'Lobbes ís er nu eenmaal,' zei ze altijd. Toen we nog vaak samen uitgingen, maakte ze luidruchtig grappen omdat ik al samenwoonde. 'Je bent een burgertrutje,' sneerde ze. Ze bedoelde het niet kwaad, het contrast tussen mij en haar was domweg vrij groot. Joy met haar laag uitgesneden truitjes ('je mag best een beetje decolleteren als vrouw'), haar sterke verhalen, haar grappige imitaties van bekende acteurs ('ik heb een uit-ste-ken-de Meryl Streep in huis'). We concurreerden niet, nooit. Alle passie was voor Bassie. En ik, Adriaan, bekeek het vrolijk, nam nog een biertje en kroop 's nachts tegen de stevige billen van Lobbes.

Tien minuten nadat Joy hem thuis had verordonneerd stak Jos de sleutel in het slot.

Zijn blik die meteen richting de punten van zijn schoenen ging toen hij de kamer binnenkwam, verraadde hem. Schaamte doet je altijd naar beneden kijken. En ik, ik keek naar hem. En zag opeens een veeg grijs in zijn haar die me eerder nog niet was opgevallen.

'Willen jullie misschien een wijntje?' murmelde hij.

Niemand gaf antwoord.

'Lobbes. Lot. PRA-ten.' Als Joy niet alleen in hoofdletters, maar ook in afgemeten lettergrepen spreekt, dan weet je dat het menens is.

Dus daar zaten we. Lot en Lobbes. Het uitroepteken had met veel gewapper van haar jaspanden het huis verlaten. Ons huis. Dat was het nog steeds. Maar nu zat er een man tegenover me die ik niet bleek te kennen aan een tafel die me plotseling vreemd was. Onze monden bewogen. Hij die zijn hand naar me reikte. Mijn armen die slap langs mijn lichaam hingen. Opeens mompelde hij: 'Drukke dag gehad? Veel gekkies?'

Ik haalde mijn schouders op. 'Jos, ik... Moet je me iets vertellen?'

En toen knikte hij. Waarna onze monden stil bleven staan. Ventielen van een opblaasbed. Alle lucht was uit ons gelopen.

'IK LUST WEL EEN MAMMOET.' Godzijdank kwam Noelle binnendenderen. 'Mijn biotoets ging echt zooooo slecht. O en mam, mijn sporttas ruikt heel raar. Alsof er een dier in zit dat drie weken geleden is vergaan. Kun jij daar wat aan doen?'

Opgelucht sprong ik op. Uitstel van executie. De executie van mij. Van Jos. Van ons. ‘Ga maar even zitten jij,’ zei ik, terwijl ik Noelles kicksen begon open te wrikken en de scheenbeschermers die zich in haar puberspek hadden genesteld losbikte. Zweetlucht walmde om ons heen, nog sterker dan de odeur van een dode bunzing die van haar spullen afkwam. Ik had geen idee of de lucht van haar of van mij afkomstig was.

Jos zat nog steeds aan tafel, onbeweeglijk, als een ornament. Een Chinese vaas midden tussen de oude kranten en boekjes van de huiswerkbegeleiding. Een vaas die al gebroken was, maar waarvan je dat pas zou opmerken als je hem optilde en hij in je handen uiteen regende.

De dagen erna was alles alsof Joy die dinsdagmiddag nooit op de stoep had gestaan. Ik liet elke ochtend Kees de Bouvier uit. *Doorgaan.* Ik hielp Jani met de priemgetallen voor wiskunde. *Doorgaan.* Ik juichte toen Noelle een penalty stopte. Ze stond in het doel als een reuzin. Haar krijg je ook niet omver. *Doorgaan.*

Jos en ik maakten grapjes aan tafel, we keken een serietje op de bank, we vroegen hoe het op het werk ging. Maar er was een beleefdheid in ons geslopen die vreemd aanvoelde. Niemand kon zien hoe alleen we opeens waren in dat overvolle huis van ons. Er lag een stilte onder het geluid van alledag. Het geluid dat niet meer geruststellend normaal was. Het geluid dat niet meer klonk als thuis.

Ze zeggen dat de mens maar twee drijfveren heeft: liefde en angst. Maar wat als je bang bent geworden voor de liefde die er niet meer is?

Een week later. De keukentafel waar al lang geen Chinese vaas meer stond – die keek in de kroeg Formule 1 – werd bezet door Joy. Ze had mijn hand gepakt en was klaar om het gesprek te openen. Maar ik lulde eroverheen. Ik vroeg naar haar werk, altijd een reden voor een tsjechoviaanse monoloog. ‘En hoe is het met je agent? Heeft die nog iets moois voor je op stapel staan? Vast wel,' rebbelde ik. 'Volgens mij ben jij de grootste naam uit zijn stal. Een paradepaardje. Toch? Nou kom, vertel eens, ik wil alles horen.'

Heel even flikkerde er in de ogen van Joy een trots lichtje. Ze hield een heel verhaal over haar manager, het ging over afwijzingen, jongere generatie, seksscènes. Ik luisterde half. Toch was er iets in haar woorden wat me prikkelde. Want er klonk gesnuif. Gesnuif dat uit mij kwam. 'Lot! Moet je huilen? Meisje toch, jij huilt nooit!'

Joy opende haar armen en drukte me tegen haar boezem. Weerloos. Willoos. Een dwangbuis van vlees, dat was ze. En hoewel ik me wilde verzetten, werd mijn lichaam langzaam slap. Ik leunde tegen haar zachte borsten, haalde diep adem en opeens hoorde ik het mezelf zeggen: 'Joy, ik moet hier een tijdje weg.'

Joy keek me aan en begon te grijnzen. 'Goed idee! Zullen we een week zon pakken? Ik ben zo bleek.'

'Lopen!' Mijn basstem botste tegen de keukenwanden. 'Ik moet lopen.'

'Sorry?' vroeg Joy, niet gewend dat haar verhalen onderbroken werden.

'Ik moet lopen. Gewoon, letterlijk stappen zetten, Joy. Ik kom hier thuis niet vooruit. Ik weet niet wat ik moet. Klemgezet, dat ben ik. En dat heb jij gedaan.'

Joy's wenkbrauwen schoten omhoog. 'Nou, dat heeft Jos gedaan. Ik ben alleen maar een goede vriendin.'

Ze had gelijk natuurlijk. Maar zonder Joy zou alles nog gewoon zijn geweest. Het gewone leven dat veilig was. Een prettig nestelen in het kuiltje onder zijn sleutelbeen. 'Fijne dag gehad?' 'Mmm.' Een antwoord dat ik zo lang zonder enig wantrouwen heb aangehoord.

Toch verzachtte mijn stem toen ik verder praatte. 'Sorry. Natuurlijk. Dit is niet jouw schuld. Jij bent de beste vriendin. En daarom... nou ja. Ik heb altijd al het Pieterpad willen lopen. Eigenlijk wilde ik zoiets komende zomer met Jos doen, maar...'

De lucht liet zich met moeite naar binnen zuigen. Uiteindelijk zei ik het nog maar eens, inmiddels piepend in de hoogte. 'Joy, ik moet lopen.'

Het is nu vier dagen later. Verrassend snel heeft Joy zich na de eerste schrik ('Wándelen?!') herpakt, de tickets waren gekocht voor ik het wist. Ik haal een laatste doekje over de tafel wanneer de deurbel gaat. Ik pak mijn rugtas waarmee ik zo vaak met Lobbes door de bergen ben getrokken. Hij geeft me een banaan mee voor onderweg naar het vliegveld.

'Zul je voorzichtig zijn?' vraagt hij.

Ik knik en antwoord: 'Zul jíj voorzichtig zijn?'

Ik hoor de beladenheid in mijn woorden. Voorzichtig met wat? Dat wat ik nooit had mogen weten?

Hij loopt op me af. Zijn buik puilt over zijn broekband. Zijn armen gespreid.

'Kom eens even hier.'

Net op het moment dat hij me wil omhelzen, buk ik. Ik doe het niet eens expres, maar mijn veter zit los. De veter van mijn stevige wandelschoenen. Wanneer ik overeind kom, staat hij hulpeloos naast me.

'Nou, kop op!' zeg ik vrolijk. En ik geef hem een schouderklop. Te hard.

'Dag Lobbes.'

'Dag Lot.'

Joy

Soms zou je willen dat je onwetend was gebleven. In mijn geval: dat ik niet door het Vondelpark was gefietst en Lobbes daar onverwacht had zien joggen in een hip trainingspak. Eerst was ik in de lach geschoten. 'Wat loop jij hier nou sportief te doen, Lobbes?' wilde ik roepen. Maar ik zag dat hij op iemand af rende die kennelijk op hem stond te wachten. Ik volgde het stel tot ik lang genoeg had gekeken om zeker te weten dat mijn ogen niet logen. Zonder aankondiging was ik naar mijn geboortedorp gegaan. Krommenie, een plek waar alles sinds ik het vijfentwintig jaar geleden achter me heb gelaten, hetzelfde is gebleven. Iets wat even beklemmend als bevrijdend is.

Lot was aangenaam verrast geweest. 'Joy, wat gezellig!' had ze geroepen. Haar brede Lot-lach was echter snel van haar gezicht verdwenen toen ik haar vertelde waarom ik zo spontaan langskwam. Ik vroeg of ze nooit iets had vermoed. Het antwoord op mijn vraag was ze me schuldig gebleven. 'Ik in elk geval niet!' had ik toen maar gezegd. Lot denkt dat ik Lobbes saai vind – sec genomen is hij dat ook –, maar ik vond hem perfect voor haar. PERFECT! Dus zei ik dat ze moesten praten, omdat communicatie de enige manier is om dit te boven te komen. Haar armen, die ik eigenlijk alleen maar ken in volle actie, hingen slap langs haar lichaam.

Een kwartier later zaten ze samen tegenover me, als twee veroordeelden op de beklaagdenbank. Mijn ogen schoten van hem naar haar en weer terug, als een regisseur die zijn close-ups zorgvuldig heeft gedecoupeerd om niets van het drama te hoeven missen. Lobbes met zijn vierkante hoofd, bruin stekelig haar, twee ogen die meer dan gemiddeld uit elkaar staan, en het hart zogezegd op de juiste plek. Lot als zijn vrouwelijke tegenhanger, met witblond haar dat net zo borstelig was als dat van Lobbes en met felblauwe ogen die je niet, nooit niet, uit de weg kunt gaan omdat ze doorgaans sprankelen van energie. Behalve nu.

Na een aarzelende start van Lobbes spoorde ik Lot aan om te zeggen hoe zij zich voelde. Maar het gesprek sloeg dood als bier in een vet glas. Noem het beroepsdeformatie, maar als actrice heb ik feilloos door wanneer woorden uit het hart komen of leeg zijn. Wanneer het gevoel of het hoofd spreekt.

Ik stond op. 'Kennelijk werkt het niet als ik erbij ben, maar praat alsjeblieft met elkaar!' Dat ik eigenlijk weg moest omdat ik een afspraak had met mijn agent, zei ik er niet bij. Ik gaf Lot een stevige knuffel om haar te laten merken dat ik er voor haar was, dat het linksom of rechtsom wel goed zou komen, maar ik kreeg geen Lot-kracht terug. De blik die ze me toewierp voordat ik met mijn gesponsorde trenchcoat de woning verliet, gaf me buikpijn. Mijn vriendin die mij altijd uit de wind had gehouden, dreigde nu zelf te worden weggeblazen.

Dat het echte ongeluk toen nog moest komen, daar had ik nog geen idee van. Nietsvermoedend nam ik de bus van Krommenie terug naar Amsterdam, om met opgeheven hoofd het vaste eetcafé van mijn agent binnen te wandelen. Ik had me verheugd op het etentje met Robert, hij had vast een nieuwe rol voor me. Zijn enthousiasme aan te telefoon was niet te missen. Een aanbieding voor een film of toneelstuk zou niet alleen een boost zijn voor mijn ego, maar ook voor mijn lege bankrekening. Beroemdheid op zich levert geen klinkende munt op. Vorige week nog werd mijn pinpas geweigerd en moest ik van de caissière alle boodschappen terugleggen. Gelukkig dat de bedrijfsleider me wél herkende, anders was het nog veel gênanter geworden. Nu Robert me had uitgenodigd, vertrouwde ik erop dat ik snel weer aan het werk zou zijn.

Maar het gesprek kreeg een heel andere wending. Het zou me aan diepgang voor karakterrollen ontbreken, en ik zou inmiddels te oud zijn voor de commerciële bulk. Robert had zijn woorden iets subtieler gekozen, en het had even geduurd voor de betekenis volledig tot me doordrong. Had hij nou werkelijk aangekondigd dat hij onze samenwerking wilde stopzetten? Omdat ik uitgerangeerd zou zijn, passé?

Voor de tweede keer die dag was ik de deur uit gestormd. Wat dacht hij wel niet?! Ik was degene die zijn *agency* naam had gegeven in een tijd dan niemand nog van Robert Talent Agency had gehoord. Mijn succes in de hitserie *Harten Vier* had hem niet alleen geld opgeleverd, maar hij had er ook als agent naam door kunnen maken. En alleen maar omdat het de laatste jaren wat stilletjes was geweest wat boekingen betreft, had hij het in zijn doorgesnoven poffertjeskop gehaald om mij aan de kant te zetten?!

Op pure adrenaline was ik op mijn fiets naar Amsterdam-Noord gesjeesd. Voordat ik in mijn appartementje was aangekomen, had ik al een plan bedacht om wraak te nemen. Ik zou Robert weleens leren wie van ons het machtigst was. Binnen een uur had ik alle agency's gemaild dat ik was 'vrijgekomen' en dat ik openstond voor een gesprek. Daarna had ik een fles wijn opengetrokken en me met een dekentje op de bank genesteld. Tevreden had ik bedacht dat ik deze ervaring weer mooi aan mijn Stanislavski-toolbox met *emotional memories* kon toevoegen. Vanuit echte ervaring had ik die dag mogen voelen hoe het was om ontslagen te worden. Afwijzing was een groot thema in de gevoelswaaier.

Maar nu, een week later, heb ik, afgezien van wat bedankjes op mijn mail, nog geen enkele serieuze reactie ontvangen. Mijn telefoon is zo stil dat ik hem van zeshoog uit mijn raam zou willen smijten. Het enige appje dat ik krijg is van mijn acteursclubje. Ze vragen of ik zin heb om een hapje mee te gaan eten. Ze hebben me al zo'n tijd niet gezien. Ik zeg dat het me énig lijkt, maar dat ik helaas te druk ben. Te druk? De waarheid is dat ik gewoon geen geld heb om in zo'n chique tent te gaan dineren. Mijn wanhoop loopt zelfs zo hoog op dat ik begin te fantaseren over een schandaal of een ongeluk – naakt gaan shoppen in De Bijenkorf of onder een tram lopen – om de aandacht weer op mezelf te vestigen. Me laten ontvoeren? Er moet iets beters te verzinnen zijn. Ik ken een actrice die op latere leeftijd cabaretière is geworden, een ander is nu succesvol schrijfster. Ik word opgeschrikt uit mijn gedachten als de bel gaat. In mijn huispak dat ik al drie dagen en nachten niet heb uitgedaan loop ik naar de voordeur. Het is mijn Senegalese buurman met een envelop die per ongeluk in zijn bus was beland. Een blauwe envelop.

De belastingschuld blijkt niet hoog – ik heb weinig verdiend het afgelopen jaar –, maar als er niets op je rekening staat, is dat evengoed een probleem. What the fuck! What the fuck! Onwillekeurig denk ik aan Lot. Voor het eerst in mijn leven zou ik in haar schoenen willen staan. Ik zou dat gezin willen zijn, met kinderen die je je bloedjes kunt noemen, eten dat steevast om zes uur op tafel staat, een hond die ruikt als hond. In een dorp waar ze je bij je naam noemen bij de bakker en de slager, gewoon omdat je daar vaak komt, niet omdat ze je van tv kennen. Een leven waarin je niet je best hoeft te doen om iemand te zijn. Ja, ik zou Lot willen zijn, zelfs met het idee dat Lobbes…

In elk geval moet ik terug naar haar, en naar onze decennia oude vriendschap. Terug naar waar het ooit begon.

Wanneer ik bij Lot binnenkom, springt Kees meteen tegen me op en begint hij tegen mijn been te rijden.

'Af, Kees, af!' zegt Lot fel.

'Ik dacht dat Kees een meisje was,' zeg ik verbaasd.

'Dat is ze ook,' zegt Lot. 'Thee?'

Er lijkt niks veranderd met een week geleden. De schoenen slingeren nog steeds over de vloer, de afwas staat nog op het aanrecht, de foto van een vrolijk lachend gezin hangt nog aan de muur.

'Zo, hoe is het hier nu?' vraag ik Lot. Haar ogen kleuren even felblauw als altijd, maar haar uitdrukking is dof.

'Zijn gangetje.' De thermoskan waaruit ze een kop thee voor me inschenkt sist.

'Hebben jullie met elkaar gesproken?'

'Zeker wel,' zegt ze met opgetrokken wenkbrauwen om overtuigend over te komen. 'Nog niet alles natuurlijk, maar dat komt wel. Leuke blouse, nieuw?'

Ik kijk naar wat ik aanheb. 'Nee. Oud. Heeft Lobbes je uitgelegd hoe het precies zit? Hoelang hij hiermee al rondloopt, of het een bevlieging is of...'

Haar hand schiet plotseling uit naar de haverkoekjes die op tafel staan. 'Pak zoveel je wilt,' zegt ze, terwijl er wat kruimels in het rond vliegen. Nog voordat ze haar mond leeg heeft gekauwd, neemt ze een grote slok thee. 'Deze zijn zo verslavend. Ik ontdekte ze achter in de kast, ze kwamen nog uit het kerstpakket van...' Ze maakt haar zin niet af. 'Hoe is het met je werk? Nog nieuwe rollen in de planning?'

'Het is waar wat ze zeggen,' begin ik dan maar. 'Ongeluk komt nooit alleen. Robert wil me laten gaan.'

'O, en dat is slecht nieuws?'

'Robert! Je weet wel, mijn agent, degene die mijn rollen regelt?'

'Ow, da's kut ja. Je was zijn paradepaardje, toch?' Ze schenkt zichzelf nog een kop in, waarbij de thee als een waterval uit de kan valt en alles nat is. Geroutineerd pakt ze de keukenrol en veegt de tafel droog, alsof dit vaker gebeurt. 'Kun je niet naar een andere agent?'

'Een relatie met je agency is als familie, die doe je ook niet zomaar weg.'

'Nou ja, als er geen opdrachten meer zijn.' Ze haalt er haar schouders bij op, waarna ze weer een koekje pakt.

'Ja, maar aan wie ligt dat? Niet aan mij.' Ik voel ergernis opkomen door haar gebrek aan inleving. 'En natuurlijk kan ik naar een andere agent – ze staan voor me in de rij –, maar dat is niet de *point*! Het gaat erom dat toen ik van de toneelschool kwam, Robert me smeekte of ik bij zijn agentschapje wilde komen.'

'O ja, je had toen iets met hem.' Lots gezicht krijgt plotseling iets tragisch.

'Seks ja, meer niet. Anyway, het was door míjn hoofdrol in die tv-serie dat zijn handel groeide. Het was míjn populariteit die anderen over de streep trok en hem groot maakte. En nu dankt hij me af!'

Ik wacht haar reactie af. Maar in plaats van enige bijval te geven, begint ze plotseling te huilen.

'Lotje, toch. Laat maar gaan, dat is goed. Gooi het eruit.' Ik ben opgestaan om haar vast te pakken. Haar lijf schokt in mijn armen. 'Ik ben er, Lot, laat je maar vallen.'

Ineens kijkt ze me bevreemd aan. 'Hoe bedoel je?'

'Gewoon, dat je niet altijd sterk hoeft te zijn. Dat ben ik ook niet.'

Ze heeft een vel van de keukenrol getrokken en snuit hard haar neus. 'Ik moet weg, Joy!' zegt ze dan.

Even moet ik switchen, maar dan bedenk ik me: dat kan natuurlijk ook. Misschien is het voor mij ook wel goed om er even uit te zijn. 'Ik kan wel wat zon gebruiken. De batterij opladen, vitamine D binnenkrijgen, een frisse duik nemen.' En nadenken over mijn toekomst... 'Weekje Cariben?' Ik pak mijn kopje en leun tegen het aanrecht.

'Sorry Joy, maar ik heb echt geen zin om vijf mojito's per dag weg te tikken op een all-inclusive resort aan een wit strand in Curaçao,' reageert ze.

Ik verslik me bijna in de groene thee. Want dat was precies wat ik voor ogen had. 'Nee, nee, dat hoeft zeker niet... Wat zou jij dan willen? Naar een stad, of iets sportiefs?'

Ze haalt haar schouders op en laat ze zo hard weer zakken dat haar borsten ervan opveren. 'Jos ging eens per jaar in Frankrijk wielrennen met zijn clubje vrienden.' Ze legt de klemtoon op het woord 'vrienden'.

'Ik heb sowieso niks met zo'n fietszadel.'

Ze denkt lang na. 'Ook geen stedentrip, dan zie ik alleen maar crisis om me heen.'

'Snap ik. Iets met dieren?' opper ik.

'Dieren? Wat bedoel je? Op ezel- of kameeltocht?' Haar gezichtsuitdrukking wordt plotseling agressief, alsof ik die beesten persoonlijk wat wil aandoen door ze te belasten met ons gewicht.

'Ik bedoel: een safari of zo?'

'Dat is toch helemaal niets voor ons, Joy.' Even lijkt ze medelijden te hebben met mij. 'Wie gaat dat betalen?'

'Check.' Ik kan het sowieso niet betalen. Mijn ww-uitkering is overgegaan in bijstand, en dat voor een bekend actrice – gênant. 'Maar wat dán?'

'Ik moet lopen,' zegt ze beslist.

Vanuit de lucht kan ik in de verte het eiland al zien liggen. Geen idee wat ik van deze wandelreis kan verwachten. Ja, dat we veel zullen lopen – iets waar ik überhaupt al geen fan van ben. 'Als je loopt, denk je makkelijker,' was de simpele uitleg van Lot geweest. Ze had het Pieterpad voorgesteld. 'No way, vriendin,' had ik gesputterd. Als we gaan wandelen, dan doen we het goed. En zo werd het Sicilië, een achtdaagse groepsreis met een gids. Dat was goedkoper dan op eigen houtje, en de kans dat we door de maffia zouden worden gekidnapt was in zo'n groep met een Italiaanse gids ook aanzienlijk kleiner. Ik ben natuurlijk toch een publiek persoon, waar losgeld tegenover staat.

Even kijk ik opzij naar Lot, die met haar geknikte hoofd zachtjes snurkt. Lot heeft de reis voorgeschoten. Dat ik het misschien wel nooit kan terugbetalen heb ik haar nog niet verteld. Ik heb de neiging om haar hand te pakken en mijn hoofd op haar schouder te leggen. De eerste keer dat ik haar zag, zaten we op de kleuterschool.

Een jongen had me van de driewieler geduwd waarop ik voorzichtig rondjes reed. Lot was op dat wegscheurende joch afgerend en had hem van het fietsje getrokken. Met het opgetilde fietsje – alsof het niks woog – was ze naar mij toe gelopen: 'Hier!' Sindsdien waren we onafscheidelijk.

Plots slaat Lot haar ogen open, alsof ze voelt dat ik naar haar kijk. 'Zijn we er al?'

'Bijna, kijk maar.' Ik wijs naar de kustlijn van Sicilië, met daarachter de geelbruine heuvels.

'We gaan zo landen, zouden jullie de stoelen rechtop willen zetten?' vraagt de stewardess.

Lot en ik knikken.

'Ach, nu zie ik het pas, Joy de Groot!' Bewonderend kijkt de stewardess me aan. 'Welkom aan boord.'

Ik zet mijn professionele gezicht op. 'Dank je, maar liever niet rondbazuinen.'

'Nee, tuurlijk. Begrijp ik.' Ze buigt zich over Lot heen naar me toe. 'Ga je naar Italië voor werk?'

'Nee, we gaan wan...'

Ik stoot Lot aan. 'Voor de voorbereiding van een rol ja, research.'

'Leuk als je weer eens op tv komt. Ik keek als puber altijd naar *Harten Vier.* Goed, ik moet maar weer eens door.' Dan loopt ze weg in haar blauwe pakje dat precies om haar jonge lichaam sluit.

'Feitelijk ben je nu herkend in het buitenland,' zegt Lot smalend. 'Steek die maar in je zak.'

Ik kijk in haar lachende gezicht, en even doet alles een klein beetje minder pijn.

Hannah

Als psycholoog ben je een vroedvrouw. Klaar om te helpen, maar nooit om het over te nemen. Mijn instrument is de juiste vragen stellen. Ik kijk mee, ik moedig aan. Ingrijpen doe ik alleen als het echt mis dreigt te gaan en dan nog zo zuinig mogelijk. 'Echt mis' is natuurlijk een relatief begrip. Wat voor de een als een mislukking voelt, kan voor de ander een overwinning zijn. Als psycholoog bied je de ander een veilige ruimte om tot inzicht te komen.

Maar de laatste tijd ben ik wat moe. Al die mensen die mijn spreekkamer in en uit hobbelen: ik kan het niet meer opbrengen om ze te laten begaan. Meestal zie ik al van mijlenver aankomen wat er aan de hand is en wat er mis dreigt te gaan. Het is als een kind helpen met een eenvoudig rekensommetje: het is zo verleidelijk het juiste antwoord voor te zeggen.

Daar is Linda, stipt op tijd. Ze loopt de kamer in zonder me te groeten en gaat op de beige leunstoel zitten alsof die van haar is. Ze haalt een tubetje lipgloss uit haar tas en begint de kleur roze uit te smeren op haar lippen. Geduldig wacht ik af. Hoe ongemakkelijk het ook is, ik wacht wel. Dat ongemak is voor de patiënt groter dan voor mij.

'Nou goed,' zegt Linda. Haar stem is hees. 'Ik zal maar meteen met de deur in huis stappen.'

Vallen, hoor ik mezelf in gedachten zeggen.

'Ik wil stoppen met de therapie.'

Het bloed trekt uit mijn gezicht, mijn handpalmen worden klam. Milde paniek, gekoppeld aan de angst voor verlies. Ik herken mijn eigen trauma, maar het overvalt me toch altijd weer, alsof het iets nieuws is. Afwijzing. Er niet bij horen.

'Het heeft niets met jou te maken,' zegt Linda op bijna sussende toon, alsof ze mijn verwarring kan lezen. Ze brengt nog een laagje lipgloss op.

'Vertel,' zeg ik kalm. Ik ben immers getraind om mezelf in de plooi te houden.

Linda zoekt naar woorden, maar ik weet eigenlijk al wat ze gaat zeggen. Dat ze denkt dat ze het wel weer op eigen kracht kan. Dat ze me wil bedanken voor alles wat ik haar in die korte tijd heb geleerd. Het zijn dingen die mensen zeggen, om ervanaf te zijn. Om verder te gaan met doen alsof. Om niet te hoeven zeggen dat het te confronterend is. Te pijnlijk om naar binnen te keren. Dat het tegenvalt jezelf te ontmoeten.

Ik herken ze, de mensen die afhaken. Het is niet mijn eerste keer dat iemand besluit de therapie stop te zetten. Maar deze keer voelt het anders. Het gevoel bekruipt me dat dit misschien wel mijn schuld is. Een onverkwikkelijk gevoel. Een klik hebben is niet iets wat je kunt afdwingen, maar die klik hadden we en toen is er iets misgegaan.

Linda zwijgt.

'Ik ben bang dat je de verkeerde keuze maakt,' doorbreek ik uiteindelijk de stilte.

Ze kijkt me ontzet aan. Alsof ze niet kan geloven dat ik nog steeds niet – of weer niet – 'haar kant' kies. Haar blik dwaalt af naar haar designertas, alsof die haar beter snapt dan ik.

Ik kijk naar mijn kladblok en schrijf op: *Als Linda intimiteit voelt, keert ze zich af. Wil therapie stoppen na vier sessies.* Ik krabbel nog wat door, omdat ik haar blik wil ontwijken. Een blik die beschuldigt, die zegt dat ik heb gefaald. Ach, kom op Hannah, spreek ik mezelf toe, je laat je door zo'n jonge vrouw toch niet van de kaart brengen? Zeg haar gewoon dat het goed is te botsen met je therapeut, dat dat is waar therapie in de kern over gaat. Alles wat er in deze behandelkamer gebeurt, gebeurt ook in het echte leven. Met het verschil dat we hier veilig zijn. Hier kunnen we analyseren wat er aan de hand is, wat er werkelijk speelt achter de maskers, onder de gemeenplaatsen en de terugtrekkende of aanvallende bewegingen van mensen in de buitenwereld. Maar er komen geen woorden uit mijn mond. Linda heeft me geraakt waar het pijn doet, mijn integriteit en mijn vakkundigheid zijn in het geding.

Ik zucht zachtjes. Ik ben moe, eigenlijk ben ik uitgeput. Al bijna twintig jaar zit ik tussen deze vier muren mijn stinkende best te doen stellen nader tot elkaar te brengen, mensen op de rails te zetten; maar hoeveel mensen had ik in die twee decennia nou echt kunnen helpen? Ik had beter psychiater kunnen worden, dan had ik ze tenminste met een pilletje naar huis kunnen sturen en kwam er af en toe nog wat terecht van mijn therapeutische bewegwijzering. Nu lijkt het of mijn adviezen almaar afketsen op een muur van afweer en coping.

'We gaan het gesprek afronden,' zeg ik bruusker dan ik wil. 'Ik zal het dossier sluiten bij de verzekeraar. Je kunt gaan.'

Op de fiets naar huis ploeg ik me door een zware avondlucht. De warmte van de dag hangt nog in het park alsof ze net als de bezoekers niet naar huis wil. Mannen met lang haar en meisjes met wijde shirts zitten op picknickkleden en drinken bier uit hippe flesjes. Jonge mensen in de bloei van hun leven, net als Benjamin. Ik trap nog wat harder. Amsterdam is toch een geweldige stad om te studeren? Waarom moest hij zo nodig weg? Shit, ik had beloofd dat ik hem vanmiddag zou bellen. Zodra ik thuis ben, bel ik hem. Linda had al mijn energie en aandacht gekaapt. Ik had Linda al mijn energie en aandacht laten wegkapen. Was ik te ver gegaan in het vorige gesprek met haar? Ik had haar deelgenoot gemaakt van mijn eigen problemen aan het begin van mijn huwelijk met Zac. Dat doe ik in principe niet, dat doe ik nooit, maar ik wilde haar ervan overtuigen dat het beter was bij haar man te blijven. Ik had haar gewaarschuwd voor de gevolgen die het zou kunnen hebben voor haar kinderen, een scheiding. Ik had haar gezegd het niet te doen. Of tenminste, niet nu: eerst de therapie, dan de beslissing. Maar misschien had ze dat opgevat als bemoeizucht.

Wanneer ik thuiskom, kijkt Zac met één oog op van de krant. 'Hoi,' zegt hij.

'Hoi,' zeg ik vanuit de gang. 'Hoe ging je sollicitatiegesprek?'

'Ging niet door.'

Ik hang mijn jas op het haakje en loop de woonkamer in. 'Jammer. Wat lees je?'

'O, hmm,' zegt Zac.

'Wat is dat: o, hmm?' Mijn therapeutenstem staat nog aan. Hij reageert niet.

'Waarom zet je je leesbril niet op wanneer je de krant leest? Zo krijg je hoofdpijn.'

Zac laat zijn bril met een tikje van zijn voorhoofd naar zijn neus vallen en leest verder.

'Ik had vandaag echt een rotdag,' ga ik door. Vanuit mijn ooghoeken zie ik het halve aanrechtblad vol staan met vuile vaat. Ik marcheer door naar de keuken en inspecteer de schade. Een aangekoekt pannetje havermout. Een paar borden met resten sla en hummus. Vier gebruikte koffiekopjes. 'Je kunt ook koffiedrinken uit een en hetzelfde kopje,' mompel ik. Wanneer ik de vaatwasser open, zie ik dat die nog vol zit met de vaat van gisteravond.

'Sjezus. Eigenlijk ben ik wel een beetje klaar met vandaag, Zac!'

'Wat was er vandaag?' vraagt hij verstrooid.

'Dat gesprek met die patiënt die bij haar man weg wil, weet je nog?'

Hij knikt.

Ik loop terug naar de woonkamer. 'Ik ben bang dat ik buiten mijn boekje ben gegaan. Ik heb haar geadviseerd niet bij haar man weg te gaan. Maar dat hoor ik niet te doen, ik ben geen coach.'

'Wat is er mis met een coach?' Sinds zijn ontslag gaat Zac langs bij een loopbaancoach, een meisje van eind twintig dat nog nauwelijks met haar eigen loopbaan begonnen is. Ze hoorde bij de *golden parachute*-regeling die bij zijn ontslag kwam. Zac is erg te spreken over haar, hoewel ik tot nog toe weinig resultaten bespeur. Hij opperde laatst dat hij misschien zelf wel coach wilde worden. Dat heb ik hem meteen uit zijn hoofd gepraat. Er zijn genoeg coaches in deze wereld.

'Er is niets mis met een coach,' zeg ik. 'Maar in tegenstelling tot een coach, heb ik een beroepscode. En ik ben bang dat ik over de schreef ben gegaan.'

'Wat kun je jezelf toch altijd heerlijk onderuithalen,' zegt Zac vermakelijk. 'Zou het niet gewoon kunnen dat die patiënte van jou een onhandelbare, zelfingenomen trut is?'

'Hè Zac, doe niet zo flauw.'

'Je kunt het in een volgend gesprek toch rechtzetten met haar?'

'Ze heeft besloten met de therapie te stoppen.' De tranen prikken achter mijn ogen. Ik ga hier toch niet om huilen? We hebben het hier over een patiënt, verdraaid. Ik pak het vuile koffiekopje dat voor Zac op tafel staat en breng het naar de keuken.

'Je hoeft niet aan jezelf te twijfelen, Han, je bent een goede psycholoog. De beste,' roept Zac me na.

Ik draai me om. 'Wat bedoel je daar nu eigenlijk mee? Dat ik niet moet zeuren? Godver, zeg eens wat je écht denkt of bedoelt. Zeg het maar, spaar me niet.'

'Ik zég wat ik echt bedoel, maar jij wilt nooit accepteren dat mensen ook echt bedoelen wat ze zeggen.'

Verbluft kijk ik hem aan. 'Wat bedoel je daarmee?'

'Volgens mij ben je moe,' zegt hij en hij kijkt weer in de krant. 'En ik heb geen zin in ruzie, dus zullen we dit gesprek op een ander moment voortzetten?'

Ik zet het kopje naast de andere vier vieze kopjes op het aanrecht en bijt op mijn onderlip zodat de tranen niet doorzetten. Met veel lawaai ruim ik de vaatwasser eerst uit en dan in. Zac geeft geen krimp. Er zijn mensen die huishoudelijke taken meditatief noemen. Er zijn ook mensen die rustig worden van servies kapotsmijten.

'Mooi, nu heb ik hartkloppingen,' zeg ik tegen een bord. 'Ik heb hartkloppingen,' zeg ik dan iets luider zodat het Zac niet kan ontgaan.

'Sorry,' zegt Zac. 'Ik ben bijna klaar met dit artikel.'

'Prima, prima,' zeg ik. Ik zie inmiddels sterretjes van ingehouden woede. Ik weet dat ik me niet moet afreageren op Zac. Dit gaat niet om hem. Dit gaat om mij.

Nadat ik thee voor mezelf heb gezet, draai ik me om. 'Zac, denk je dat ik het aan mijn hart heb? Ik voel me echt niet lekker...'

Zac zwijgt.

'Zeg, als ik een hartaanval heb, moet ik dan eigenlijk ook wachten tot jij klaar bent met de krant?'

Hij zucht en richt zijn blik op. 'Wat is er toch met je, Han?'

'Ja, dat vraag ik nu juist aan jou, wat denk jij dat er met me is?'

Hij haalt zijn schouders op. 'Volgens mij ben je hartstikke gezond. Je hebt vanmorgen nog een uur gejogd in het park.'

'Er zijn mensen die na een rondje hardlopen een hartstilstand krijgen, dus dat zegt helemaal niets.'

'Heb je nog andere klachten?'

'Ik ben gewoon moe, ik ben gewoon zo moe.' Somber ga ik tegenover hem aan tafel zitten, het theeglas tussen mijn handen geklemd. Ik wil huilen, hard en voluit janken, maar er komt niets. Ik heb geen tranen, dat zei mijn moeder altijd. *Hannah heeft geen tranen.* Dat was trouwens een compliment, althans, zo werd dat geformuleerd. *Hannah lost alles met haar hersens op.*

Zac kijkt me hulpeloos aan. Dat doet hij altijd als ik me ongelukkig toon. Terwijl dat niet hoeft, hij kan me ook gewoon eventjes ongelukkig laten zijn. Maar hoe vaak ik hem dat ook heb verteld, het beklijft niet.

'Misschien heb je wat te veel hooi op je vork,' oppert hij dan.

'Mijn vork is gebroken,' antwoord ik.

'Waarom ga je morgen niet even langs bij de huisarts?'

'Hij ziet me alweer komen. Ik ken zijn assistente beter dan hijzelf.'

Zac schuift de krant met een veelbetekenende blik naar me toe. 'Kijk hier eens naar.'

Ik duw de papieren indringer terug. 'Nee schat, ik heb geen zin in een kruiswoordpuzzel.'

'Ik bedoel deze advertentie, dat lijkt me wel iets voor ons.' Hij wijst op het zwart omkaderde vierkantje onder aan de pagina.

> **Wandelvakantie in de Italiaanse bergen.** SNP biedt voor dit najaar ontspannende wandelvakanties aan, inclusief professionele gids. Kleine groepen, interessant gezelschap of juist in complete rust. Ontdek nu het onbekende binnenland van Sicilië.

Alleen al door het lezen van de advertentie komt mijn centrale zenuwstelsel tot rust. Een wandelvakantie. Ik zou het niet hebben bedacht, maar het klinkt goed. Even geen zwartgallige mensen om me heen, maar alles licht en groen, een kwetterend vogeltje, de septemberzon op mijn blote huid, het knerpen van kiezeltjes onder de zolen van mijn wandelschoenen. En Zac die alle aandacht heeft voor mij.

'En mijn patiënten dan?' vraag ik.

'Die kunnen toch wel twee weekjes zonder je?'

Tien dagen later is het zover. Doodmoe wacht ik op mijn koffer bij de bagageband van de luchthaven van Palermo. Ik was al om vier uur op vanmorgen. Zac kon op het laatste moment toch niet mee. Hij had drie sollicitatiegesprekken. Van één gesprek kun je nog denken: er komt wel een nieuwe kans. Maar drie gesprekken, dat is bijna een garantie op een nieuwe baan. En dus besloten we dat ik in mijn eentje zou gaan, een beslissing waar ik al voordat ik het vliegtuig uit stapte spijt van had. Eerlijk is eerlijk, mijn besluit om alleen te gaan was ingegeven door economische motieven. We kregen het geld niet terug.

'Zie het als een vorm van therapie,' had Zac gezegd. Daarna zei hij iets over dat dingen aangaan die je niet durft de snelste manier is om te groeien. Heeft hij vast van zijn coach.

Wanneer ik door de schuifdeuren de aankomsthal binnenkom, zie ik een man met een bord van SNP in zijn hand waar HANNA op staat.

Ik stap op hem af. '*Hi, my name is Hannah*,' zeg ik. '*With a* H.' Ik maak van mijn handen de letter H.

Hij kijkt naar zijn bord en veegt dan mijn naam in één beweging met zijn mouw weg.

'*I'm Vincenzo*,' zegt hij en hij lacht ter begroeting. Maar goed ook, want ik houd niet van mensen die knuffelen of te lang mijn hand schudden. Een grote rij schuin naar voren staande tanden wordt zichtbaar wanneer hij lacht. Waarschijnlijk iets te lang borstvoeding gekregen.

'*And where is your husband?*' vraagt hij.

'*My husband had a very important congress he needed to attend*,' lieg ik. Niemand hoeft te weten dat mijn man thuis is.

Een nieuwe stroom bezoekers komt door de schuifdeuren naar buiten. We staan in de weg. Vincenzo schrijft met sierlijke letters een nieuwe naam op zijn bordje. Samen wachten we op BIBI. Een jonge vrouw komt op ons af, ze draagt een panterlegging en een strak zijden hemdje. Haar boezem bolt eroverheen als twee hortensia's in volle bloei. Ze heeft lang golvend bruin haar en een rij blinkende orthodontist-tanden. Ik schat haar begin dertig en ik vraag me af wat zo iemand op een gezamenlijk wandelreis te zoeken heeft. Moet dat meisje niet gewoon naar een Lowlands?

'Ik heet Bibi,' zegt ze tegen niemand in het bijzonder. '*Nice to meet you.*'

Ze opent een gehaakt regenboogtasje en haalt er een Dopper-fles uit. Is dat alles wat ze bij zich heeft?

'Leuk je te ontmoeten,' zeg ik. Ze knikt en raakt zachtjes mijn bovenarm aan bij wijze van begroeting.

'Wanneer ben jij geboren?' vraagt ze. Haar stem heeft iets zuchtends. Niet van vermoeidheid, maar van een soort verwondering over de wereld om haar heen.

Ietwat verward door deze vreemde vraag antwoord ik beleefd: '10 november 1975.'

Ze knippert snel met haar oogleden, alsof ik iets heb opgebiecht wat ze moet verwerken.

'Ach... ja. Dat voelde ik al. Maar we komen er wel uit samen.' Dan richt ze zich tot Vincenzo. '*This is the whole group, right? So, let's go?*'

De gids knikt en samen lopen ze in de richting van de deur.

'Hé,' roep ik, terwijl ik op een drafje met mijn koffer achter hen aanloop. 'Waarom wilde je mijn geboortedatum weten?'

Ze kijkt over haar schouder. 'O, ik heb een negatieve interactie met schorpioenen. Als ik er een ontmoet, voel ik dat binnen een paar seconden. En ik probeer mijn chakra-energie een beetje schoon te houden. Snap je?'

Ik wil iets zeggen, maar ik kan zo snel niets bedenken. 'Ik ben Hannah,' zeg ik daarom maar. 'Hannah met een h. En ik kom uit Amsterdam. Ik zou samen met mijn man op deze reis gaan, maar op het laatst lukte het hem niet om mee te komen. Hij heeft een heel belangrijk congres...' Ik ratel. Waarom ratel ik?

Dan houdt ze stil en neemt me aandachtig op. 'Weet je Hannah met een h, er zijn momenten waarop stilte een gedicht is. Hoe zou het zijn om dat gedicht te leren lezen?'

Stomverbaasd staar ik in haar reebruine ogen.

'*Lets go, ladies!*' moedigt Vincenzo ons aan. 'De andere wandelaars zijn al in het hotel. Er is genoeg tijd om in de taxi met elkaar te kletsen.'

Bibi

Terwijl we het eiland naderden zie ik schimmen van bergen. Ze zijn hoger dan ik had verwacht. Ik weet verder niets van Sicilië, behalve dan dat het de bal is waar de laars van Italië tegenaan trapt. Normaal gesproken verdiep ik me meer in mijn reisbestemmingen, maar ik heb deze reis pas gisteravond geboekt. Het was de eerste de beste wandelvakantie die voorhanden was. In het vliegtuig las ik pas de reisinformatie. Ik ga de Magna Via Francigena lopen, een duizend jaar oude handelsroute waar ooit Normandische ridders en middeleeuwse pelgrims overheen trokken, onderweg naar Jeruzalem.

Zodra ik in Palermo uit het vliegtuig stap, slaat de warmte me in het gezicht. Tegelijkertijd is het heiig, zeemist. Op de vliegtuigtrap voel ik dat ik heel even mijn evenwicht verlies. Snel klamp ik me vast aan de leuning. De mens is niet gemaakt om te vliegen, kijk maar wat er met een waterflesje gebeurt bij het landen.

Onderweg naar de uitgang van het kleine vliegveld word ik links en rechts ingehaald. Waarom al die haast? Bij de bagageband zie ik ze weer staan. Ik herken een zorgvuldig geklede oude dame die in de rij voor me in het vliegtuig zat. Twee jongens die hun broekspijpen hoog hebben opgerold en naar aftershave ruiken. Ze houden hun blik onafgebroken op het poortje van de bagageband, alsof ze denken dat de tijd daarmee sneller zal gaan. Zelf heb ik geen bagage ingecheckt, simpelweg omdat ik niets had van de SNP-paklijst. Geen bergschoenen, geen wandelsokken, geen veldfles. Ik zal het moeten doen met een handtas met mijn paspoort, telefoon, portemonnee en een paar lichte kledingstukken.

Vlak voor de uitgang staat een man met een bord waar SNP REIZEN op staat. Naast hem staat een vrouw die in de korte tijd waarin ik op haar afloop al drie keer op haar horloge heeft gekeken. Ze zou knap kunnen zijn met haar symmetrische gezicht en steile, bruine haar, maar de prominente fronsrimpel en samengeperste lippen zitten in de weg.

Ik stel me voor aan de man die onze gids blijkt te zijn. Vincenzo is de naam. Zijn handen zijn ruw van het eelt en hij heeft een prettig soort energie van iemand die volkomen geaard is, die weet wie hij is. De vrouw met het horloge blijkt Hannah te heten. En hoewel ze een stuk ouder is dan ik, doet ze me aan mezelf denken, maar dan acht jaar geleden. Een vrouw die haar lichaam allang heeft verlaten en met opengesperde ogen op zolder woont. Misschien kan ik haar helpen, maar misschien ook niet. Ieder mens heeft immers zijn eigen proces te doorlopen. Hooguit reiken we iets aan en zeggen we vriendelijk: 'Kijk, dit kan ook.' Maar uiteindelijk wordt er pas gedronken als er dorst is.

Bij het hotel, een oud gebouw in het midden van het centrum, blijken er nog twee medereizigers te zijn: Joy en Lot. Ze zijn met een vlucht eerder aangekomen en hebben al een wandeling door de stad gemaakt. Het voelt als een opluchting dat zij er ook zijn. Lot lijkt me een toegankelijke, sociale vrouw die het beste met iedereen voorheeft. Joy komt me vaag bekend voor, al kan ik niet plaatsen waarvan. Met haar in de buurt hoef je je nooit te vervelen, zoveel is al duidelijk. Met luide, opgewekte stem vertelt ze dat ze alvast sandaaltjes zijn gaan kopen voor Lot, die kennelijk alleen teenslippers bij zich had.

'Een echte Italiaanse draagt haar teenslippers uitsluitend naar het strand en zou het niet in haar hoofd halen om ze in de stad te dragen,' beweert Joy.

Aan de voeten van Lot zitten nu zilveren sandaaltjes met opzichtige kristallen. Ze lijken me nogal frivool voor iemand die zo praktisch overkomt als zij. Maar uit haar gezichtsuitdrukking kan ik niet opmaken of ze er blij mee is of niet.

Ik kijk naar mijn eigen voeten. Ze zijn vuil en hebben veel eelt, doordat ik meestal op blote voeten loop. De Birkenstocks die ik vanochtend haastig heb aangeschoten zijn zeker twee jaar oud.

Joy kijkt nu ook naar mijn voeten en barst in lachen uit: 'Maar op Ibiza gelden kennelijk weer heel andere regels.' Ze heeft een meisjesachtige lach die aanstekelijk is.

'Als je wilt heb ik een nagelborsteltje bij me,' zegt Lot. 'En een clipper, want als je nagels te lang zijn, kun je echt problemen krijgen met lopen.'

'Dank je wel,' zeg ik. 'Ik klop later bij je aan.'

Ondertussen heeft Hannah haar sleutel van de receptioniste gekregen en is het mijn beurt om in te checken.

'*The other lady already has the key*,' zegt de receptioniste wanneer ze mijn gegevens heeft opgezocht. Ze knikt naar Hannah, die fanatiek op het knopje van de lift staat te rammen.

'Hoe bedoelt u?'

'U hebt een gedeelde tweepersoonskamer geboekt.'

'Dat lijkt me niet,' zeg ik, al heb ik geen idee wat ik nou eigenlijk geboekt heb.

'Hier staat het: gedeelde tweepersoonskamer.' De receptioniste wil het computerscherm naar me toe draaien om te bewijzen dat ze gelijk heeft, maar ik gebaar dat dat niet nodig is.

'Wij hebben ook samen een kamer,' zegt Joy.

'Maar wij zijn al twintig jaar vriendinnen,' zegt Lot. 'Dus dat is anders.'

'Oké... Kan ik alsnog een eenpersoonskamer boeken?'

De vrouw kijkt op haar computer en schudt haar hoofd. 'Sorry, we zitten helemaal vol.'

Hannah heeft de conversatie opgevangen en is er inmiddels ook bij komen staan.

'Dit kunnen jullie niet menen,' zegt ze op zo'n verontwaardigde toon dat ik heel even een sprankje belediging voel. 'We kennen elkaar niet eens.'

'Tja,' zegt de vrouw. 'Ik vrees dat u daarvoor bij uw reisagent moet zijn.'

Hannah en ik kijken elkaar een moment aan, de afschuw in haar blik is onmiskenbaar. Daarna draait ze haar hoofd weg alsof ze mijn aanblik niet meer kan verdragen.

Alles heeft een reden, zeg ik tegen mezelf. Het Universum is een onverklaarbare multidimensionale puzzel waarvan je bij lange na niet alle stukken kent. Geef je over en laat het gebeuren. Adem liefde in. Adem liefde uit.

'Zullen we maar naar de kamer gaan?' zeg ik.

Hannah geeft mij de sleutel. 'Neem jij hem maar. Er is vast nog wel iets anders te regelen.'

De kamer blijkt op de tweede verdieping aan de voorkant van het gebouw te liggen. Het is er sober ingericht: er staan twee bedden die uit elkaar geschoven kunnen worden en het ruikt er sterk naar kamfer. Ik zet de bedden zo ver mogelijk uit elkaar en ga op het bed bij het raam liggen. Een elektrisch schokje in mijn hoofd. Ik voel opeens dat ik heel erg moe ben en doe mijn ogen dicht. Buiten hoor ik luid getoeter van auto's en in de kamer naast me voert een man een verhit telefoongesprek. Gisteren leek het nog zo logisch. Alsof ik het niet eens meer hoefde te beslissen, het voelde of de beslissing al was genomen. Een *weten.* Maar nu begin ik te twijfelen. Wat doe ik hier? En wie denk ik voor de gek te kunnen houden? Ik moet stoppen met denken, want ik heb zonder het kippenhok in mijn hoofd al genoeg hoofdpijn.

Ik moet in slaap zijn gevallen, want even later word ik wakker van een fel geklop op de deur. Wanneer ik opsta, ben ik een fractie van een seconde mijn evenwicht kwijt. Hannah komt de kamer binnengestormd met haar enorme koffer en rugzak.

'Het is toch niet te geloven?' zegt ze. 'Ik ga een klacht indienen bij SNP, want dit is schandalig. Laat jij je boeking eens zien.'

Er zit geen vraagteken achter de zin, het klinkt eerder als een bevel, maar toch haal ik mijn boeking tevoorschijn. 'Gedeelde tweepersoonskamer,' leest ze voor. 'Het ligt dan aan jou, denk ik.'

'Hoe bedoel je?'

'Ik had een tweepersoonskamer geboekt omdat mijn man mee zou gaan. En nu moet ik hem dus met jou delen, omdat hij op het laatste moment heeft geannuleerd.'

Ik volg mijn adem die diep naar mijn buik gaat, die mijn organen nieuwe energie geeft en mij laat thuiskomen bij mezelf, en ik blaas wat het ook is dat deze Hannah bij me losmaakt weer uit.

'Het is maar voor één nacht,' zeg ik om de boel wat te sussen.

'Twéé nachten. Morgen hebben we een rondleiding door Palermo en slapen we hier nog een keer.'

Al zie ik ertegen op om de kamer met deze vrouw te delen, dat we nog een extra vrije dag hebben komt als een opluchting. Nu kan ik morgen de stad in om wandelspullen te kopen.

Hannah gooit haar koffer op het andere bed en maakt hem open. Keurig gestreken en opgevouwen kleding wordt in de kast gelegd.

'Kijk, ik heb de helft voor jou overgelaten,' zegt ze nadrukkelijk.

'Ik heb niet zoveel bij me,' zeg ik.

Ze laat haar ogen op mijn tasje vallen en zegt niets.

Ik ga weer liggen en sluit mijn ogen, terwijl ik geluidloos een mantra zing.

Aum hring namah aum.

Alle wezens zijn absolute energie en bewustzijn. Ook ik. Ook Hannah. Dan komt er een appje van papa binnen.

Bibi, waar ben je in godsvredesnaam? Je had nu in het vliegtuig moeten zitten.

Aum hring namah aum, zeg ik weer zachtjes tegen mezelf.

Weer val ik in een diepe slaap. Midden in de nacht schrik ik wakker. Er is iets, maar ik kan niet meteen plaatsen wat. Dan zie ik een man naast mijn bed staan. Hij draagt een versleten jasje en kijkt me aan met holle ogen. Ik wil gillen, maar mijn keel zit dicht. Dan bedenk ik me dat hij een geest is.

Ik zie al van jongs af aan 'dode mensen'. Vroeger vond ik het heel normaal om met mijn overleden oma te praten en ook zat er altijd een oude man in ons huis die later niet echt bleek te bestaan. Althans, niet in stoffelijke vorm. Nadat ik rechten had gestudeerd en bij een advocatenkantoor ging werken, raakte ik naast het contact met mijn lichaam ook mijn 'gave' kwijt. Ik dacht er niet meer aan, totdat door yoga de poorten weer opengingen en ook de spookjes terugkwamen. Ik heb geleerd om me ervoor af te sluiten, want anders kan het een behoorlijke heksenketel worden. Ik had natuurlijk kunnen weten dat er in een oud gebouw in Palermo behoorlijk wat zielen kunnen hangen die er nog niet in zijn geslaagd om de oversteek naar het licht te maken.

Het liefst zou ik het licht aan willen doen, spookjes gedijen nou eenmaal beter in het donker, maar Hannah slaapt. Haar adem is snel en oppervlakkig, alsof ze door een roedel woedende honden achterna wordt gezeten, en misschien is dat in haar dromen ook wel zo. Ik vraag me af of zij iets merkt van de aanwezigheid in de kamer. Iemand die niet thuis is in haar lichaam, heeft vaak onbewust alle deuren en ramen openstaan. Dan realiseer ik me dat de entiteiten niets met de kamer te maken hebben, maar alles met háár. Deze vrouw heeft haar halve stamboom om zich heen hangen.

Aum hring namah aum. Aum hring namah aum.

Ik herhaal de woorden in mijn hoofd totdat het licht wordt, het spookuur voorbij is en de wekker van Hannah met een hysterisch geklingel afgaat.

Dag 1

Palermo

Palermo is de onbetwiste economische, politieke en culturele hoofdstad van Sicilië en tevens een van de belangrijkste kunststeden van Italië. Het is een stad van superlatieven en contrasten. Enerzijds is de invloed van grote culturen op elke hoek van de straat zichtbaar, anderzijds heeft Palermo het laagste inkomen per hoofd en de hoogste werkloosheid van Italië.

Lot

Veter naar links, veter naar rechts, veters kruisen en dán pas om de haakjes boven aan de schoen draaien. Zo, die gaan niet meer los. Dat had de spaghettislierterige jongen bij de outdoorwinkel goed uitgelegd. Ik had vanmorgen even getwijfeld of ik mijn kloeke loopschoenen en afritsbroek vandaag al moest aantrekken terwijl we alleen een stadswandeling gaan maken, maar waarom niet? Het kan bloedheet worden, dan gaat alles gauw schuren. En deze schoenen zijn gemaakt om in te schuren; er zit speciale absorberende stof in die blaarvorming voorkomt.

Bovendien heb ik stevigheid nodig. Zo simpel is het. Een anker dat me laag houdt en voorkomt dat ik opeens jankend op een Italiaans marktje sta. Jankend omdat ik de koters mis, jankend omdat ik Jos voor me zie. Jos in zijn eeuwige Levi's-sweater, Jos met de vouwen in zijn kop die er de afgelopen dagen opeens in leken te zijn gesprongen, jankend omdat ik aan de deurmat denk die iedere bezoeker WELKOM heet, maar waarvan ik niet meer weet of die bij mijn huis hoort of bij het huis dat ik vroeger had. Maar één dramaqueen in het gezelschap is al genoeg. Ik ga mezelf hier niet zielig zitten vinden.

'Andréa! Andréa!' Onder ons hotelraam gilt een vrouw zo hard dat de ruitjes in de sponningen trillen. Ik gluur tussen de nog gesloten gordijnen door naar beneden en zie dat ze haar hondje roept, een kefferig exemplaar met een jasje aan. Ik grijns. Over dramatisch effect gesproken. Even verderop gaat piepend een rolluik open, de groenteboer groet met zijn tenorstem de buurman van de koffiebar. *'Salve!'* *'Ciao Petro. Ciao.'* Al dat geluid, al die beweging, ik voel me opeens zo fijn en lekker weg. Italië wordt wakker zoals alleen Italië dat kan. Dit vind je niet bij het Pieterpad. Ik mag Joy wel dankbaar zijn.

Maar Joy is zelf nog niet zo gecharmeerd van het zuidelijke ochtendlicht. Wanneer ik het gordijn een stukje openschuif, draait ze zich met veel misbaar om.

'Lot! Het is midden in de nacht,' kraakt ze.

Onzin. De zon piept al boven de bergen uit. Maar goed, als Joy nog een kwartiertje wil liggen moet ze dat doen. Ik sluip de kamer uit. Niet op kousenvoeten, maar op mijn ankers van de Beversport.

Eenmaal op de gang leun ik even met mijn rug tegen de dunne wand. Kom op, Lot. Je zet jezelf gewoon in beweging en dan zie je wel. Zorg ervoor dat je voorwaarts gaat. Dan komt alles goed.

En zing, verdomme. Zing, buldert het in me. Wie zingt is zorgeloos.

Ah, kijk, zij neuriet ook. Wanneer ik de ontbijtzaal binnenkom, zie ik Bibi met een kop heet citroenwater in haar handen staan terwijl ze uit het raam kijkt. Haar mond prevelt rare woordjes op een ietwat zeurderig melodietje. Het klinkt als 'au me ring, au me ring', maar dat versta ik ongetwijfeld verkeerd.

Wat ze in Italië doet is me een raadsel. Ze lijkt me niet iemand die stevige stappen zet. Haar knieën zijn knokig, ze draagt van die enkelbandjes die kunnen knappen zodra je ertegenaan stoot. Ze ziet er fragiel uit, is ook een stuk jonger dan de rest van de groep. Waarom zou zo'n meisje in haar eentje op wandelreis gaan? Moet die geen chardonnay'tjes nippen met haar dinnetjes?

Zelf ben ik nog nooit alleen op reis geweest. Maar goed, ik had Lobbes. Wie heeft dit meisje? Ik kan haar niet helemaal peilen. Ze lijkt een festivaltypje, zo iemand die precies weet welke bands hip zijn. Tegelijkertijd zit er iets wilds en onverzorgds in haar, met die eeltige voetjes. Broos en taai tegelijk.

Maar aan mensen die zingen kun je onmogelijk een hekel hebben. Wat ik fijn vind is dat je altijd zelf kunt bepalen welke wijs je hoort.

Dus hoewel ik momenteel af en toe Kurt Cobain hoor die 'I Hate Myself And Want To Die' door mijn kop kreunt, kan ik het tij best keren. Ik schep iets te nat roerei op mijn bord, naast een chocoladecroissantje, een minimuffin en een paar plakken mozzarella – we zijn tenslotte in Italië – terwijl ik hard '*Morning has bró-ken, like the first mohohorning*' zing. Dat brengt de stemming er lekker in.

Hoewel Joy daarstraks nog in een halve coma verkeerde, schuifelt ze nu opeens ook de ontbijtzaal binnen en geeft me een stoot terwijl ze naar haar telefoon staart.

'Kan het wat zachter, Lot? Er zijn mensen die nog wél wakker moeten worden.'

Wanneer ze wegloopt, haar blik nog steeds op het beeldscherm gericht, zie ik dat er een wallenplakker in haar haar hangt. Ze heeft mij ook weleens zo'n pakketje cadeau gedaan. Van die halvemaantjes met een of ander slakkenserum die je onder je ogen moet kleven. Joy zweert erbij. 'Tien minuutjes laten zitten en je bent als nieuw!' Het doosje ligt al een jaar in mijn badkamerkastje te verkroepoeken.

Snel gris ik het ding weg. Joy heeft het niet eens in de gaten. Ach, ja. Kleine moeite. Ik ben mensen graag onzichtbaar van dienst. Het liefst plak ik pleisters nog voor ze zijn gevallen of überhaupt weten dat ze kunnen vallen. Als ik kan helpen, ben ik op mijn best.

Dat zegt natuurlijk iedereen in de zorg en dat is ook precies de reden dat we erin belanden. Wie de hulpverlening in gaat moet tegen een stootje kunnen en houdt ervan een vangnet te zijn. Daarom zijn wij bij de crisisdienst mensen die stevige schoenen dragen. Ons krijg je niet omver. Dat kan ook niet, want wij zijn degenen die anderen moeten oprapen. De verdwaasden, de gekkies, de mensen die van een ravijnrand zijn gelazerd en vallen, vallen, vallen, hun eigen donkere diepten in. Midden in de nacht staan ze voor de deur. Krijsend soms. Of ze worden binnengebracht door de ambulance.

Wij zijn de stevige armen die de verdwaasden tegen zich aan drukken. Er zit vaak maar een dunne scheidslijn tussen vastbinden en vasthouden. Je begint met een worsteling, net zo lang tot het beuken stopt, het lichaam verzacht en het eindelijk tegen je aan kan leunen. Als dat lukt, heb ik de mooiste baan van de wereld.

'Weet jij of deze melk lactose bevat?' Hannah kijkt me zorgelijk aan. Er zit een verticale gleuf tussen haar wenkbrauwen waar met gemak een muntje tussen te duwen valt.

'Eeeeh, lactose ís toch melk?' mompel ik.

Hannah schudt driftig haar hoofd. 'Lactose is pure suiker.' Ze begint aan een opsomming van alle kwalijke stoffen die in melk kunnen zitten, een opsomming die zo lang duurt dat ik inmiddels begin te geloven dat het vocht gelijkstaat aan het regenwater dat in Rusland neerzeeg vlak na de Tsjernobyl-ramp. Ten slotte besluit ze het bij thee te houden, waar ze ook een tijdje getergd in tuurt.

'Daar zit geen lactose in hoor,' grijns ik. Niet-begrijpend kijkt ze me aan.

Ik lach hard om het gesprek een beetje lucht te geven. Joy sist beschaamd. Zij houdt maar heel selectief van mijn lach. Toen ze nog weleens een première had, was ze er dol op. Ik kreeg de opdracht flink te bulderen. 'Aanlachen' noemde ze dat. Als een logge kar die in beweging gebracht moet worden, heb je in een theaterzaal altijd één persoon nodig die het op een schateren zet, de rest volgt vanzelf.

Maar nu fluistert ze – iets wat Joy trouwens ontzettend hard kan – in mijn oor: 'Toe, Lot. Iedereen kijkt.' Alsof zij er een probleem mee heeft dat de mensen kijken. Nou goed, ze heeft misschien liever niet dat ze naar míj kijken. Zeker niet wanneer ik lach.

Dus neurie ik maar. En ik roep: 'Hé, kom lekker hier bij mij zitten! We zijn samen op reis, laten we er iets gezelligs van maken met z'n allen.' Wanneer we allemaal een plekje aan tafel hebben, Hannah roerend in haar potentieel giftige thee, Bibi met haar ogen dicht en Joy gehypnotiseerd door WhatsApp, besluit ik het gesprek maar eens te openen.

'Zo! Jongens! Hebben jullie er ook zo ontzettend veel zin in?'

Bibi

Sommige mensen praten om maar te praten. Stilte ervaren ze als bedreigend, dus blijven ze als een bezetene lucht verplaatsen. Zo hoef je niet na te denken, laat staan af te zakken naar de diepte waar woorden niet nodig zijn. Kennelijk is er veel aan de hand bij Lot waar ze niet bij wil stilstaan, want ze blijft maar ratelen tijdens het ontbijt. Of we weleens eerder op Sicilië zijn geweest, wat we normaal gesproken eten, hoe laat, met wie en wat we verwachten van de rondleiding. Ze is erg onderhoudend, dat wel. De grappen vliegen in hoog tempo over tafel, en ook al heb ik eigenlijk geen zin om te luisteren, toch schiet ik af en toe spontaan in de lach. Misschien is afleiding precies wat ik nodig heb.

Terwijl de anderen wachten op Vincenzo, die de rondleiding door Palermo zal geven, besluit ik ertussenuit te piepen om wandelspullen in te slaan. Lot en Joy zijn druk met elkaar aan het kibbelen. Hannah zit op haar telefoon. Ik zeg nog gedag, maar niemand hoort mij. Tegen de tijd dat ik de straat van het hotel uit ben, voel ik opluchting. Wanneer ik de hoek om ga, kom ik in plaats van in de winkelstraat bij de haven uit. Een groot containerschip ligt klaar om te laden en te lossen. Zeemeeuwen krijsen. Mensen schreeuwen. Auto's rijden. Alles draait maar door.

Ik besluit dat ik alle tijd heb, ga op een bankje zitten en haal mijn telefoon tevoorschijn. Vijf nieuwe berichten en elf gemiste oproepen van mijn vader. Ik zal hem toch iets moeten laten weten.

Maak je geen zorgen, papa, app ik hem. *Ik heb besloten dat ik eerst even een stukje ga lopen.*

Een paar seconden nadat ik op VERZENDEN heb gedrukt, komt er alweer een bericht van hem binnen.

KOM ONMIDDELLIJK NAAR HUIS!

Ik zet mijn telefoon uit. Ik kan hem toch niet uitleggen waarom ik deze keuze heb gemaakt, als ik zelf niet eens weet waarom. Ik weet alleen dát ik hier moet zijn. En dat is alles wat ik nodig heb.

Toen ik nog een drukke baan had, dacht ik constant na. Malende gedachten over bijna alles, soms tot het obsessieve aan toe. Maar gek genoeg slaagde ik erin om de dingen waar ik echt bij had moeten stilstaan achteloos opzij te leggen. Ik kreeg last van hoofdpijn. Vast vermoeidheid, dacht ik. Ik verweet het mijn werk, wat niet vreemd was omdat ik meer dan zestig uur per week werkte. Niet lang daarna kreeg ik last van schokjes. Alsof je twee stroomdraadjes tegen elkaar aan houdt en er een vonk overspringt. Het gebeurde meestal wanneer ik 's nachts in bed lag, vlak voordat ik in slaap viel. Ik nam me telkens voor om meer te rusten, langer te slapen, een week naar mijn vader op Ibiza te gaan, maar het kwam er niet van. Ik wilde dingen bereiken. Ik wilde *iemand* zijn. Ik ging maar door, door, door, totdat ik werd uitgeschakeld door mijn eigen hoofd.

Ik was naar de vrijdagmiddagborrel geweest, had tot diep in de nacht gedanst op een xtc-pil en vervolgens een jongen mee naar huis genomen. Zijn naam was Anne, volgens hem waren er wel meer jongens die zo heetten, en we hadden ongeremde seks. Meestal zocht ik mijn bedpartners uit op twee dingen: lang haar en vriendelijke ogen. De mannen die ik op mijn werk tegenkwam, waren van die Zuidas-types die vrouwen naar binnen schrokten als een McDonald's-maaltijd. Ik wilde bovendien iemand die een beetje goed kon beffen.

Anne had tot mijn volle tevredenheid gefunctioneerd en we lagen samen op bed uit te spacen, toen ik weer die vonk in mijn hoofd voelde. Deze keer was het gevoel heviger, en terwijl ik me zwaarder en duizeliger voelde worden, schoot het opeens door me heen: ga ik dood?

Mijn volgende herinnering is dat er twee ambulancebroeders over me heen stonden gebogen. Anne was niet meer in zicht. Ook nooit meer gezien daarna, trouwens.

Ik knipperde een paar keer met mijn ogen.

'We nemen je even mee,' zei een van de broeders. 'Je hebt een insult gehad.'

'Zullen we je iets aantrekken?' vroeg de ander. Op dat moment realiseerde ik me dat ik naakt was. Ik wees naar de kast, waar hij een joggingbroek en een T-shirt uit haalde. Over een onderbroek begon ik maar niet. Het was maar goed dat ik nog een beetje wappie was.

'Wat zijn jullie lief,' wist ik nog uit te brengen.

In het ziekenhuis werd er bloed geprikt en een scan gemaakt. De artsen dachten dat het insult wel door de drugs zou zijn gekomen in combinatie met oververmoeidheid. 'Voortaan beter voor jezelf zorgen,' zeiden ze. 'Niet de avondmaaltijd overslaan en afblijven van de pillen.' Er werd een afspraak gemaakt voor de uitslag. Om een uur of vier stond ik weer buiten. Zonder jas. In de tram was ik me bewust van mijn schaamlippen die tegen de naden van het kruis van de joggingbroek aan schuurden.

Twee weken later was ik terug in het ziekenhuis. Zodra ik de spreekkamer binnenkwam, zag ik al aan de blik van de arts dat het mis was. Ik bleek 'geluk' te hebben, dat wel. De tumor in mijn hoofd bleek operabel en had nog geen vitale functies aangetast. Tot negentig procent van de tumor kon met een operatie worden weggehaald. Daarmee was de kern verwijderd, maar de minuscule tentakels waarmee de tumor zich had gevoed zouden op den duur weer nieuwe kernen vormen. Hoelang dit proces zou duren, was niet te zeggen. Het zou een jaar kunnen zijn, maar ook vijftien. Ik zou de tachtig niet halen, maar mijn leven hoefde niet meteen voorbij te zijn.

In de maanden rondom mijn operatie werd ik omringd door lieve vrienden die bloemen stuurden, eten kookten en lieve berichtjes stuurden. Papa, die al elf jaar op Ibiza woonde en die ik de jaren ervoor zelden had gezien door een langlopende ruzie met mijn moeder, vloog zodra hij het nieuws hoorde over uit Ibiza. Hij huurde zelfs tijdelijk een appartement in Amsterdam om voor me te zorgen. Het is een raar idee: door mijn tumor kreeg ik voor het eerst een vader. Ik was dankbaar voor alle hulp en aandacht, maar ik was ook verworden tot een patiënt. Elke keer dat iemand vroeg hoe met me ging, bedoelden ze eigenlijk: 'Hoe gaat het met je tumor?'

Ik begon steeds meer druk te voelen om al die aandacht met net zoveel aandacht en liefde te beantwoorden. Het was allemaal bedoeld om te helpen, maar ondertussen zoog ik het verdriet en de bezorgdheid van anderen als een spons op. Op een gegeven moment werd het me te veel.

Dus toen mijn vader terugkeerde naar Ibiza, besloot ik mee te gaan en mijn oude leven, en vooral de tumor, achter te laten. Wat je aandacht geeft groeit immers. Ik begon me te verdiepen in een nieuwe manier van leven: yoga, meditatie, reiki, tantra. Wat moet je anders doen als je op Ibiza woont? Ik werd weer een levend, voelend mens die toevallig elk halfjaar op en neer moest naar Nederland voor een controle. Ik liet mijn vader beloven om nooit iemand over mijn toestand te vertellen en zelf deed ik dat ook niet. Oude vrienden sprak ik niet meer.

Een boot toetert. Ik ruik vis. Een klein meisje komt voor me staan. Ik schat haar niet veel ouder dan negen jaar. Ze draagt een roze shirtje met vlekken erin en haar haar is vet en ongewassen. 'Help me.' Ze houdt haar hand op. Haar ogen zijn groot en vochtig, haar benen mager met onevenredig grote knieën. Ze doet me denken aan een veulen.

'Help me,' zegt ze, deze keer iets dwingender, maar ik hoor de onzekerheid in haar stem.

Ik klop naast me op het bankje.

Ze knikt ernstig en klimt naast me. Zo zitten we een tijdje naast elkaar te kijken naar enkele meeuwen die een vuilniszak hebben opengemaakt en vechten om etensresten. Ik pak haar hand vast en vertel haar zonder woorden dat ze waardevol is, dat ze niet het etiket moet geloven dat anderen op haar hebben geplakt, dat alles haar al toekomt zonder dat ze er ooit om hoeft te vragen.

Dan staat er een man naast ons die het meisje hardhandig van het bankje trekt. Binnen twee seconden ga ik van totale vrede naar een dierlijke woede die ik niet van mezelf ken.

'Hé!' schreeuw ik. Het klinkt als het brullen van een leeuwin.

'*È la mia bambina.* Het is mijn dochter. Waar bemoei je je mee?'

'Kijk nou wat je haar laat doen. Is dit goed voor haar?' Ik praat in het Spaans en hoop dat hij begrijpt wat ik bedoel.

'Misschien kun je beter geld geven als je zo bezorgd bent.'

'Waarom leer je je dochter dat ze moet smeken bij vreemden? Waarom laat je haar niet opgroeien in waardigheid?'

Hij gaat voor me staan. In zijn ogen zie ik haat. 'Jij slechte vrouw,' zegt hij. 'Jij duivelse vrouw. Jij branden in de hel.'

Ik kijk strak terug. Als hij denkt dat ik bang ben, heeft hij het mooi mis. Het licht is altijd sterker dan het donker, alleen vergeten we dat soms en daarom is er zoveel ellende in de wereld.

Ook nu wint het licht. Hij verbreekt het oogcontact en sleurt het arme kind mee. Ze kijkt nog een keer achterom.

'*I love you*,' roep ik haar na. '*Ti amo*.'

Hannah

Terwijl we door het labyrint aan straatjes lopen dat de binnenstad van Palermo aan elkaar knoopt, valt het me op dat Bibi is verdwenen. Zouden de anderen dat ook hebben gemerkt? Ik vraag me af of ik er iets over moet zeggen, maar dan herinner ik mezelf eraan dat ik hier niet ben om voor anderen te zorgen. En ik hoef ook niet te passen op mensen met wie ik – weliswaar onder protest – een kamer deel. Toen mijn enige zoon recent het huis uit ging, heb ik besloten dat mijn moedertaken erop zaten. Als er iemand is die op Bibi moet passen dan is het Vincenzo, niet ik.

Mijn oog valt op een in steen uitgehouwen bordje waarop niet alleen in het Italiaans, maar ook in het Arabisch en het Hebreeuws VIA TRABIA staat. Mijn hart maakt een sprongetje, net als wanneer je een oude geliefde tegen het lijf loopt. Ik maak een foto en wacht een rustig moment af om Vincenzo ernaar te vragen. Wie weet is er nog een kleine Joodse gemeenschap in Palermo, net als in Rome. Het heeft altijd iets magisch om in een wildvreemde stad te zijn en me toch verbonden te voelen met een groep die dezelfde gebruiken en symbolen bezigt als ik.

We lopen door een grote winkelstraat. De zon staat al hoog aan de hemel en het ruikt naar zoete vijgen en naar de Middellandse Zee. Het was een goed idee om alleen te gaan. Bibi is een rare vogel, maar Joy en Lot lijken me prima vrouwen.

Wanneer we staan te wachten op Lot en Joy, die elkaar midden op straat staan in te smeren met zonnebrandcrème, besluit ik Vincenzo naar het Hebreeuwse straatnaambordje te vragen.

'Er hebben hier altijd Joden gewoond,' vertelt hij. 'In de laat-Romeinse Republiek deden Joodse handelaars het eiland voor het eerst aan. Eeuwen leefden verschillende bevolkingsgroepen in vrede naast elkaar, totdat de Arabieren in de negende eeuw de macht grepen. De Joden moesten meer belasting gaan betalen en werden geweerd uit bepaalde beroepen.'

'Hé!' roept Joy. Vincenzo en ik kijken op. 'Niet zo hard, Lot. Ik ben niet een van je patiënten.' Joy en Lot moeten allebei lachen. Zou Lot arts of psycholoog zijn? Ze komt me niet voor als een fijngevoelig type. Eerder van het type handen uit de mouwen, kabels sjouwen in een tv-studio. Of opnameleider bij een tv-show.

Vincenzo neemt een paar grote slokken water uit zijn veldfles en maant me hetzelfde te doen. 'Het is warm, straks droog je uit.'

Mijn moeder zei altijd al dat ik een slechte drinker ben. Ik heb werkelijk nooit dorst.

Vincenzo tikt op zijn schouder. 'De Emir van Palermo, Ibrahim de tweede, verplichtte in het jaar 888 iedere Jood in de stad een lap stof in de vorm van een aap op de schouder te dragen.'

Ik verslik me bijna in mijn slok. Een aap? Als voorloper van de gele ster? Ik neem nog maar een slokje en kijk de andere kant uit. De tranen prikken me achter de ogen. Ik moet tegenwoordig om bijna alles huilen. En nu begin ik ook nog te blozen, alsof ik me moet schamen voor iets wat mijn voorouders zich hier honderden jaren geleden hebben moeten laten welgevallen.

Joy wil een winkel in waar alle kleding van wit broderie en kant is gemaakt. Lot volgt haar gedwee, waardoor Vincenzo en ik weer tot elkaar zijn veroordeeld. Hij biedt me een perzik aan, maar ik zit nog vol van de yoghurt.

'Toen de Spanjaarden hier kwamen, was het afgelopen met de Joden op Sicilië. Ze konden kiezen: zich laten bekeren of zich laten afslachten.'

Ik knik. Het zou me allang niet meer moeten verbazen. Waar ter wereld ik ook kom, overal zijn verhalen over hoe mijn volk zich in bochten had gewrongen om zich aan te passen, om uiteindelijk toch vermoord, of met een beetje mazzel, verdreven te worden.

Joy komt naar buiten in een lang gewaad dat eerder geschikt is voor een zwoele stranddag dan voor een wandelvakantie.

'Wat vinden jullie ervan?' vraagt ze.

'*Magnifico,*' zegt Vincenzo. '*You look like a movie star.*'

Joy neemt de pose aan van een model. Ze is klein. Toch heeft ze een enorme présence. Ze is vast presentatrice of influencer.

'En jij?' vraagt ze aan mij. 'Wat vind jij ervan?'

'Ik?' Ik heb van best veel verstand, maar niet van kleding. 'Ja, leuk, staat je goed.'

Joy glimlacht. 'Dank je, Hannah.'

Dan verschijnt Lot in de deuropening. Het valt me nu pas op dat ze haar wandelschoenen aan heeft, bloedheet hier in de stad. Over haar ene arm hangen Joy's kleren en in haar hand houdt ze Joy's met strass-steentjes versierde slippers vast. 'En? Heb je al besloten?'

'Ik twijfel nog,' zegt Joy, terwijl ze zichzelf in de weerspiegeling van de etalageruit bekijkt. 'Misschien kunnen we na de rondleiding hier nog even terugkomen?' Ze draait zich om naar Lot. 'Op ons gemak de rekken uitpluizen.'

Verbeeld ik het me of zucht Lot? Ze lijkt me geen jurken-type. En al helemaal geen rekken-uitpluis-type.

'We moeten verder dames,' zegt de gids. 'De rondleiding eindigt om drie uur, jullie hebben daarna genoeg tijd om te shoppen.' Vincenzo mag wat mij betreft wel iets meer leiderschap tonen.

'Die straat die we net passeerden, is die onderdeel van een Joodse wijk?' vraag ik Vincenzo nadat Joy de winkel weer in is gedoken om zich te verkleden.

'Joodse wijk? Nee, die bordjes zijn vorig jaar bevestigd in het kader van een multicultureel project van de gemeente. Ben jij Joods?'

Ik schud mijn hoofd. Ik begrijp niet waarom ik hem niet de waarheid vertel, maar ik voel me kwetsbaar. Daar had ik vroeger niet zo'n last van.

We houden stil bij een kerkje dat verscholen ligt in een straatje pal achter de drukke winkelstraat. Er zijn hier weinig toeristen. Vincenzo begint net met zijn verhaal over de herkomst van de kerk wanneer mijn telefoon het geluid van een groep krekels laat horen.

'Het is mijn man,' verontschuldig ik me. In gedachten voeg ik eraan toe: en die belt alleen als er echt iets aan de hand is.

'Hoi Zac. We krijgen net een rondleiding door Palermo. Kan ik je later terugbellen?'

'Er is een brief voor je gekomen,' zegt hij dringend. 'Van de tuchtraad.'

Ik loop weg van de groep, terwijl ik in gedachten mijn patiënten afga.

'Moet ik hem openmaken?' vraagt hij.

'Ja, doe maar.'

Ik hoor Zac een envelop openscheuren. 'Er is een klacht tegen je ingediend bij... het College van Toezicht van het Nederlands Instituut voor Psychologen... Je moet inhoudelijk reageren vóór 27 september.'

Ondanks de hitte die door de Siciliaanse hoofdstad zindert, ril ik. 'Door wie?'

'Ja, wacht even. Ik zoek... Linda... du Perron.'

Linda. Linda. Ongelooflijk. Rustig blijven. Adem in, rust, adem uit.

'Staat er iets in over de inhoud van de klacht?' Mijn stem klinkt stevig, goed zo.

Zac leest verder: 'Klaagster verwijt psycholoog dat zij zich in de gesprekken op dwingende wijze heeft uitgelaten en te snel een diagnose heeft gesteld, haakje openen, in casu: bindingsangst, haakje sluiten, waarmee de psycholoog cliënt niet op integere wijze heeft behandeld. Bij de laatste bijeenkomst heeft psycholoog de cliënt voor het einde van de sessie weggestuurd, tegen de wil van cliënt in. Cliënt heeft hier tijdens de sessie melding van gemaakt, maar vond geen luisterend oor bij de psycholoog. Toch kreeg de cliënt een volledige rekening van psycholoog gepresenteerd, die zij nu weigert te betalen.'

Ik begin te trillen, misselijkheid trekt van mijn buik naar mijn borst, naar mijn keel. Ik wil overgeven. Alle viezigheid van het contact met Linda eruit.

'Ben je er nog, schat?' Hij klinkt bezorgd.

'Ja...'

'Het stelt niet veel voor,' zegt hij. 'Een storm in een glas water.'

'Ik heb alleen maar geprobeerd haar te helpen,' schutter ik. Mijn stem breekt, maar Zac merkt het niet.

'Je moet binnen een maand schriftelijk reageren op de klacht.'

Ik kijk naar de groep. Iedereen kijkt bezorgd mijn kant op. Waarom gaan ze niet gewoon de kerk in? Ik gebaar dat ik later wel kom.

'Wat moet ik nu, Zac?'

'Ach. Ik zou het voor nu maar even parkeren.' Hij klinkt *together*, als altijd. Maar ik ben dat momenteel allerminst, eigenlijk kan ik er helemaal niets bij hebben, laat staan dit. Het liefst geef ik een stevige trap tegen de prullenbak naast me. Verdomme. Ik zou het wel willen uitschreeuwen. Maar ik kan het niet. Nooit gekund ook. De boosheid bouwt vanbinnen op, ik voel haar, het raast, het tiert, het giert en borrelt aan alle kanten. Maar vlak voor de eruptie is het bij mij altijd zo geweest alsof iemand het gas onder de fluitketel uitdraait. En dan blijf ik zitten met een buik vol water en een hoofd vol stoom.

'Jou kan niets worden aangerekend,' gaat Zac verder. 'Je bent een verantwoordelijke, integere en deskundige psycholoog. Je hebt je sporen verdiend. Iedereen heeft respect voor je, Hannah. Je krijgt zelfs een column in de krant.'

'In een magazine,' verbeter ik hem.

'Een rimpeling is het, schat, niet meer en niet minder. Ik zou als ik jou was nu lekker gaan genieten van je welverdiende vakantie. Heb je het fijn?'

'Ja, ja, de zon schijnt,' zeg ik obligaat. Zo'n tuchtzaak is openbaar, het wordt gepubliceerd, iedereen zal het zien en weten. Mijn vakgenoten zullen denken: waar rook is, is vuur. Ik wil naar huis, ik wil meteen aan de slag om een steekhoudend verweer te schrijven. Ik had mijn laptop moeten meenemen. Misschien kan ik iets op mijn telefoon in elkaar zetten.

'Kun je een foto maken van de brief en me die doorsturen via mijn versleutelde mailadres?' vraag ik zo luchtig mogelijk.

'Geniet nou maar even. Dit komt later wel.'

Hij heeft uiteraard gelijk. Maar ik ken mezelf. Niets doen is voor mij vele malen moeilijker dan in actie komen.

We hangen op en met lood in mijn schoenen voeg ik me weer bij de groep.

'Is er iets?' vraagt Lot.

'O, nee, niets bijzonders,' zeg ik zo luchtig mogelijk.

'Je ziet er nogal...' Lot kijkt me onderzoekend aan. '... ongelukkig uit.'

Ik slik. Ik ben een vechter, een overlever, iemand die de lat hoog legt, maar ongelukkig? Mijn cliënten zijn ongelukkig. En toch, ik kan mijn verdriet kennelijk niet verbergen, mijn armen trillen.

'Wil je wat water?' zegt Joy bezorgd. 'Het is warm, hè?' Ze legt haar klamme hand op mijn plakkerige schouder en haalt een vers flesje Evian uit haar tas.

Ik knik en pak het flesje water van haar aan in de hoop dat dit hun bemoeizucht kan verzadigen. Nu beginnen mijn benen ook te trillen, ik ben bang dat ik erdoorheen zak.

'Hé joh, gaat het wel?' zegt Lot, die er nóg een hand bij legt. 'Je staat helemaal te shaken.' Ik vind het niet prettig als mensen me ongevraagd aanraken.

'Er is echt niets aan de hand.' Maar mijn stem is hoog en heeft barstjes. Ik knik naar Joy. 'Het is gewoon een beetje warm.'

'Het lijkt wel of je een spook hebt gezien,' zegt Lot.

'Ja, of heel slecht nieuws hebt gekregen,' vult Joy aan. 'Je kan het ons best zeggen, we zullen het aan niemand vertellen.'

'Nee,' zeg ik zo stoïcijns mogelijk. 'Ik kreeg juist heel goed nieuws. Mijn man heeft een nieuwe baan.' Snel neem ik nog een slok water.

Joy

Er is iets met die Hannah. Alleen al die 'h' aan het einde van haar naam die ze steeds benadrukt, zoals bij het inchecken in het hotel en bij de naamstickers die Vincenzo voor ons had gemaakt ('alleen voor de eerste twee dagen om mijn hoofd te helpen').

'Hannah met een "h" aan het einde,' zei ze wederom toen ze reserveerde bij het rooftoprestaurant, een tip van haar man.

'En aan het begin, toch ook?' zeg ik.

Ze kijkt me niet-begrijpend aan. 'Ja, ook aan het begin.'

'Het is dus eigenlijk Anna maar dan ingeklemd tussen twee h'tjes.'

Lot vindt het een leuke opmerking. 'Tussen twee hekjes. Je zou er claustrofobisch van worden, haha!'

Hannah neemt ons een voor een op met haar priemende blik en zegt droog: 'Hoe vaak denken jullie dat ik dit soort grappen al heb gehoord?'

Touché.

Hierna stopt de beginnende groepsvorming prompt en lopen we achter Vincenzo aan door het stoffige Palermo als drie Hollandse individuen. Vier eilandjes op een eiland. Zelfs Lots gedachten kan ik niet meer invullen. Waar zou ze aan denken? Lobbes met zijn geheimen, de kinderen, zichzelf? Ik probeer zo min mogelijk na te denken over mezelf. Toch lukt het me niet om nog langer de verhalen te volgen die Vincenzo in zijn slecht verstaanbare Engels opdist. Mijn culturele taks is bereikt. Liever zou ik door een van de vele winkelstraten struinen. Niet dat ik geld heb om wat te kopen, maar de prijzen liggen hier een stuk lager en Italiaanse mode is veel uitbundiger. De ideale combinatie om een bijzondere jurk op de kop te tikken waarmee ik op de rode loper hoge ogen kan scoren. Maar dan moet ik wel weer eens een uitnodiging krijgen voor een première...

'Jochy?' Vincenzo's stem haalt me uit mijn gedachten.

Ik draai me naar hem om. 'Joy, het is Joy.' Ik wijs op mijn naamsticker.

'Sorry ja, ik ben heel slecht met namen.' Hij lacht zijn tanden bloot. Vincenzo is niet onknap, op zijn tanden na, die lijken veel te groot voor zijn gezicht. Misschien dat de tanden-God niet zijn dag had, en per ongeluk het gebit van een kleine pony aan Vincenzo toebedeelde.

'Vanavond kan ik helaas niet mee gaan eten. Ik moet naar mijn dorp, mama kookt altijd voor ons op zondag,' zegt hij in het Italiaans, omdat hij inmiddels weet dat ik het redelijk versta. 'Tegen een maaltijd van mama kan ik geen nee zeggen.' Hij kijkt erbij alsof alleen al de gedachte eraan hem doet watertanden.

'Natuurlijk niet. En ik denk dat onze hoofden inmiddels ook wel vol zitten met informatie over Palermo.'

'Hoe kan het Joy, dat jij zo goed Italiaans spreekt?' zegt hij bewonderend.

'Ach, zo goed spreek ik het helemaal niet,' zeg ik vals bescheiden. Ik heb er wel degelijk intensief voor gestudeerd in Milaan. Een persoonlijke investering voor een rol in een Italiaanse film die uiteindelijk niet doorging – de film wel, de rol niet. Maar dat hoeft hij niet te weten.

Ik ben blij wanneer we weer terug zijn in het hotel. Zodra ik op de kamer ben en mijn telefoon verbinding maakt met de wifi, hoor ik een bericht binnenkomen. Tot mijn verbazing zie ik de naam van een bekende castingagente op het scherm staan.

Hé Joy. Robert liet weten dat je niet geïnteresseerd was in een casting voor de film waar we op dit moment mee bezig zijn. Maar ik dacht ik check toch even bij jou.

What the fuck, Robert! Ik toets meteen het nummer van de agente in.

'Met Joy de Groot.'

'Hé Joy, goed dat je belt.'

'Ik ben weg bij Robert. Hij inspireerde me niet meer. Maar ik ben zeker geïnteresseerd in een film. Waar gaat het over?' Ik probeer niet te eager te klinken. Dat heeft Robert me geleerd: eerst een afwachtende houding aannemen, de juiste vragen stellen, enkel toezeggen dat je erover zult nadenken.

'Het gaat over de casting van de film *Provo*. Misschien had je er al wat over gehoord?'

'Niet direct...' Kut, waarom hoor ik steeds minder nieuwtjes uit het circuit?

'De film zoomt in op de sleutelfiguren uit de provobeweging begin jaren zestig. Jean-Luc gaat hem regisseren.'

Mijn hemel! Jean-Luc van Bremen is de beste regisseur die er op dit moment in Nederland rondloopt. Hij heeft al twee Netflix-producties en een Amazon op zijn naam staan.

'Interessant,' zeg ik, nog steeds onderkoeld. 'Om welke rol gaat het?' Achter mij komt Lot de kamer binnen.

'Pfoeh, ik ben kapot! Maar leuke stad, leuke gids, leuke vrouwen...'

'Ssst!' Ik loop naar de badkamer en trek de deur achter me dicht. 'Sorry, wat zei je?'

'Jean-Luc wil graag dat jij auditie komt doen voor de rol van Irene, de hoofdrol.'

'O wow, dat is... geweldig. Natuurlijk wil ik dat doen.' Het lukt me niet meer om mijn enthousiasme te verbergen. Jean-Luc, met wie ik nog weleens een kinky avond heb gehad met een paar snuifjes coke, heeft mij persoonlijk gevraagd!

'Wanneer wil hij me zien?'

'Overmorgen.'

'Fuck! Ik zit op Sicilië.'

'Op Sicilië? Hoezo?'

'Een vriendin in crisis bijstaan,' zeg ik met mijn hand om het toestel zodat Lot me niet kan horen.

Ik hoor de castingvrouw aan de andere kant zuchten. 'En je kunt niet terugkomen?'

'Nee...' Ik houd het toestel nog dichter aan mijn mond. 'Haar moeder is dood, waardoor ze nu suïcidaal is, dus ik kan haar on-mo-ge-lijk alleen laten hier.'

'Klote voor je vriendin.'

'Ja, enorm! Maar kan ik de eerste ronde niet skippen en dat ik volgende week kom?'

In de stilte die volgt groeit mijn hoop.

'Probleem is dat er geen eerste ronde is, dit gaat direct om de *finals*. Ik vrees dat het dan niet doorgaat, Joy.'

'Wacht!' Dit is wellicht mijn enige kans. Snel ga ik in mijn hoofd de opties af. Ik zou terug kunnen vliegen, maar dat zou Lot me nooit vergeven. Bovendien zou ik dan een ticket terug moeten boeken, en die zijn niet goedkoop. 'Eh... en als we het via Zoom doen?'

'Via Zoom? Dat lijkt me lastig met je tegenspeler.'

'Ik kan hier iemand regelen.'

'Op Sicilië?'

'Ja, dat is geen enkel probleem.'

Ik hoor haar snuivende inademing 'Goed dan. Ik mail je wel een link en alle info over de film en de scènes die je moet voorbereiden. Dinsdag, vijf uur, oké?'

'Vijf uur is top! Súper bedankt!'

'Wiens moeder is dood?' vraagt Lot, die in haar degelijke ondergoed klaarstaat met haar toilettas.

'O van een castingagente, ken jij niet,' wuif ik weg. 'Maar luister: ik heb over twee dagen een online auditie.'

Lot laat meteen haar toiletspullen op het bed vallen. 'Wat hadden we nou afgesproken? We zouden even alle problemen in Nederland laten.' Ze heeft haar handen in haar zij gezet alsof ze in functie is. Lot doet wel alsof ze de redster is van eenieder die de grip op het leven is verloren, maar uiteindelijk is ze zelf ook een vat vol buskruit. Alleen al het feit dat niemand het mag weten van Jos en dat zelfs het noemen van zijn naam taboe is, maakt dat de druk in haar binnenste elke dag wordt opgevoerd.

'Niet helemaal waar,' reageer ik zo kalm mogelijk. 'We zouden het over het moment gaan hebben, de natuur, de indrukken, de mensen, én over ons *what's next*-plan. Dit valt toch echt in die laatste categorie. Was ik niet voor deze rol benaderd, dan was het woord "acteren" niet eens over mijn lippen gekomen.'

'Ik wil het niet weten en ik werk er niet aan mee!' zegt ze stellig.

Mijn adrenaline schiet omhoog. Ze moest eens weten wat ik voor haar heb opgeofferd.

'Dit gaat over mijn carrière...'

'Joy, deze hele vakantie is bedoeld om juist los te komen van...'

Ik leg mijn linkerhand plat op mijn omhooggestoken rechterhand. 'Time-out, dit is niet eerlijk! Ik had nu ook mijn koffer kunnen pakken en weg kunnen gaan. Maar zo ben ik niet. Ik laat jou niet in de steek. Maar dit is een grote kans voor mij, gun mij dat.'

'Ik gun je de wereld Joy, maar dit is precies waar het over hadden, dat je altijd alles opzij hebt gezet voor die Robert, voor castingmensen, voor regisseurs, en weet ik veel wie nog allemaal meer in het vak, maar wat hebben zij voor jóú over?'

'Ik moet dit proberen.'

Lot ploft op bed, schuin op haar toilettas. Uit een van de zeepflessen ontsnapt lucht, als een scheetje. 'Goed dan.'

Ik ga naast haar zitten. 'Wil je horen waar het over gaat?

Omdat Lot nog even een powernap wilde doen voor het avondeten, ben ik in de lege ontbijtzaal van het hotel gaan zitten met de uitgeprinte teksten, om me in te lezen voor de rol van het karakter dat ik zou gaan vertolken.

Irene is de enige vrouw van de vier hoofdkarakters, en een absolute feministe. We laten haar van opkomst tot haar ondergang zien, waardoor we een actrice zoeken die een jeugdige uitstraling heeft, maar eveneens geloofwaardig is als rijpe vrouw. Ze is activiste pur sang met jeugdige eigenzinnigheid, toch is ze niet naïef of ongenuanceerd. Krachtig met verhullende kwetsbaarheid. Doelgericht. Niet snel uit haar evenwicht gebracht, vanbinnen gekrenkt. Ze kleedt zich steevast in het zwart, heeft een korte coupe, en draagt nooit make-up. Rookt sigaretten door een pijpje en is verliefd op een schaker, die zijn gereformeerde achtergrond niet kan verloochenen.

Dit is de rol waarvan ik altijd heb gedroomd! In deze rol kan ik al mijn gelaagdheid laten zien als actrice. Toch word ik voor zulke rollen eigenlijk nooit gecast. Ik word enkel gevraagd voor karakters in slappe romcoms die allerlei clichés vertegenwoordigen: de single die hunkert naar een man, de hartenbreekster, de vrouw die niet tegen haar dominante man op kan, de overspannen moeder. Het stomme is dat het publiek je op een bepaald moment dan ook alleen maar zo gaat zien. Ik lees de karakterbeschrijving nogmaals door. Ik lijk juist veel meer op deze Irene dan op al die andere karakters waar ik voorheen voor ben gecast! Ook ik ben eigenzinnig, niet bereid tot het doen van concessies en streef mijn hoogste doel na. Anders was ik wel geëindigd met een van mijn exen en een roedel kinderen. Nee, ik heb altijd alles en iedereen opzijgezet voor mijn idealen.

De scène die ik moet voorbereiden speelt tussen Irene, die dan eind twintig is, en haar oudere, traditionele zus. Ik spreek de teksten hardop uit om alvast de woorden in mijn mond te proeven. Ineens komt Bibi naast me staan. Ze heeft een natuurlijke schoonheid over zich; ze draagt geen make-up en haar bruine lokken vallen nonchalant langs haar zongebruinde gezicht. Haar ranke lichaam vertoont nog geen tekenen van ouderdom.

'Hoi,' zegt ze.

'Hé. Ik heb je gemist vanmorgen bij de rondleiding. Was je niet lekker?' vraag ik.

Bibi negeert mijn vraag en wijst naar de papieren voor me. 'Ben je aan het werk?'

'Ik heb overmorgen een auditie.'

'O ja, jij bent actrice. Ik dacht al dat ik je herkende. Waar heb je allemaal in gezeten?' Ze schuift naast me op de bank.

Op de automatische piloot begin ik mijn successen op te sommen. '*De laatste vlucht, Cascade, Harten vier.*'

Bibi kijkt me glazig aan. 'Sorry, ik woon al een tijdje op Ibiza.'

'*Laat je niet mishandelen*, misschien ken je die?' Ik trek een grimas zoals mijn karakter in die voorlichtingsfilm over huiselijk geweld. Maar ook dit levert niets aan herkenning op.

'Ik ga weer door als je het niet erg vindt.'

'Nee, natuurlijk niet, doe je ding.' Maar in plaats van op te staan en weg te lopen, schuift ze de tekst naar zich toe en begint te lezen.

Ik probeer haar te negeren en lees mijn tekst een tweede keer.

Bibi begint te lachen. 'In welke tijd speelt dit, achttienhonderd?'

'Het begint in de jaren zestig, de provotijd. Een anarchistische protestbeweging, die...'

'Ken ik,' kapt ze me af. 'Mijn vader was een provo. Nu allang niet meer, hoor.' Ze lacht aanstekelijk.

Dan krijg ik een idee. Als ze hier toch blijft zitten, kan ik haar net zo goed vragen mij tegenspel te geven. Ik wilde eigenlijk Lot vragen, maar die intoneert op een manier dat elke claus een proclamatie van een dictator lijkt.

'Zou jij even met mij willen oefenen?' vraag ik aan Bibi.

'Ja, natuurlijk. Ik heb toch niks te doen,' zegt ze met een vanzelfsprekende schouderbeweging die doet vermoeden dat dit altijd zo is. Dat ze nooit iets te doen heeft gehad en ook in de toekomst niet van plan is om iets te doen te hebben. Zo iemand die zich nooit zorgen maakt over geld of huisvesting en leeft van de lucht. Zou ze nog studeren? Nee, daar lijkt ze me te oud voor.

'Ik begin,' zeg ik, terwijl ik de tekst tussen ons in leg zodat we hem allebei kunnen lezen. Dan haal ik diep adem, neem een lichaamshouding aan die hoort bij een erudiete feministe, en pas mijn stemhoogte aan.

'Zie jij dan niet hoe onze ouders ons hebben betutteld als meiden, hoe de zondagse kerkgang ons heeft gehersenspoeld?'

Bibi kijkt me glazig aan.

'Nu moet jij.'

'O sorry, ik was even afgeleid,' zegt ze en ze kijkt naar haar tekst. 'Vraagje: is het de bedoeling dat ik het ook zo uitspreek?'

Ik zucht. Misschien was het toch geen goed idee om haar te vragen.

'Nee, jij moet het natuurlijk doen vanuit die zus, die heel conservatief is. Probeer je voor te stellen dat jij zo bent.'

Ik herhaal mijn eerste zin nog eens.

Nu begint ze met een zware stem te praten. '*Irene, heb jij weleens gehoord van respect? Niet zozeer tegenover de kerk, ik weet hoe jij daarover denkt, maar naar papa en mama.*'

'Goed zo.' Ze intoneert niet slecht, hoewel ze nu iets te veel een karikatuur van de zus maakt.

Ik sta bruusk op. '*Respect!? En jij vindt dat wij vrouwen wel met respect worden behandeld? Dat het normaal is dat we onze baan opgeven en achter het aanrecht duiken als we eenmaal getrouwd zijn en ons hebben laten bezwangeren?*' Ik voel de emoties door mijn lijf stromen. Heerlijk om me zo mee te laten slepen door een karakter.

'*Zo is de natuur, Ireen. En dat is niet iets wat de kerk of...*' Bibi breekt haar tekst af. 'Ik denk dat we toch beter kunnen omwisselen. Die Irene past veel beter bij mij. Bovendien ben jij ook de oudste van ons twee.'

Verbaasd staar ik haar aan. 'Irene is de rol waar ík auditie voor moet doen, ík moet haar spelen.' Wat denkt ze wel niet?

'Prima, wat jij wilt.' Ze kijkt vertwijfeld naar de tekst.

'Ik kan ook vragen of Hannah me wil helpen,' opper ik, om haar een uitweg te geven.

'O nee, dat heeft geen zin,' zegt Bibi. 'Die kan niet praten.'

'Wat bedoel je precies?' vraag ik.

'Gewoon, die dénkt alleen maar. Zullen we weer vanaf het begin?'

Tegen de tijd dat we gaan dineren hebben we de scène zeker vijf keer doorgenomen, maar ik ken hem nog steeds niet uit mijn hoofd. Het irriteert me dat ik steeds minder makkelijk mijn teksten erin stamp. Ik was juist altijd heel goed in tekst leren. Om in vorm te blijven doe ik tegenwoordig hersentraining en slik ik vitamine B-supplementen. Hoe kan het dan dat ik het nog steeds niet ken? Bibi kent haar zinnen al bijna zonder op het blad te kijken. Het verbaast me trouwens hoe snel ze zich de rol van de zus eigen maakt. Je ziet natuurlijk wel het verschil tussen een amateur en prof, dat is logisch, maar toch... Ik moet morgen en overmorgen gebruiken om tijdens het wandelen alles in te laten dalen, en mijn geest en lichaam langzaam te transformeren tot Irene.

Zittend aan een tafeltje op het rooftopterras kijken we uit over het nachtelijke Palermo. Lichtjes die branden tot aan de zee, drukte in de straten, getoeter, een motorfiets die met knallende pijp optrekt, een hond die blaft. Het leven van het gepeupel speelt zich beneden af, de happy few zitten hierboven te dineren. Het was Hannahs idee om naar deze plek te gaan. Dat het wellicht ook het duurste restaurant van heel Palermo is, zei ze er niet bij. Dan mag ze wat mij betreft ook de rekening oppakken. Ik heb geleerd om daar niet al te moeilijk over te doen. Profiteren van anderen is pas een probleem als iemand het ook als zodanig benoemt. Dat durven de meeste mensen niet, het straalt zo rot op jezelf af. En anders heb ik altijd Lot nog.

Het terras is gevuld met knappe Italiaanse mannen en vrouwen. Ik had zelf ook iets meer aandacht aan mijn outfit moeten besteden, bedenk ik. Maar Lot had gezegd dat we geen avondkleding nodig zouden hebben. Gelukkig zit er schuin voor ons een stel dat er ook heel casual uitziet. 'Smakelijk, liefje,' hoor ik hem zeggen wanneer de ober twee geurende borden op hun tafel zet. Ach natuurlijk, het zijn Nederlanders. Dat had ik meteen kunnen zien. Als ze eens wisten dat Joy de Groot hier zit... Die gedachte alleen al, daar kan ik zo van genieten.

'Joy, kun jij die ober aan zijn jas trekken?' vraagt Lot. Ze heeft gelijk, tijd voor wat leven in de brouwerij.

'Prosecco!' roep ik naar de ober. Daarna richt ik me op het gezelschap. 'Hannah, vertel eens, wat bracht jou ertoe om mee te gaan met deze reis?'

Mijn vraag lijkt Hannah te overrompelen. Bewegingsloos kijkt ze me aan. Alsof ze me eerst probeert te doorgronden voordat ze antwoord geeft. Er ligt totaal geen expressie op haar gezicht.

'De keuze voor een wandelreis heeft vaak te maken met innerlijke rust die mensen zoeken. Dat was in mijn geval ook zo. Dat dit een eeuwenoude pelgrimstocht is, maakt het extra interessant.'

'Zeker!' beaamt Lot. 'Lopen is vooruitkomen.'

Ik kijk haar aan en moet moeite doen om niet in de lach te schieten. Ze mijdt mijn blik, zou ze serieus zijn?

'Ik las dat in de stad Prizzi, die in het midden van Sicilië ligt, kaarten zijn gevonden die bewijzen dat de route al meer dan duizend jaar oud is. Een dergelijke route afleggen zorgt voor een bepaalde loutering, waarbij we ons lichaam en onze ziel reinigen. Het is bijzonder om in de voetsporen van de grote culturen te treden.'

Mijn hemel, het lijkt wel of ze een gebruiksaanwijzing opleest. Elke zin heeft hetzelfde ritme en dezelfde intonatie. Ik zie Bibi naar het uitzicht staren alsof ze zich niet bewust is van onze aanwezigheid of van het gesprek dat we voeren. Lot kijkt Hannah juist met grote ogen aan en knikt meelevend. 'Interessant, hoor.'

'Een aperitief, voor de dames.' Met een zwierig gebaar schenkt de ober onze glazen in.

'Niet voor mij, hoor,' zegt Hannah met haar hand beschermend boven haar glas. En dan, verontschuldigend naar ons: 'Ik drink niet.'

Ook Bibi blijkt niet te drinken. Nou ja, dan hebben Lot en ik de hele fles.

'Zeg Hannah, wat doe jij eigenlijk in het dagelijks leven?' vraag ik nadat ik een flinke slok heb genomen.

Nu krijgt haar vlakke gezicht plotseling uitdrukking, alsof ze ergens op aanslaat. 'Ik ben klinisch psychologe.'

Ik zie dat Lot, die eerst nog vol fascinatie was over haar woorden, nu haar kin naar achteren drukt en haar rug recht. Klinisch psychologen zijn de types die Lot altijd oneerbiedig de 'peuteraars' noemt.

'Meiden, neem wat brood.' Ik houd de broodmand voor hun neus.

'Dank je, ik eet geen brood,' zegt Hannah.

De ober staat klaar om onze bestelling op te nemen. Wanneer hij bij Hannah is, staart ze nerveus op de kaart. 'Ik spreek niet goed genoeg Italiaans om te weten wat er staat.'

Ik schiet haar te hulp. 'Wat lust je niet?'

'Ik eet geen schaal- en schelpdieren. Geen orgaanvlees en varkensvlees. Ik heb een lichte glutenintolerantie, maar ik reageer vooral heftig op lactose. En...'

'Pasta Norma!' zeg ik tegen de ober, daar zit alleen maar groente in. 'Wisten jullie dat die pasta is vernoemd naar de hogepriesteres Norma, uit de opera Norma, van Bellini?'

'En waarom?' vraagt Lot. 'At ze die graag?'

Daar weet ik het antwoord niet op.

'Joy is actrice,' merkt Bibi plompverloren op. 'Ik help haar bij een auditie.'

'O, wat interessant,' zegt Hannah weinig overtuigend. 'Wat voor een actrice, toneel of film?'

Ik neem een flinke slok prosecco en ga wat meer rechtop zitten, blij dat het niet langer over Hannah gaat. Als vanzelf begin ik weer aan het rijtje films waar ze me van kan kennen.

Hannah kijkt me onbewogen aan. 'Sorry, ik heb geen tv.'

'Weet je, eigenlijk ben ik ook een soort psychologe,' zeg ik om het gesprek gaande te houden. 'Ik bestudeer mensen, analyseer hun woorden, interpreteer hun gebaren. Voor mijn rollen ga ik altijd uit van de psychologie van de archetypes van Jung, ken je die?'

Hannah knikt traag.

'Welk archetype ben jij dan?'

Het blijft stil. Hannah kijkt bedenkelijk. 'Dat is een ingewikkelde vraag.'

'Denk rustig na, dan bekijk ik even de wijnkaart.'

De rest van de avond vloeit de drank rijkelijk. Zelfs Bibi is er tegen haar eigen voornemen in voor gegaan. Het is een wereldvreemde meid, maar je kunt er echt lol mee hebben. Vooral haar gebrek aan schaamte is hilarisch. Zoals ze opstond om met gesloten ogen een geïmproviseerde Fado te zingen. Het bleek nog retegoed ook! Heel intens en gevoelig. Ze kreeg van de overgebleven gasten op het dakterras applaus. Daarna stond Lot op om 'Je loog tegen mij' te zingen. Minder goed, maar met zoveel passie dat het wederom hoge ogen scoorde. Ik kon natuurlijk niet achterblijven en liet mijn versie van de 'Koningin van de Nacht' horen uit *Die Zauberflöte*. Het is een één-tweetje tussen Lot en mij. 'Ik kan zo hoog zingen dat het glazen doet springen!' Op het moment dat ik de hoge c raak, knijpt zij een glas stuk. Dat kan ze, zonder zichzelf te verwonden. Dat is onze truc. De Nederlanders, die inmiddels wisten wie ik was, hebben alles gefilmd. Ik hoop dat het viral gaat.

Nadat we de grappa achterover hebben geslagen, sta ik met Lot en Bibi Eros Ramazzotti van de dakrand te schreeuwen. '*Se bastasse una bella canzohooone*.' Dit is zo ouderwets lekker, zo precies zoals het leven is bedoeld, dat ik wel eeuwig in dit moment zou willen blijven, denk ik met mijn dronken hersenen. Helaas loopt mijn blaas bij een uithaal een beetje over, dus haast ik me naar het toilet.

Wanneer ik even later terugwankel met een fles limoncello die ik ergens uit een rek heb gegrist, realiseer ik me plotseling dat Lot nog steeds bij de dakrand staat. Alleen.

'Wacht, niet springen!' Ik laat de fles op de terrastegels vallen, ren naar haar toe en weet nog net haar enkels vast te grijpen.

Lot kijkt me van bovenaf aan, waarbij ik me ineens realiseer dat ze wel wat wegheeft van Kenau Simonsdochter Hasselaer, waar ik ooit op heb gestudeerd voor een auditie maar waar ze me uiteindelijk niet mannelijk genoeg voor vonden.

'Sta op, Joyce,' zegt ze met vaste stem. 'Het is tijd om naar huis te gaan.'

Dag 2

Santa Cristina Gela – Corleone

Het beginpunt van de wandeling is het dorpje Santa Cristina Gela, op drie kwartier rijden van Palermo. Na de drukte van de stad is de rust in dit verstilde bergdorpje een verademing. Over landwegen slingert de route naar het hooggelegen Corleone, de stad die vooral bekendheid kreeg door gebeurtenissen die worden gelinkt aan de Siciliaanse maffia. Corleone is het eindpunt van vandaag.

Wandeling: 25,5 kilometer, 640 meter stijgen en 800 meter dalen, 8 uur wandelen.

Hannah

Ik verschijn nogal laat aan het ontbijt. Croissantschilfers, eierschalen en leeggelepelde yoghurtbakjes vertellen me wat ik heb gemist.

'Het spijt me,' begroet ik de groep. 'Ik had niet de beste nacht. Altijd even wennen aan een nieuwe omgeving.'

De waarheid is dat ik vannacht geen oog heb dichtgedaan. Ik ben lang bezig geweest elke zin van de laatste twee sessies met Linda af te stoffen. Had ik haar echt te snel weggestuurd? We waren toch klaar? Voor haar was de therapie toch afgerond? Wat had ik er nog aan toe te voegen? Uiteindelijk ben ik in slaap gevallen, om rond een uur of vier uit een nare droom wakker te schrikken. Linda was me van huis komen afhalen. Ik wist meteen: verzetten heeft geen zin, dus ik pakte mijn koffer. Linda zag er sexy uit. Ze droeg van die glimmende zwarte laarzen en een lakleren pet. Toen ik plaatsnam voor de tuchtraad, zag ik dat Linda daar ook deel van uitmaakte. Ineens kreeg het gevoel dat ik die hele tuchtzaak over mezelf had afgeroepen, dat ik me onvolwassen en kinderlijk had gedragen, dat het terecht was. Dus bood ik mijn excuses aan, steeds opnieuw mijn excuses, maar ze wilde het niet aanvaarden. Linda had maar één doel: mij kapotmaken.

Na die droom was ik klaarwakker. Als een junkie zocht ik naar mijn telefoon en opende mijn meditatie-app. 'Stel je voor dat je op een strand ligt,' had de stem in mijn oor gefluisterd. 'Een zeebriesje streelt je haren.' Even ontspande ik, maar toen ik wegdoezelde lag Linda naast me. In een tel zat ik rechtop. *Shoot*, zei ik hardop. Bibi ademde nog steeds rustig en diep.

Ik tastte op het nachtkastje naar mijn telefoon, zette de meditatie-app uit en opende mijn mail. Ik moest mezelf maar weer afleiden. Tussen een woud van spamberichten, zag ik haar naam staan: Mirte van Reeden, hoofdredacteur *Psychologie Magazine*. Tegen beter weten in klikte ik het bericht aan.

Beste Hannah,

Ik hoop dat je geniet van je welverdiende vakantie. Ons is ter ore gekomen dat er een aanklacht tegen je is ingediend. Na intern beraad hebben we besloten dat het, ondanks je geweldige staat van dienst, op dit moment niet verstandig is de column over binding en hechting te introduceren in ons volgende nummer. Je zult met me eens zijn dat we beter even kunnen wachten totdat het stof wat is neergedaald.

Mocht er iets zijn waarbij ik je kan helpen, schroom dan niet om contact met me op te nemen.

Met hartelijke groet,
Mirte

Ik hapte naar adem. Ik had me verheugd op die maandelijkse column over liefde en verbondenheid in *Psychologie Magazine*. Hij had gek genoeg als een soort bekroning op mijn werk gevoeld. Het werk dat zich altijd in de coulissen van andermans leven afspeelde. Eindelijk mocht ik ook eens in de schijnwerpers. Niet dat ik daar nou zo op zat te wachten, ik houd helemaal niet van het podium pakken, maar toen het me werd aangeboden was er iets in mijn buik opgefladderd, zoals er dingen in je lijf kriebelen wanneer je verliefd bent, of wanneer de lente door je dakraam fluit.

Zachtjes deed ik de zaklamp van mijn telefoon aan, het donker werd me te benauwend. Bibi lag rustig te slapen. Bij het zien van haar ontspannen gezicht voelde ik een steek van jaloezie. Ik verlangde naar haar ontspannen leven, geen zorgen, geen verantwoordelijkheden. Ik knipte het licht weer uit. Gefrustreerd stapte ik uit bed om naar de wc te gaan. Daar zag ik in mijn toilettas de Oxazepam liggen die ik bij me had voor noodgevallen. Moedeloos nam ik het stripje mee naar bed. Een tijdje lag ik te dubben of ik hem zou nemen, mijn lifesaver. Om halfvijf besloot ik dat dit een noodgeval was. Ik drukte het pilletje uit de verpakking en slikte de pil met een beetje spuug weg. Ik moet wel heel snel in slaap zijn gevallen, want ik werd wakker met de verpakking nog in mijn hand.

Het verbaast me hoe fris iedereen er vanmorgen uitziet na de liederlijke avond gisteren. Er is zoveel drank in gegaan dat het me niet had verbaasd als Joy en Lot hier met grote zonnebrillen op hadden gezeten. Maar Joy hangt boven een script en prevelt zinnetjes en Lot kauwt op een croissant. Ze is alweer helemaal gekleed in haar wandeloutfit. Bibi gooit een groen sapje achterover. Zij oogt als enige wat vermoeid, terwijl zij juist zo heerlijk heeft liggen slapen.

'We wilden net gaan,' zegt Joy.

'Ik blijf nog wel even zitten,' zegt Lot. 'Ik heb toch alles al ingepakt en anders is het zo ongezellig voor je.'

Mijn hoofd bonkt.

'Wil je een kopje thee?'

Ik knik. Lot staat meteen op om het voor me te halen. Het is een aardige vrouw, die Lot.

'Heb je wel geslapen?' vraagt Bibi. 'Je zit aan één stuk door te gapen.'

'Ik was erg onrustig vannacht. Ik hoop maar dat ik je niet wakker heb gemaakt?'

Bibi schudt haar hoofd. 'Ik ben een goede slaper.'

Lot zet een groot glas thee voor mijn neus met het theezakje er nog in. 'Zo, zo, jij bent moe, moet ik niet ook een bakkie koffie voor je halen?'

'Ik heb om halfvijf een Oxazepam genomen,' zeg ik. 'En die is nog niet helemaal uitgewerkt.'

Bibi staat op. 'Zal ik je vanavond voor het slapengaan een reikibehandeling geven?'

'Nee, dank je,' zeg ik, terwijl ik een gaap onderdruk. 'Ik ben niet zo geschikt voor oosterse illusies.' Ik heb ooit een uur yoga gedaan, maar voor mij was dat geen succes. Ik dacht alleen maar: wanneer is dit gelummel afgelopen? En het erge is: ik raad het mijn patiënten wel aan, omdat ik weet dat het werkt – alleen niet voor mij. Ik ga liever hardlopen. Een rondje Vondelpark tussen zes en halfzeven 's morgens, dat is mijn yogamoment.

'Neem wat te eten,' zegt Lot. 'We hebben een straffe wandeldag voor de boeg. Wil je geen croissantje?' Ze houdt me een broodmand voor waarin nog één verlepte croissant met poedersuiker over de rand hangt.

'Ik eet 's morgens liever yoghurt met fruit,' zeg ik. 'Dat is beter voor mijn darmen. Ik eet ook geen suiker.'

'Nou, dat kan geregeld worden, hoor.' Lot staat op om een bak yoghurt voor me te halen.

'Wij gaan,' zegt Joy. Ze heeft behoorlijk veel make-up op voor een wandeltocht en ik ruik vanaf hier haar zoete parfum.

'Het is heel fijn om uit je hoofd in je lichaam te komen,' mijmert Bibi nog even verder.

'Kom, Bieb,' zegt Joy joviaal. 'We moeten onze koffers nog pakken.'

Samen lopen ze de ontbijtzaal uit. 'Ik heb geen koffer,' hoor ik Bibi nog zeggen.

Lot komt terug met een bak volle yoghurt en een paar lepels cruesli. Ze gaat tegenover me zitten en kijkt me indringend aan.

'Oxazepam is enorm slecht voor je lichaam, dat weet je toch? Het heeft veel langetermijneffecten en nare bijwerkingen.'

Ik knik en plant mijn lepel in de yoghurt, die zo dik is als hangop. 'Ik denk er ook niet licht over,' zeg ik. 'Ik neem het maar heel af en toe. Noodgeval.'

'Noodgeval? Mensen zijn veel sterker dan ze denken. Ik probeer ze er niet met medicatie maar met een ferme peptalk bovenop te krijgen. Jij moet dat toch met gemak zelf kunnen?'

Ik schaam me een beetje dat ik mijn zwakheid heb laten zien. Ze heeft gelijk, maar ik kan moeilijk zeggen dat ik een tuchtzaak aan mijn fiets heb hangen. Dat ik me te pletter pieker. Dat Zac werkloos thuiszit en dat mijn enige zoon mijn zorg en aandacht niet meer wil. Ik kan haar toch niet zeggen dat ik soms twijfel of ik mezelf er nog wel met een ferme peptalk bovenop krijg?

'Ik heb respect en bewondering voor jou en je collega's,' gaat Lot verder. 'Maar er zijn zoveel psychiaters die bij het minste of geringste medicatie voorschrijven. Een zuchtje tegenwind en we zoeken ons heil tegenwoordig bij de pillen. En ik zeg je: dat is niet de oplossing.'

'Ik ben geen psychiater,' zeg ik, 'ik ben psychotherapeut. Ik schrijf geen medicatie voor.'

Lot strijkt het servet glad met haar vingers. 'Wij van de crisisdienst lappen de mensen op die jullie niet meer kunnen helpen. Wij trekken ze aan hun kraag uit de goot, want vuile handen maken dat doen jullie liever niet.' Haar woorden schieten langs me heen als hagel. Waar heeft ze het over? Ik kijk haar glazig aan. Neemt ze me nu de maat? Of is dit puur haar eigen frustratie die ze kwijt moet?

'Ja joh, niet lullig bedoeld, maar zo is het toch?' gaat ze door. 'We schrapen stront van muren, we draaien talloze nachtdiensten per maand, we geven thee aan de paddotoerist met een agressieve trip, we overhandigen de psychotische zwerver die zichzelf onder piest een schone broek, we lopen uren door donkere, natte straten met de keurige bipolaire dame die in een wanhopige suïcidaal stemmende depressie zit en die de zich almaar herhalende mantra "je moet dood, je moet dood, je moet dood" eruit wil marcheren.'

Ik staar zwijgend naar de bak yoghurt en wacht tot ze klaar is. De lepel staat recht overeind.

'Ik dacht eigenlijk dat je arts was.'

Ze grijnst. 'O, nee. En sorry dat ik je er net van beschuldigde psychiater te zijn. Erger kan natuurlijk niet, haha. Het zijn nou eenmaal niet degenen die met hun poten in de klei staan. Bij ons zitten ze boven, de hoge heren, op een verdieping waar het ruikt naar dure aftershave. Niet naar kots vermengd met bleekwater. Er is er eentje, De Zeikerige Psychiater, die zo nu en dan onze afdeling op marcheert, door zijn varifocale bril tuurt, een monoloog houdt met wat freudiaanse termen erin, en vervolgens als de wiedeweerga aftaait naar zijn werkkamer. Nou, die heb ik nog nooit gebroken glas zien opruimen als een gast met een psychose zijn vuist door een wc-ruitje ramt. Dat doen wíj. De echte helpers. En dat zijn niet degenen die pillen voorschrijven. Je moet jezelf vooruithelpen in het leven, dat wil ik maar zeggen. En je niet laten bedwelmen door mooie praatjes of farmaceutica. Nou ja, ik ben maar een simpele hulpverlener, hoor, misschien moet je je van mij niets aantrekken. Jij lijkt me iemand die haar zaakjes prima op orde heeft.'

Ik glimlach en neem een slokje van mijn bittere thee. 'Schijn bedriegt,' zeg ik. 'Dat zou jij moeten weten.'

Ze legt heel even haar hand op mijn hand. Hij is hard en eeltig. 'Ik mag jou wel, Hannah.'

Ik begin te blozen. Wat kunnen mensen toch grensoverschrijdend zijn onder het mom van betrokkenheid.

Een halfuur later staan we allemaal met onze koffers en op onze stevige, halfhoge bergschoenen in de lobby van het hotel te wachten. Alleen Bibi draagt geen wandelschoenen, zij heeft haar slippers van de dag ervoor verruild voor modieuze gympjes. Met een verhit hoofd komt Vincenzo binnengerend.

'Er zou een chauffeur komen om jullie bagage naar Corleone te brengen, maar ik kan hem niet bereiken,' legt hij uit. 'Dus ik heb mijn eigen auto opgehaald zodat ik jullie bagage mee kan nemen.'

'Maar Vincenzo, hoe moeten we dan de route vinden?' vraagt Joy bezorgd.

'Het is een heel eenvoudige route,' zegt hij geruststellend. 'Eigenlijk alleen een rechte weg omhoog en omlaag. Kan iemand van jullie kaartlezen?'

Joy en Bibi kijken naar mij.

Vincenzo legt uit dat ik een app moet installeren op mijn telefoon. Het schijnt vrij eenvoudig te zijn, maar dan moet ik wel mijn dataroaming aanzetten, terwijl ik juist even verlost wilde zijn van de terreur van Steve Jobs in mijn broekzak. Ik veins dat ik geen bereik heb. Gelukkig is Lot er als de kippen bij om de leiding over te nemen.

'Laat mij maar, ik ben heel goed in spoorzoeken,' zegt ze als een gediplomeerd akela. En ze begint meteen met het downloaden van de app. Vincenzo geeft ons allemaal zijn telefoonnummer, voor noodgevallen.

'We treffen elkaar bij het waterbekken voor de lunch,' zegt hij.

Vincenzo zet ons op het beginpunt in Santa Christina af. In Palermo was het nog redelijk druk, maar sinds we de stad uit zijn hebben we nauwelijks mensen gezien. Wanneer we allemaal zijn uitgestapt, racet Vincenzo weer weg. Stof wolkt op achter zijn auto. Enigszins onbeholpen blijven we met onze rugzakken en wandelstokken op de verlaten parkeerplaats achter. Ik ben blij dat ik stevig heb ontbeten, want ik ben er niet gerust op dat het ons lukt om zonder omzwervingen naar het waterbekken te lopen. Er is hier niemand op straat om de weg aan te vragen. De luiken van de meeste huizen zijn gesloten. Ietwat onwennig volgen we de route die Lot ons wijst. Al snel krijg ik energie van het in beweging zijn. Het maakt mijn hoofd leeg, hier kwam ik dus voor. De vergezichten, de frisse lucht, de stilte. Al is dat laatste ver te zoeken zolang Joy in de buurt is.

'We moeten echt een beetje uitkijken,' zegt Joy nadat we het dorpje hebben verlaten. Haar opgemaakte ogen gaan schuil achter een enorme zonnebril. 'Ik ken namelijk iemand die is gekidnapt door de maffia.'

Lot schudt haar hoofd. 'Dat was in een film, schat, die persoon ken je niet zelf.'

'Het leven is theater,' snuift ze. 'Kunnen we onderweg nog ergens koffiedrinken, denken jullie? Ik heb knallende koppijn.'

Na een tijdje lopen Joy en ik voorop. Ze praat veel over acteren. Ze vertelt over een film waarin ze heeft gespeeld, met een naam die al volledig verraadt welk genre hij vertolkt. *Harten Vier*. Ik doe alsof ik er weleens van heb gehoord. Ze strooit ondertussen met namen van bekende acteurs en actrices met wie ze heeft gespeeld.

'Geweldig,' beaam ik. Van een paar heb ik inderdaad weleens gehoord. Maar het lukt me niet om echt mijn aandacht bij het gesprek te houden. Mijn gedachten gaan steeds naar Linda. Ik kan er niet over uit. Het lef om mij voor de tuchtraad te slepen. Eerst was ik perplex, inmiddels ben ik woest.

'Momenteel ben ik me aan het voorbereiden op de rol van mijn leven,' ratelt Joy verder. 'Een soort opus magnus.'

'Magnum opus,' verbeter ik haar, maar ze hoort het niet.

'Het verhaal speelt zich af in de tijd van de Provo's, herinner je je dat nog?'

Ze zal toch niet denken dat ik in de jaren zestig ben opgegroeid? Zo oud zie ik er toch niet uit? Ik schat Joy een jaar of veertig. Haar huid is nog strak en haar haar glanst. Maar tegenwoordig kun je daar eigenlijk ook niets uit opmaken, misschien is ze wel volgespoten met botulinegif en overgoten met keratine.

'Ik ken de provobeweging alleen uit de boeken,' zeg ik dan. 'Wat ik ervan weet, is dat ze de industriële welvaartsindustrie afwezen. Ze kleedden zich in vodden en droegen lange baarden, bloemen, versiersels, kralenkettingen… Het waren hippies.'

'Ja, dat weet ik,' zegt Joy. 'Maar toch bedankt.' Ze heeft iets verwaands over zich. 'Heb jij toevallig een coltrui bij je?'

'Nee,' zeg ik. 'En bovendien draag ik alleen zwart, dat is misschien niet frivool genoeg voor zo'n auditie.'

'Ja, dat was me al opgevallen. Heb je misschien nog een andere tip voor me? Alle adviezen zijn welkom.'

Arm schaap. Ik? Een tip? Ik zeg iets gratuits, over dat ze gewoon zichzelf moet zijn.

'Ik moet juist iemand anders zijn,' antwoordt Joy.

'Ja, natuurlijk,' zeg ik. 'Maar ook als je iemand anders speelt, moet je dat doen vanuit jezelf.'

'Ah ja, Grotowski,' zegt ze. 'Bedankt.'

De route is prachtig. Iedereen is opgetogen over het uitzicht. Er moet wel steeds worden gepauzeerd voor een foto, voor een beetje zonnebrand en slokjes water. We lopen eerst een stuk door wijngaarden, dan komen we bij de rand van een bos. Het is jammer dat er zoveel muggen zijn. Na een paar honderd meter ben ik al drie keer te grazen genomen.

'Heeft iemand Autan?' vraag ik. 'Ik word lekgeprikt.'

'Hè, wat vervelend,' zegt Lot. 'Ik heb me vanmorgen ingesmeerd voordat we op weg gingen. Het spul zit in mijn koffer en die ligt in de auto van Vincenzo.'

'Ik zal hem wel even appen,' zeg ik, terwijl ik stop om mijn telefoon uit mijn rugzak te halen. 'Misschien kan hij het spul meenemen naar de lunchplek.'

Bibi haalt diep adem. 'Hoe zou het zijn als je het gewoon laat?'

'Hoe dat zou zijn?' reageer ik geïrriteerd. Ik sla om me heen om de muggen bij me weg te houden. 'Jeukerig.'

'Je weet dat jouw pijn in je verzet zit, hè?' Ze glimlacht en drinkt voorzichtig.

'Waar héb je het over?' Opnieuw word ik gestoken, nu in mijn kuit. Ik grijp naar mijn been en wrijf over de zere plek. Met mijn andere hand tik ik een appje naar Vincenzo. Als ik op de VERZEND-knop wil drukken, zie ik dat ik geen bereik heb.

'Jouw ergernis over die mug kost je veel meer energie dan die enkele muggenbeet,' gaat Bibi verder.

Ik wil gillen, maar houd me in.

'Omarm je pijn.' Ze raakt me even kort aan. Haar hand is zacht en ze heeft iets onschuldigs in haar blik.

'Omarmen?' vraag ik.

'Wat houdt je tegen?'

Hier heb ik geen antwoord op.

'Goed zo,' zegt Bibi en ze spoort ons aan weer in de benen te komen.

Na een tijdje verdwijnt zowaar de jeuk en kan ik me weer concentreren op de prachtige route. We lopen inmiddels door een glooiend heuvellandschap van aaneengesloten akkers in verschillende kleurschakeringen. De septemberzon staat glorieus aan de strakblauwe hemel en mijn bergschoenen lopen als pantoffeltjes. Ik ben blij met het tempo van de groep, iedereen heeft energie. Eigenlijk is het een zegen dat we nauwelijks mensen tegenkomen. Dit is precies wat ik wilde: rust, reinheid en beweging. En de aanwezigheid van wat aardige zielen. Bemoeizuchtige zielen, dat wel, maar ze bedoelen het best goed.

De route-app die Lot van Vincenzo moest installeren blijken we helemaal niet nodig te hebben. Langs de weg staan bordjes met rood-witte pijlen die ons de weg wijzen naar Corleone.

Is Corleone de plek waar *The Godfather* is opgenomen?' vraagt Lot.

'De trouwscène,' beaamt Joy.

Ik stap een beetje door zodat ik in mijn eentje vooroploop. Grieken, Romeinen, Byzantijnen – ze hebben hier allemaal gelopen. Het geeft me een fijn gevoel van nietigheid om onderdeel te zijn van een groter geheel. Zelfs de gedachte aan de hangende tuchtzaak voelt vanuit dit perspectief ineens niet meer zo groot en bedreigend. Uitzoomen is altijd de beste strategie.

Op een gegeven moment komen we bij een T-splitsing. We stoppen en zoeken de rood-witte pijl, maar die is er niet. Lot heeft inmiddels haar rugzak afgedaan en haar telefoon erbij gepakt. Ik zie haar stuntelen en loop naar haar toe. Samen zoeken we naar de splitsing van wegen op de kaart.

'Volgens mij moeten we rechtsaf,' zegt Lot met haar blik op de telefoon gericht.

Ik knik.

Bibi komt ook bij ons staan en pakt de telefoon uit Lots handen. 'Nee,' zegt ze en ze draait de kaart honderdtachtig graden. 'We moeten naar links.'

'Nee, hoor,' zeg ik. 'Daar is het noorden, kijk maar naar de zon. En we moeten naar het zuiden, dus de telefoon moet die kant op wijzen.' Ik draai het apparaat weer honderdtachtig graden.

Bibi maakt een wegwerpgebaar naar Lots telefoon. 'Ik heb dat ding niet nodig. Ik koers op mijn intuïtie. En mijn intuïtie zegt dat we hier naar links moeten.'

'Je intuïtie? Dat vind ik een wat magere bewijsvoering,' antwoord ik, maar Bibi is al weggelopen. De manier waarop ze paradeert heeft iets weg van een parmantig veulen.

'Ze gaat verkeerd, hoor.' Ik kijk naar Joy en Lot, hopend op bijval.

'Bibi!' schreeuwt Lot over het landweggetje. 'Kom eens terug, meis, we moeten nog even overleggen. We zijn een team.'

'Het is absoluut die richting op, hoor,' schreeuwt Bibi. 'Kom maar, laat je verrassen.'

'Er zijn meer wegen naar Rome,' verzucht Joy. 'Laten we het gewoon proberen.'

Alles in mijn lichaam protesteert. Ik ga toch niet verkeerd lopen omdat Bibi iets 'voelt'? Het probleem is de stelligheid waarmee ze haar zweef-onzin verkondigt. Mensen lijken haar daardoor te geloven. Of ze zijn gewoon te laf om haar tegen te spreken. Ik kijk Bibi na terwijl ze uit het zicht verdwijnt. Huppelt ze nou?

'Kom,' zegt Joy. 'Strooi jij de broodkruimels uit, Lot?'

Knorrig loop ik achter Lot en Joy aan. Het dorre, onverharde pad kronkelt naar beneden. Links, rechts, links. Even stop ik om mijn bergschoenen wat strakker te strikken, ik heb eens gelezen dat je daarmee bij afdalingen je enkels beschermt. Wanneer ik weer overeind kom en we onze weg willen vervolgen, zijn we Bibi kwijt.

'Waar is ze nou gebleven? Ik zei toch dat dit een slecht idee was,' mopper ik.

Met ferme passen loopt Lot naar het smalle paadje rechts, dat tussen de struiken door bergafwaarts gaat. We volgen haar.

'O mijn god,' schreeuwt ze. 'Daar drijft ze!' Lot stort zich van de berg als een paraglider op zoek naar opwaartse lucht.

'Ze drijft niet, ze zwemt,' roept Joy haar na. En dan enigszins onderkoeld tegen mij: 'Beroepsdeformatie. Niet iedereen wil zich van de planeet werpen.'

Lot

Ik hol een smal paadje de heuvel af op zoek naar Bibi wanneer ik haar vredig in het bronwater zie dobberen. Ze gooit haar armen in de lucht. Haar borsten drijven als boeien boven het wateroppervlak. Het zijn enorm goede tieten. Echt, ik kan ze onmogelijk níét zien.

'Hé Lot, kom erbij! Het is echt heerlijk!'

Ik grijns terwijl ik stiekem naar haar tepels gluur. Als je borsten in de winkel kon kopen, gewoon op het schap tussen de Knorr Thuismix voor Kip Siam ('met lekker veel groente') en de blikjes ingemaakte makreel, zou je onmiddellijk denken: dat zijn modeltieten, die wil ik wel hebben. Niet dat ik echt nieuwe tieten wil. Hou op. Geen gefruts aan mij. Bovendien, wie zou ik daar een plezier mee doen? Jos? Nee. Niet Jos. Zeker niet Jos. Oké Jos, wat doe jij nu in mijn hoofd, Jos? Wegwezen jij. Dank.

Hijgend komen Hannah en Joy naast me staan.

'Had ze toch gelijk met haar intuïtie,' roept Joy. 'Kijk, daar komt Vincenzo al aan.' Even verderop gooit een grote man met snor de deur van zijn pick-uptruck open, waar onze gids inderdaad uit springt. Met handen en voeten legt hij uit dat de snor de eigenaar van ons hotel in Corleone is die hem hier afzet, zodat Vincenzo na de lunch met ons kan meelopen. Met name Hannah kijkt zichtbaar opgelucht omdat we niet meer zuiver op Bibi's wichelroedegevoel hoeven te varen.

In één beweging heeft Vincenzo een picknickkleed in het dorre gras neergesmeten, maar hij gaat zelf niet zitten.

Joy komt naast hem staan. 'Wij? Daarnaartoe? *Insieme*?' Ze wijst naar het water.

Vincenzo knikt, waarna ze beiden hun schoenen uit gooien en tot de enkels het water in plonsen.

Ze letten amper op Bibi, ook al stijgt er almaar zacht orgastisch gekreun op vanuit het waterbekken.

'Aaaaah! Het is zo heerlijk hier! Ooh! Za-lig! Mmmmm.'

De borsten van Bibi drijven op het water, even later stijgen twee kadetvormige billetjes boven het oppervlak wanneer ze een koprol maakt die eindigt met een woest schudden van het hele lichaam. Natuurlijk zou ik mijn blik moeten afwenden, maar ik blijf kijken naar dit hysterisch exhibitionisme. Want dat is het natuurlijk. Toch moet ik eerlijk bekennen dat heel even door me heen gaat: dat moet wel lekker vrij voelen, zo in je blootje.

Intussen maakt Joy brede armbewegingen tijdens haar gesprek met Vincenzo.

'*I'm an actress*,' hoor ik haar geëxalteerd roepen. Mijn hemel. Stel je voor dat Joy gewoon een kantoorbaan onder een systeemplafond had gehad. Ik heb weleens gehoord dat bekende Nederlanders het gênant kunnen vinden om te vertellen dat ze op televisie te zien zijn, maar Joy kent geen schaamte. Sterker: Joy roept al dat ze actrice is nog voordat ze een muntje op het schoteltje bij de toiletjuffrouw laat kletteren, ze lispelt het in het oor van iedere taxichauffeur die haar ergens heen brengt, en als het haar werkzame leven niet had geschaad dan had ze het het liefst in sierlijke letters in haar nek laten tatoeëren.

Ik heb geen zin me in hun gesprek te mengen. Bovendien zie ik dat Hannah vermoeid is neergeploft en zorgelijk haar tenen bestudeert. Ik ga naast haar zitten en druk een stuk brood in haar handen.

'Hier. Eten. Je krijgt te weinig brandstof binnen.'

Ze glimlacht lauwtjes.

Ik heb geen hekel aan haar. Goed, ze houdt van Smartie-vormige pilletjes en ik moest even slikken toen ik hoorde dat ze tot het gilde der alleswetende psychotherapeuten behoort, maar voor iemand die zo met zichzelf in gevecht is, heb ik al snel sympathie. Haar stem klonk gisteren te hoog toen ze zei dat ze heel goed nieuws had gekregen, iets over een baan van haar man. Ik denk dat ik de enige ben die zag dat ze loog. Joy had geknikt, maar ik zag het. Hannahs gezicht grimaste als *De schreeuw* van Munch, waarna het haar de grootst mogelijke moeite kostte haar lippen tot een glimlach te vouwen.

Ik spreek bewust een beetje zacht terwijl ik een homp kaas voor haar afsnijd. Als een klein diertje dat je niet moet laten schrikken met je gebulder, zo benader je iemand als Hannah.

'Laat mij straks jouw tas maar dragen,' stel ik voor. 'Je had hoofdpijn vanmorgen. Misschien komt het uit je nek.' Ze knikt dankbaar. Mensen die worstelen moet je altijd hun gevoel van waardigheid laten behouden. Niet door te benoemen wat er speelt, maar door simpelweg een onzichtbare hand aan te reiken. Als je een dierbare verliest, zeggen mensen op de begrafenis: 'Je mag me altijd bellen als ik iets voor je kan doen.' Het is slechts een enkeling die de volgende dag op je stoep staat en aanbiedt de bedden te verschonen.

Hannah zegt niet veel, maar ik zie aan haar blik dat ze het prettig vindt bij me te zijn.

'Mooi, hè, hoe ver je hier kunt kijken,' zeg ik.

Hannah knikt.

'Alsof er geen einde aan de weidsheid komt.' Mijn stem klinkt bijna op fluistertoon.

Hannah glimlacht zowaar.

Even zitten we stil naast elkaar te genieten van het landschap. Dan kijk ik op mijn horloge; het is al laat.

'Schiet eens op! Jullie moeten nog eten en we moeten wel

OP TIJD WEER VERDER!' Oké, dat was iets te luid van me. Ik vergat even dat ik naast een diertje zit. Hannah schiet overeind en begint onmiddellijk haar rugzak dicht te ritsen, als een militair die van zijn brits is gebruld. Ik pak haar arm.

'Sorry, nee, dat was tegen Bibi. En vooral tegen Joy. Die zit zo in haar eigen wereld. Zoals Dolly Parton haar eigen Dollywood heeft, zo woont Joy in Joyland. Grapje, hoor. Joy is een schat. Maar ze moet wel nu gaan eten, anders komen we nooit op tijd in het hotel.'

Hannah gaat opgelucht weer zitten. 'O, ja. Ja. Natuurlijk. Fijn dat jij daarop let.'

Tja, ik let op alles, grijns ik inwendig. Dat is mijn tweede natuur. Nou ja, behalve op mijn man. Opeens schroeft een onzichtbare klauw mijn strot dicht. Ik bijt op mijn lip. Nee, kom Lot, we gaan niet janken. Het landschap, het landschap. Dat maakte Hannah ook rustig. Kijk naar de weidsheid. Denk aan hoe het is om urenlang te lopen. Hoe het ritme van onze voeten het ritme van de dag bepaalt.

Mijn gedachten worden onderbroken wanneer er een schril geluid van achter een bosje klinkt. Joy, die daarnaartoe was gelopen in de hoop op enkele streepjes telefonisch bereik, komt met wilde gebaren onze kant op gerend. Een zwarte herdershond draaft achter haar aan in onze richting, ongetwijfeld net zo van Joy geschrokken als zij van hem. Zijn logge kop schudt heen en weer, zijn pluimstaart steekt als een antenne boven hem uit. Het is een prachtbeest. Goeiig ook, denk ik, zoals alle beesten dat van nature zijn. Maar het gekrijs van Joy, de fluithoge tonen die ze uitstoot, hebben hem paniekerig gemaakt.

De hond mindert vaart. Grootogig kijkt hij in mijn richting.

'Jaag hem weg!' roept Hannah vanaf een boomtak waar ze inmiddels op is geklommen.

Maar ik steek mijn hand naar het dier uit.

'Kom maar. Kom maar, jongen,' fleem ik. 'Het is goed.'

Het beest staat stil, pal voor mijn voeten.

Ik buk en pak zijn grote hondenkop. 'Sssssst.'

Even wil hij zich losschudden, als een onwillige cliënt bij de dienst. Ik houd hem vast, geef enige tegendruk en voor ik het weet, vlijt de hond zich zachtjes tegen mijn bovenbeen. Ik blijf rustig. Ik blijf altijd rustig. 'Hé gozertje, ben je zo geschrokken van ons? Wilde je je territorium bewaken? Wat goed van je. Ja. Je bent een goede hond. Een mooie ook. Kom maar. Kom maar even bij Lot. Hier, een stukje kaas. Ah, dat vind je lekker, hè, tuurlijk, Lot weet wel wat jij lekker vindt. Rustig maar, jochie, rustig.' Het beest likt zijn lippen na het hapje en er klinkt een klein gelukzalig kreuntje, waarna hij neerploft bij mijn voeten.

Ik kom overeind. Tevreden, in mijn element, maar dan opeens voel ik ze. De tepels van Bibi, die druipnat bibberend pal achter me staat.

'O wauw, Lot, wat mooi, wat is dit mooi. Jij zo één met dat dier. Wauw, Lot,' murmelt ze.

Ik vergeet te ademen. Haar lichaam. Die goeie tieten. Ze is zo belachelijk dichtbij. Wanneer ik me omdraai, raken onze tepels elkaar. Godsamme, ik ken dat kind amper. 'Eeeeh, dank je, Bibi,' murmel ik, terwijl ik een stap opzijzet. 'Maar het was niets. Ik ben gewoon goed met dieren. Zeg, moet je je niet eens aankleden? We moeten gaan lopen, anders zijn we nooit op tijd in het hotel.'

'Jaja,' antwoordt Bibi en ze gaat doodkalm op zoek naar haar T-shirt. Ze heeft het nog maar net over haar lijfje laten glijden wanneer er met veel misbaar een knoestige kerel komt aangesneld.

'Leonardo! Leonardo!' gromt de man en hij grijpt de herder bij zijn nekvel. '*Me so sorry! Leonardo è matto.*'

Vincenzo, held op sokken, is eindelijk bij me komen staan en vertaalt. '*Crazy. Leonardo is crazy. Are you okay, Lotte*?'

Ik knik de mannen geruststellend toe. Ja hoor, Lotte is oké. Lotte is altijd oké. Ik geef de hond een aai over zijn bol en glimlach naar Vincenzo, die een praatje met de boer maakt.

Ik loop naar Hannah, die haar blik nog altijd angstig op de hond gericht houdt, help haar uit het loof en leg een hand op haar schouder.

'Ssssst, rustig maar, alles is goed,' zeg ik zacht. Stilzwijgend ruimen we de lunch op. Dan vraag ik: 'Wil er nog iemand een mueslireep voor onderweg?'

Joy

Die vieze hond die door Lot is gekalmeerd – daar kan ze goed mee: gekken en honden – staat nu van onze lunch te vreten. Lot trekt zich er weinig van aan en neemt nog een paar plakken salami. De eigenaar van de hond, een boer met maar drie tanden, ging niet in op mijn verzoek het beest af te laten maken. In een dialect dat ik niet kan volgen praat hij met Vincenzo, wiens gebit nu een onevenredige rijkdom lijkt. Bibi is weer aangekleed en tuurt over het landschap, alsof ze daar iemand zoekt. Hannah heeft zich met hulp van Lot van de boomstam laten glijden. Iets wat volgens mij minder soepel ging dan ze had gehoopt. Bukkend inspecteert ze de binnenkant van haar dijen, waarbij haar kanten string boven haar loopbroek uit piept. Dus ook al ontzegt ze zich voedsel en drank, ze heeft vermoedelijk wel een seksleven. Op mijn vraag of het wel gaat, piept ze 'ja hoor'. Iets wat overduidelijk is gelogen, maar wie ben ik om een psychologe op haar nummer te zetten?

'Laten we gaan lopen, anders komen we nooit in Corleone,' spoort Lot ons aan. Hannah staat in een tel weer overeind. Ik probeer haar voorbeeld te volgen, maar het gaat een stuk minder soepel dan ik verwacht. Kennelijk train ik totaal andere spiergroepen dan die je voor zo'n monsterwandeltocht nodig hebt. Lot steekt een hand naar me uit, die ik dankbaar aanneem.

We ruimen de picknick op, trekken onze veters weer strak aan, smeren nog wat zonnebrand en doen onze rugzakjes om. Vincenzo loopt het tweede deel van de tocht ook mee. Vriendelijk knikken we naar boer en de hond, die nog een laatste keer zijn tanden aan ons laat zien.

Lot tovert een mueslireep uit haar rugzak. 'Hier, anders ga je het nooit redden met die muizenhap die jij hebt gegeten. Je bent toch niet weer aan het lijnen?'

'Nee, natuurlijk niet.' Ik lijn alleen wanneer ik twee ons boven mijn streefgewicht zit, maar sinds ik zo bot door Robert bij het grofvuil ben gezet, krijg ik nauwelijks een hap door mijn strot.

Hannah komt bij me staan. 'Dank je dat je het voor me opnam bij die boer.'

Mijn Italiaans heeft ze kennelijk verstaan. 'Natuurlijk, dat beest kan wel hondsdol zijn. Levensgevaarlijk.' Ik neem een hap van de reep.

'Wat heb je tegen die boer gezegd?' vraagt Lot alert.

'Niks,' zeg ik met volle mond, omdat ik weet dat dit bij haar niet in goede aarde zal vallen.

'Dieren die bijten moeten worden afgemaakt,' zegt Hannah. 'Dat zal in Italië ook zo zijn.'

'Ten eerste heeft dit dier je niet gebeten,' begint Lot.

Hannah onderbreekt haar. 'Wanneer ik mezelf niet in veiligheid had gebracht waarschijnlijk wel.'

'Mag ik uitpraten?' Lot gaat wijdbeens voor haar staan, waardoor Hannah lijkt te verschrompelen. 'Een hond moet wel twee keer iemand hebben gebeten voordat door de rechter kan worden bepaald of een hond moet worden afgemaakt, of gemuilkorfd.'

'Dat is ook zo,' probeer ik de boel te sussen. Maar Lot is nog niet klaar.

'Hondsdolheid bestaat al jaren niet meer, dus dat is een kul-argument, Joy.'

'Rustig maar. De boer wilde het toch niet doen.'

'En terecht!' Ze werpt me een kwade blik toe. Dan begint ze te lopen. Ik kan er slecht tegen als Lot boos op me is. Snel haast ik me achter haar aan.

'Poep erover?' vraag ik. Onze decennia oude bezwering om het goed te maken.

'Poep,' zegt ze kortaf.

Blijven bewegen was de remedie. Maar als ik had geweten hoe afschu-we-lijk het in de praktijk is om twintig kilometer door de hitte te sjokken, heuvel op en heuvel af, met niet meer afleiding dan een enkele boom of een leegstaande schuur, was ik nooit meegegaan. Zelfs al had ik er van Lot geld op toe gekregen. Hannah gaat al de hele middag met ferme tred voorop, op de voet gevolgd door Lot, die snuift als een bronstig paard. Dan volgt Bibi op haar gympen. Ze trekt haar schouders steeds opnieuw naar achteren, alsof de last van haar grote borsten te zwaar is voor haar ranke lijf. Ik zou haar willen zeggen dat ik haar afgetrainde lichaam bewonder, dat ik er vroeger ook zo mooi uitzag en dat ze zichzelf moet koesteren, nu ze nog zo strak en mooi is. Maar dat zou kunnen overkomen alsof ik met haar dweep, terwijl zij juist fan is van mij.

De geleidelijke daling is bijna ongemerkt weer overgegaan in een lichte stijging. In mijn hand houd ik het papier met de dialoog voor mijn auditie, terwijl ik me de zinnen probeer te herinneren. Ik ken de woorden nog steeds niet helemaal uit mijn kop. Wandelen zou de geest reinigen, het zou je focus geven, maar vooralsnog merk ik daar bar weinig van. Behalve dan dat ik met elke stap meer het idee krijg dat ik een loser ben. Een sukkel die niet eens een berg op kan lopen, laat staan kan acteren. Waarom anders krijgen anderen nog wel voldoende werk en word ik genegeerd? En nu ik eindelijk – EINDELIJK – weer ben uitgenodigd voor een betekenisvolle rol, zit ik hier. Alsof er een vloek op rust. Wat heb ik verkeerd gedaan? Waar heb ik steken laten vallen, kansen verprutst, inzichten gemist? Opnieuw werp ik een blik op het papier om de tekst in mijn hoofd te prenten, de woorden in mijn mond te proeven. Ze smaken naar de verbrande akkers waar we langs lopen.

'Joy, ben je bekend in jouw land?' hoor ik Vincenzo achter me.

'Klopt,' zeg ik zonder veel begeestering.

'Fantastisch! Ik heb nog nooit een actrice in mijn groep gehad.' Hij spreekt het Italiaanse woord *attrice* met grandeur uit. 'Dat je voor je beroep iemand anders kunt zijn. Dat je kunt voelen en denken als een andere persoon, dat lijkt me magisch.'

Even kijk ik opzij in de grote ogen van Vincenzo. Onwillekeurig glimlach ik. 'Ja, dat is ook zo.'

'Zijn dat teksten die je moet leren?' Hij knikt naar het papier, dat inmiddels een vod is geworden door mijn bezwete handen.

'Klopt.' Het was fijn om een speldenprik aan bewondering te oogsten.

'Hoe ver is het nog naar Corleone?' vraag ik dan maar.

'Nog een paar kilometer, Joy.'

'Hoeveel?'

'Ik denk acht.' De moed zinkt me in de wandelschoenen. Nog acht *fucking* kilometer.

'Vandaag is het langst, vijfentwintig kilometer. Morgen is het maar twintig naar Prizzi,' zegt hij.

Mijn hemel, ik heb er totaal gaan rekening mee gehouden of we dan wel op tijd voor de auditie in het hotel zijn.

'Denk je dat we daar morgen voor vier uur aankomen?' vraag ik hoopvol. Ik heb zeker een uur nodig om me voor te bereiden.

'Dat wordt doorlopen,' zegt hij vrolijk.

Ik blijf stilstaan. 'Maar dan haal ik mijn auditie niet...'

'Auditie?'

'Ja!'

'Morgen?'

'Ja, een test voor deze rol.' Ik houd de blaadjes omhoog. 'Waarom denk je anders dat ik hiermee loop? Het begint om vijf uur, dus dan moet ik helemaal klaarzitten.'

'Dus je moet auditie doen in Prizzi?' vraag hij nog steeds vol ongeloof. 'Dat is mijn geboortestad.'

'Fijn, maar halen we dat wel?' Ik ben gestopt met lopen.

'Eh ja... Dan moeten we gewoon eerder opstaan. Voor het licht is. Geen probleem.'

Uitgeput strompel ik het hotel binnen. De ongezellige receptie is verlaten en ziet eruit alsof we de eerste gasten zijn in tien jaar. Op een tafel met een vaal gekleurd kleedje staat een vaas met droogbloemen, aan de muur hangen slecht geschilderde landschappen. Vincenzo vraagt ons te wachten en wijst naar het nepleren bankstel, waarna hij zich weghaast. Niemand gaat zitten. We willen zo snel mogelijk naar onze kamers om languit neer te ploffen op bed.

Hannah tikt bescheiden op het belletje dat op de balie staat, en verzucht dat ze normaal nooit in driesterrenhotels slaapt. Ik pak mijn telefoon uit mijn zak om te zien of er een open netwerk is. Eindelijk komt Vincenzo terug met een klein Italiaans vrouwtje, dat ons vriendelijk toeknikt. Ze neemt onze paspoorten in en deelt de kamersleutels uit.

'Eh… Vincenzo, weet jij wat de wifi hier is?' vraag ik wanneer iedereen naar de kamers is.

Vincenzo draait zich naar mij om. 'Wifi hebben ze hier niet, Joy. We zijn hier niet meer in de grote stad.'

Ik schrik me rot. 'Maar Prizzi is wel een grote stad, daar hebben ze wél wifi, toch?'

Hij schudt zijn hoofd. 'Prizzi is groot, maar bijna uitgestorven. Er is weinig vraag naar.'

'Weinig vraag naar wifi? Hoe kan ik de casting dan doen?!'

'Casting?' Vincenzo kijkt me glazig aan.

'De auditie voor mijn rol?' Ik probeer mijn geduld te bewaren. Als snelle denker kan ik niet van anderen verwachten dat ze mij meteen kunnen volgen. En al helemaal niet van een provinciaal uit Sicilië.

'Hoezo? Heb je daar internet voor nodig?'

'Ja, natuurlijk! Het gaat via Zoom.'

'Via Zoom?' vraagt hij vol bewondering. 'Een online auditie?'

'Ja, een hele echte, Vincenzo. Maar daar gaat het nu even niet om. Ik moet dus morgen een live-verbinding zien te regelen vanuit Prizzi.'

Hij haalt zijn schouders op. 'Dat gaat nooit lukken, Joy.'

'Vincenzo, dat meen je niet!' Ik voel de grond onder mijn voeten wegzakken. 'Je gaat me niet vertellen dat al mijn werk voor niks is geweest en ik niet kan testen?'

'Testen?'

'Casten, auditeren!' schreeuw ik nu door de hal. Vincenzo kijkt me bangig aan. 'Ik ben een beroemd actrice in Nederland! Mijn leven hangt ervan af.'

'*Calma, Joy, calma!* Ik probeer wat voor je regelen.' Hij pakt zijn telefoon en toetst een nummer in. In opgewonden Italiaans dialect begint hij te praten. Als het Vincenzo niet lukt om dit te regelen, gaat mijn carrière er echt aan. Dit is misschien wel de laatste kans op een grote rol. Zeker nu Robert me aan de kant heeft gezet, wordt het lastig om nog ergens een voet tussen de deur te krijgen. Ik bid in stilte, terwijl ik verbeten naar het ingelijste landschap staar. Nu pas zie ik dat er een eenzaam schaap in de gele heuvels staat. Het kijkt me recht aan.

Vincenzo hangt op. 'Het is gelukt, Joy. Ze gaan de wifi maken.'

'Echt?' vraag ik onzeker.

'Reken maar!' zegt Vincenzo trots. 'Nu ze in Prizzi weten dat er morgen een beroemd actrice komt die wifi nodig heeft, zullen ze hemel en aarde bewegen om dat voor elkaar te krijgen.' Hij ziet dat ik nog niet helemaal overtuigd ben.

'Vertrouw me, Joy.'

Dankbaar val ik hem om de nek. '*Grazie mille.*'

Bibi

'Het is lang geleden dat ik voor het laatst in een driesterrenhotel heb geslapen,' zegt Hannah en ze kijkt misprijzend om zich heen. 'Maar misschien ben ik gewoon een beetje te verwend.' We staan in de receptie van het enige hotel dat Corleone rijk is. Het ligt aan de rand van het dorp en wordt gerund door een wat oudere Italiaanse vrouw die geen woord Engels verstaat, maar desalniettemin vriendelijk glimlacht bij alles wat we zeggen. Naast het hotel bevindt zich een enorme zaal waar vast en zeker alle lokale bruiloften en partijen worden gevierd.

'Ik vind alles prima,' zegt Lot nuchter. 'Zolang ik maar een bed en een douche heb.'

Joy zegt niets. Maar aan haar gezicht is duidelijk te zien dat ook zij niet onder de indruk is van het hotel. Aan de muur hangen schilderijen van het landschap zoals we dat hebben leren kennen vandaag: verbrande akkers aan de voet van uitgedoofde vulkanen. Je zou er de schoonheid van kunnen inzien.

We zijn allemaal vies, bezweet en rood aangelopen door de warmte. Na de bron was het nog zeker drie uur lopen naar het hotel, iets waar niemand op had gerekend. Mensen denken dat het tussen twaalf en twee op z'n heetst is, maar rondom een uur of vier is de zon pas echt *killing* – vooral als er geen boom te bekennen is en de aarde alle warmte van de dag heeft geabsorbeerd. Aan het einde van de tocht werd zelfs Lot chagrijnig. Joy begon de gids te ondervragen. Zag het hele binnenland van Sicilië er zo uit? En hoelang nog?

Hannah hield de tocht misschien wel het allerbest vol. Met een vastberaden gezicht stapte ze in hoog tempo door. Het heeft ook zijn voordelen om je lichaam niet te voelen. Ik had vandaag met liefde met haar willen ruilen. Hoewel ik verreweg de jongste ben, had ik de meeste moeite om de groep bij te houden. Alles viel me zwaar: de hitte, het gezelschap, de eentonigheid van het landschap. Gelukkig bood de bron onderweg verkoeling, anders had ik het misschien niet eens gehaald. Vreemd genoeg wilde niemand anders zwemmen. Ze keken allemaal alsof ze een rare ziekte zouden oplopen. Ik lag al niet zo lekker in de groep, maar toen we verder liepen, kreeg ik steeds meer de indruk dat ze me meden. Ik wilde me er niets van aantrekken, maar ik merkte dat het me toch raakte.

We krijgen de kamersleutels aangereikt door de eigenaresse, die gelukkig niets van onze conversatie heeft verstaan. Hannah informeert of we aparte kamers kunnen krijgen. Ze draait zich om naar mij en lacht neppig. 'Niets persoonlijks, hoor. Maar ik heb liever mijn privacy.'

De kamer is kleiner dan die in Palermo. Terwijl Hannah gaat douchen, ga ik uitgeput op de enige stoel zitten. De hoofdpijn is weer enorm toegenomen. Ik leg mijn handen tegen mijn slapen en probeer mezelf reiki te geven, maar na een paar minuten heb ik niet eens meer de kracht om mijn handen op hun plek te houden. Zo futloos heb ik me nooit eerder gevoeld. Deze wandeltocht trekt me helemaal leeg. Weer twijfel ik of ik hier goed aan heb gedaan, maar ik probeer te vertrouwen op het proces. Soms moet je eerst alles kwijtraken om opnieuw te kunnen beginnen. Een stevige maaltijd zal helpen.

Hannah komt volledig aangekleed uit de badkamer tevoorschijn. Het was me al eerder opgevallen dat ze er moeite mee heeft om haar lichaam te tonen.

Na het douchen is de hoofdpijn niet weggetrokken. Sterker nog, het lijkt wel of de pijn heviger is geworden door het warme water.

Wanneer ik me af sta te drogen in de krappe badkamer, valt mijn oog op Hannahs toilettasje, dat openstaat op de wastafel. Een paar pillenstrips steken eruit. Zelf slik ik nooit pijnstillers. Een lichaam geeft niet voor niets een pijnsignaal af, dat moet je niet dempen met chemicaliën. Beter kun je proberen om ernaar te luisteren. Maar wat kan mijn lichaam me nu nog vertellen wat ik al niet weet?

Zo zacht mogelijk haal ik de strips uit het toilettasje. Die vrouw heeft een behoorlijke apotheek bij zich: pijnstillers, slaapmiddelen, antidepressiva, maagzuurremmers... Ik druk heel voorzichtig een ibuprofen uit de strip in de hoop dat ze het niet zal merken. Dan slik ik hem door met water en hoop op het beste.

Mijn lichaam reageert snel op de pijnstiller, waarschijnlijk omdat ik het niet meer gewend ben. Ik ga een halfuurtje op bed liggen met mijn ogen dicht. Daarna sta ik met frisse moed weer op. We hebben afgesproken in het hotel-restaurant. Er staat welgeteld één vegetarisch gerecht op de kaart en dat is gegrilde groente. Eigenlijk is het een bijgerecht, dus het kost moeite om de ober ervan te overtuigen dat dit het enige is wat ik wil. Tijdens het eten zit Hannah tegenover me. Op de een of andere manier slaagt ze erin me geen enkel moment aan te kijken. Ook de andere vrouwen voelen zich weinig geroepen om mij bij de conversatie te betrekken.

'Was het voor jou lastig om je gezin achter te laten?' vraagt Hannah aan Lot.

'Mijn man is heel goed met de kinderen,' zegt Lot. 'Misschien wel beter dan ik. Sterker nog, ik denk dat ze blij zijn dat ik even weg ben. De enige die mij waarschijnlijk mist, is de hond.' Ze begint te lachen. 'En jij?'

'Mijn zoon Benjamin is al het huis uit,' zegt Hannah. 'Dus ja, dat maakt het een stuk makkelijker. Maar wel minder leuk.'

'Ik begrijp je helemaal,' zegt Lot. 'Ik zie er nu al tegen op dat Noelle en Jani straks weg zijn. Weet je wat het is? Eerst moet je je hele leven om die herriemakers heen vormen en als je niet anders weet dan dat alles om hen draait, gaan ze bij je weg.'

'De hele dynamiek verandert,' beaamt Hannah. 'Vooral in je relatie. Opeens moet je met je man weer een heel nieuw evenwicht vinden.'

'Dat wordt nog wat voor jou, Lot,' zegt Joy.

'Hoe bedoel je?' zegt Lot met een scherpe toon in haar stem.

'Dat het omschakelen zal worden. Maar jullie zijn al zo lang samen… Dat komt vast wel goed,' zegt Joy snel.

'Wat fijn dat je een hond hebt,' zeg ik tegen Lot. 'Toen ik het huis uit ging, had mijn moeder het ook heel zwaar, maar Lola heeft haar er helemaal doorheen gesleept. Zonder haar…' Terwijl ik praat, merk ik dat niemand naar me luistert. Mijn stem sterft weg.

'Zac en ik zijn ook al een eeuwigheid samen,' zegt Hannah. 'En toch lijkt het soms alsof we vreemden voor elkaar zijn. De kunst is denk ik om weer nieuwsgierig te worden naar elkaar.'

'Ik vind het maar knap,' zegt Joy. 'Mijn langste relatie duurde misschien drie jaar. Ik denk weleens dat ik gewoon te avontuurlijk ben voor een lange relatie. Ik heb die afwisseling en passie nodig, anders word ik gek.'

Het is alsof ik er helemaal niet ben. Even voel ik me weer teruggeworpen in de tijd. Ik ben als kind zo vaak verhuisd dat ik steeds weer 'die nieuwe' was in de klas. Een vreemd kind met een raar accent, andere gewoonten, niet de juiste kleding. En steeds wanneer ik me de ongeschreven wetten eigen had gemaakt, verhuisden we weer. Tegen de tijd dat ik volwassen was, was ik een volleerde kameleon. Iets wat ik me heb voorgenomen om nooit meer te willen zijn.

'Wil er nog iemand water?' vraagt Hannah. Iedereen knikt. Hannah vult eerst haar eigen glas en dan de glazen van Lot en Joy tot de rand vol. Wanneer mijn glas aan de beurt is om bijgeschonken te worden, zit er niets meer in de fles.

Ik houd mijn lege glas op.

Ze doet net alsof ze het nu pas ziet. 'Sorry,' zegt ze. 'We bestellen zo wel een nieuwe.'

Opeens is de maat vol. Ik voel de woede door mijn lichaam razen.

'Mag ik even heel eerlijk zijn?' Mijn stem is fel, ongekend fel. Dit ben ik niet, dit is de oude Bibi. De doortrapte advocate die over lijken ging om haar zin te krijgen. Ik zou haar kunnen afremmen, maar ik doe het niet.

Natuurlijk zegt ze 'ja'. Iedereen zegt 'ja'. Mensen zijn wat dat betreft zo voorspelbaar. Terwijl ze ook wel kunnen weten dat dat 'eerlijke' waarschijnlijk iets afschuwelijks zal zijn.

'Hannah, ik hoop niet dat je dit persoonlijk opvat, maar...' Nu heb ik haar aandacht. Met een geïrriteerde blik kijkt ze me aan. Ik zie de radertjes in haar hoofd op volle toeren draaien. 'Ik wil liever niet meer met jou op de kamer slapen.'

'Daar waren we al over uit,' zegt ze. 'Maar wat wil je anders? Het is nou eenmaal zo door jouzelf geboekt.' Weer die zelfingenomen lach, terwijl ze oogcontact met de anderen maakt om te kijken of die op haar hand zijn.

'Het is 's nachts een beetje druk bij jou, Hannah.' Ik leun tevreden achterover en kijk hoe haar gezicht verandert van bozig naar angstig.

'Hoe bedoel je?' vraagt ze met schrille stem.

'Ik vind dit lastig om te zeggen en ik wil je geen pijn doen of je bang maken, maar je draagt nogal wat bij je in je energieveld.'

'Wat dan?'

Ook Joy en Lot zijn gestopt met eten en kijken verward mijn kant op.

'Entiteiten.'

'Je bedoelt...' Haar ogen worden groot. 'Dode mensen?' Ze verandert in een bang meisje dat vastgehouden en getroost wil worden, maar zelfs dáár nog te bang voor is.

In een schokbeweging kom ik weer tot mezelf. Het is alsof ik na een korte vlucht land in mijn eigen lichaam. Dit is niet wie ik wil zijn. Gekwetste mensen nog meer kwetsen. Waar ben ik mee bezig?

'Nee, nee,' zeg ik snel. 'Je moet het meer zien als oude energie die je nog niet hebt opgeruimd.'

Ik hoor Lot afkeurend snuiven. 'Als ik dan ook even eerlijk mag zijn,' zegt ze met een nog hardere stem dan normaal. 'Ik vond het enorm storend dat jij vanmiddag opeens verdwenen was.'

Die zag ik niet aankomen. Vooral niet van Lot, die eerder zo zorgzaam en open was.

'Een beetje overleg had geen kwaad gekund,' beaamt Joy. 'Vooral niet omdat de dagetappe al lang genoeg was zonder die omweg naar de bron.'

Hannah valt haar bij. 'En het is natuurlijk fijn voor jou dat je zo "vrij" bent met je lichaam, maar je gaat totaal voorbij aan het oncomfortabele gevoel dat je daarmee bij anderen veroorzaakt.' Ze heeft haar angst weer onder controle door iemand anders naar beneden te drukken.

Ik voel me klein worden. 'Sorry,' zeg ik. 'Ik had niet bedacht dat...' Ik kan niet meer verder praten. In gedachten ga ik terug naar de bron. Ik was zo blij geweest om het heldere water in bijna Caribische kleuren te zien. Het had gevoeld alsof het Universum zelf me naar deze plek had geleid. *Spring erin, laat je helen*, had het water me toegefluisterd en geen moment had ik gedacht dat de anderen dit storend zouden vinden.

'En dat je zo dicht achter me kwam staan, naakt, vond ik al helemaal onprettig,' gaat Lot verder. 'Zoiets doe je gewoon niet.'

'Sorry,' zeg ik nog maar een keer.

Er valt een pijnlijke stilte.

'Zullen we nog dessert bestellen?' vraagt Lot. 'De tiramisu is vast geweldig hier.'

'Misschien nog een kopje koffie. Als ze decaf hebben, tenminste,' zegt Hannah.

'Voor mij ook decaf,' zegt Joy. 'Als ik na het eten nog cafeïne drink, doe ik geen oog dicht, en ik kan natuurlijk niet met dikke wallen aankomen op mijn auditie.'

Aan mij vraagt niemand meer iets. Het is alsof ik er helemaal niet meer ben.

Dag 3

Corleone – Prizzi

Met een mooie wandeling door het centrum verlaten de wandelaars Corleone. Na een pittige klim volgt een hoogvlakte vol akkers en boerderijen. Een klein, autoluw asfaltweggetje slingert omhoog naar een pas, vanwaar de route weer langzaam afdaalt naar het volgende weidse dal. Na het kunstmatige meer volgt een laatste klim naar Prizzi. Dit pittoreske stadje met zijn kleine straatjes blijft lang verborgen, want het stadje ligt als een adelaarsnest tegen de achterkant van een hoge rots gevleid.

Wandeling: 20 kilometer, 800 meter stijgen en 350 meter dalen, 7 uur wandelen.

Lot

Tanden. Overal tanden. Witte staketsels omrand door slijm. Tongen die als lange, natte washanden uit bekken hangen. Snuiten die happen richting de rozen. Woest en wild schudden de bloemen heen en weer, woest en wild schudt het lichaam van Bibi achter me, haar armen om mijn middel, terwijl de honden beginnen te blaffen, steeds harder, steeds hoger, hun schrapende poten over het grind, en Bibi met haar prachtige lichaam die zich als een slang om mijn heupen kronkelt. Wat wil iedereen van mij? Wat moet ik doen? Zeg me wat ik moet doen zodat alles goed komt!

Always look on the bright side of life.

Hijgend graai ik naar de zingende telefoon op mijn nachtkastje. Jos. Het is ironisch dat uitgerekend hij me uit een nachtmerrie haalt. In het achterste van mijn hoofd hoor ik nog geblaf, maar langzaam trekt het duister weg, weet ik waar ik ben en beluister ik mijn eigen vrolijke ringtone.

De geest is een raar spiegelpaleis. Elke keer dat je denkt te weten welke afslag het verstandigst is, hoe je je het best kunt verweren tegen dat wat jou pijn doet of beangstigt, neemt iets in je een loopje met je en knal je tegen het glas. Wat deden die kwade beesten opeens in mijn droom? Was ik gisteren stiekem bang toen ik de herder zachtjes bij zijn oren pakte? En was ik daarnaast ook bang voor het lichaam van Bibi? Freud zou hier wel raad mee weten.

Ach, hou op. Ik begin op mijn reisgezelschap te lijken dat continu hijgerig het gedrag van zichzelf, of liever nog van iemand anders uit de groep, psychologisch probeert te verklaren. De een roept over de ander dat ze hechtingsproblemen heeft, en gisteravond bleek Bibi dooien bij Hannah te zien. Kunnen we niet gewoon zíjn, gewoon even wandelen, zonder gedoe?

Dat voortdurende praten, dat zwelgen in het eigen leed, het geroddel en geruzie, ik krijg er kloppende oogleden van. Het is natuurlijk een cliché te denken dat kerels lekker even bekvechten en daarna gezellig een biertje aan de bar drinken zonder het nog ergens over te hebben. Maar dat is wel wat ze doen.

Ik heb moeite met theoretici. Zwerven in het eigen hoofd, niemand heeft er iets aan. Types die alles uitleggen maar geen poot uitsteken, niet te doen. Ik ben geen prater, ik ben een fixer. Iemand die ervoor zorgt dat alles goed komt. 'Zeg me wat ik moet doen zodat alles goed komt!' Jezus, ik begreep niets van die droom, maar deze uitroep is overduidelijk.

Hoe kan ik het thuis fixen? Hoe kan ik de rotzooi bij elkaar vegen die híj heeft gemaakt? Hoe zou het met Noelle zijn? Zou ze voelen dat er iets niet klopt? Ja, natuurlijk doet ze dat. Ze is net als ik. Iemand die altijd oplet, eeuwig gericht op een ander. Wij kijken liever naar buiten dan naar binnen. Natuurlijk hoorde ze ook de stilte die tussen mij en Jos in was gaan liggen. 'Mam? Alles goed?' had ze me op de dag dat ik wegging gevraagd. Ik had geknikt als een meedeinhondje op de hoedenplank van een auto. Heftig, zonder stoppen. Veel te veel natuurlijk weer. 'Mooi zo!' had Noelle geroepen. Veel te hard uiteraard. Onze ogen ontmoetten elkaar. Maar ik kon haar niet meer vertellen. Ik wilde haar vader niet afvallen, ik wilde ons gezin niet veranderen, ik wilde dat alles gewoon zou zijn. Z'n gangetje. Dat is het mooiste wat er is.

Maar nu is mama wandelen in Italië en heeft Jos zich ongetwijfeld teruggetrokken in zijn zwijgzame zelf. Ik heb de kinderen gezegd dat ik een week slecht bereik heb en dat ze met hun vragen naar papa moeten gaan. Die weet heus ook wel waar de krentenbollen, gymtassen en huiswerkroosters liggen. En inderdaad, ze appen niet. Dat is goed. Tegelijkertijd word ik er gek van niet te weten hoe het gaat. Waar ze mee bezig zijn. Ik kan alleen maar gissen. Dat Jani fulltime zit te gamen. En Noelle? Die voelt. En gaat vervolgens iets doen. Voetballen of zo. Keihard voetballen terwijl de regen uit de plassen opspat tegen haar kuiten.

Doen. Dat is altijd het beste. Denken komt vanzelf wel. Maar nu is er die irritante ringtone die mijn hoofd te veel in beweging heeft gezet.

Natuurlijk nam ik niet op. Ik neem al dagen niet op. En nee, dat is niets voor Lot, want Lot neemt altijd op. Lot gaat nu opeens ook in de derde persoon over zichzelf praten en daar moet Lot heel snel mee ophouden, want dat is natuurlijk pas echt een teken van gekte.

Vroeger, toen ik met papa en mama met vakantie ging – altijd naar hetzelfde hotelletje in Portugal – was daar elk jaar dezelfde dikke kerel met zijn gezin. Theo. Zijn harige buik veerde mee met zijn grote verhalen. Het was een benoemer, zo iemand die de godganse dag aan de voltallige natie meedeelt wat hij aan het doen is, ervan uitgaande dat de hele wereld daar ontstellend in is geïnteresseerd. 'Zo. Ome Theo gaat zich effe te water laten,' riep hij over het stille strandje voordat hij het meer in waggelde. 'Ome Theo neemt es effe een lekker olijffie,' klonk het vanaf een uur of vijf vanaf het terras. En wanneer we 's avonds laat door de dunne wandjes hoorden dat Ome Theo tegen zijn vrouw Anja, een ietwat uitgeblust type met zwabberhaar, lispelde: 'Ome Theo gaat jou es effe lekker masseren', kreunde mama tegen papa: 'Kunnen we hier alsjeblieft weg?'

Maar mama wilde eigenlijk de hele vakantie al weg. Hoe hard ik ook riep: 'Wat is het hier fijn, hè mam! Wat genieten we!' Mama wilde altijd weg. Mama wilde trouwens ook weg wanneer we thuis waren. Waarschijnlijk omdat mama niet thuis was bij zichzelf. Depressie is een woord dat in de jaren tachtig slechts werd gereserveerd voor aanstellerige acteurs en actrices in Amerika die wekelijks lagen te jeremiëren bij hun *shrink*, maar als ik erop terugkijk, moet zij eronder hebben geleden.

En dus leed ik. Toch? Ach, ik heb niet geleden. Lot lijdt niet, kom op. Ik heb alleen geleerd om aan te staan. Niet alleen op de momenten dat haar somberheid ons overviel. Ik was ook op vrolijke dagen alert. Want stel je voor dat het duister zich dan opeens zou aandienen. 'Mama snoepje?' Op mijn vierde schijn ik haar dat al voortdurend gevraagd te hebben. Mijn vader vertelt het smakelijk op verjaardagen wanneer ik weer eens met appelpunten rondga. 'Lot houdt ervan mensen te voeren,' buldert hij dan. 'Mama snoepje?' Mama pijn? Mama helpen. Mama over.

Wat wonderlijk dat ik nu opeens aan mijn moeder lig te denken. Het is maar goed dat ze al twintig jaar dood is en niets afweet van de ellende waar ik nu in zit. Ze had het niet aangekund. En dan had ik ook nog eens mijn handen vol gehad aan een moeder die het leed van mij, haar dochter, niet kon verdragen.

Hoe dan ook, ze is dood. En ik moet in mijn eentje de scherven bij elkaar vegen. Ik stuur Jos een berichtje.

Alles goed hier. Denk aan de ontwormingspillen van de poes.
Groet, Lot.

Groet. Als iemand niet de persoon is om een bericht af te sluiten met 'groet', dan ben ik het wel.

Is aan het typen…

Natuurlijk. Ook het apparaat begint te benoemen wat er gebeurt. Dat had dat ding dan weleens eerder mogen doen. Maar is dat echt zo? Had ik het eerder willen weten? Of had ik het helemaal niet willen weten? Liefde. Angst. De drijfveren van de mens. Van mij hadden ze nooit zo dicht bij elkaar hoeven liggen als nu. Nog even en het went. Nog even en liefde en angst horen voorgoed bij elkaar. Als ik bij Jos blijf, zal dat zo zijn. Dan moet ik gaan houden van de angst.

Hij doet er lang over. Jos is nooit een snelle prater geweest. Het trekt in mijn kruis. Ik ben als de dood voor wat hij gaat schrijven. Dan verschijnen de letters op het scherm.

Ik hou van je, Lot.

Geweldig. De angst houdt van mij. *Ik hou ook van jou, Lobbes.* Ik wil het schrijven. Ik wil het hem écht schrijven. Want de waarheid schrijven is altijd fijn. En de tekst is zo vertrouwd, we gebruikten hem dagelijks, zonder erbij na te denken. 'Luv joe!' gilde ik door het huis wanneer hij wegklakte op zijn racefietsschoentjes. Ik hield zelfs van hem wanneer hij als een in lycra verpakte worst door de polders ploegde en vond dat-ie best kon doorgaan voor een ietwat kalende Tom Dumoulin. 'Luv joe!' klonk het dan terug. We zeiden het makkelijk, zo snel dat de woorden aan elkaar kleefden. 'Vjoe!'

Schrijf maar, Lot. Schrijf het gewoon weer. Mijn vingers aaien de letters. Als ik op VERZENDEN druk, is alles normaal. Dan hebben we het nergens meer over. Schouders eronder en klaar.

Ik hou van...

Met een snelle beweging wist mijn wijsvinger de tekst. Ik kijk naar de knipperende cursor. Dan zie ik mijn nieuwe woorden op het scherm verschijnen.

Je moet de wormenpil vermalen door de Whiskas.
Zorg dat Berend alles oplikt.
Groet, Lot.

Ik moet eten. Ik ben benieuwd of ze die harde witte bolletjes weer bij het ontbijt hebben. En aardbeienjam. Gewoon uit zo'n voorverpakt dingetje. Voedselsnobs halen er ongetwijfeld hun verwende neusjes voor op. Die willen alleen maar jam van bosaardbeitjes die zijn besproeid met zuiver spuitwater uit een verlaten bergdorp in het Amazonegebied en van akkers die zijn bemest met keuteltjes die God zelf uitgepoept heeft, maar ik vind Hero top.

Ik ben geen moeilijke eter. Nooit geweest ook. Joy is daarentegen zolang ik haar ken al aan de lijn. Elk halfjaar heeft ze weer een nieuw dieet van een gezondheidsgoeroe. Ik kan me herinneren dat ze ooit een groentesoepmanie had. Na drie dagen kwam permanent de geur van Maggi uit haar poriën.

Ook Hannah zeurt. Brood is van de duivel, ze klaagt dat ze zich opgeblazen voelt, is als de dood dat er een verdwaalde gluut vol bravoure vanaf mijn bord in haar spinazie springt en bij het ontbijt wil ze graag yoghurt, maar dan moet het wel magere yoghurt zijn want anders raakt haar darmflora in de war. Maar daar kan een normaal mens toch geen twintig kilometer op lopen?

O, en Bibi ontbijt überhaupt niet, die neemt elke morgen een groene oplossing vol vezels en oxidanten. Daarnaast vraagt ze overal naar verse gember, want dat is ontstekingsremmend. Gember is natuurlijk op geen enkele Italiaanse berg te krijgen en toch zie ik de plaatselijke bevolking hier niet krom lopen van ontstekingsellende, maar goed, met vrouwen over eten in discussie gaan is vragen om oorlog. Dus glimlach ik bij dieetpraat en bunker ik wat de plaatselijke pot schaft. Ik zie de anderen wel stiekem kijken wanneer ik mijn bord volschep. Maar ik heb voedsel nodig. Een bodem. Zonder bodem blijf ik niet overeind.

Ik trek mijn wandelbroek aan. Hij knelt een beetje rond mijn heupen, maar dat geeft stevigheid. Ik werp een blik op Joy, die zich kreunend omdraait. Ze is nog steeds knap, vooral wanneer ze even niet oplet hoe ze eruitziet. Wanneer ze een tel is ingedut en haar gezicht eindelijk weer iets kinderlijks krijgt, met een lief onderkinnetje en al. Of een paar dagen geleden, na de limoncello, toen haar mascara in haar lachrimpels was gekropen en het leek of ze spinnenpootjes naast haar ogen had. Dan is Joy op haar mooist.

Niet als ze voortdurend teksten loopt te declameren met een air alsof het de *Gijsbrecht* is die ze moet instuderen. Gisteren zette ik een lekker nummer in tijdens het lopen – Dreetje Hazes doet het altijd goed –, waarna ze opeens woedend in mijn oor siste: 'Zie jij dan niet hoe onze ouders ons hebben betutteld als meiden, hoe de zondagse kerkgang ons heeft gehersenspoeld?'

Ik keek haar niet-begrijpend aan en antwoordde op de gok: 'Eeeeh, jij ging helemaal nooit naar de kerk, Joy.' Begon ze te blazen dat ik niets begreep van haar creatieve proces, dat ik nimmer – ze zei nimmer, wie zegt er nou nimmer? – de diepe lagen in mijn geest zou bereiken waar zij voor haar rol juist naar op zoek was, dat acteren zoveel meer is dan alleen maar zinnetjes opzeggen en of ik alsjeblieft nu EINDELIJK EENS MIJN KOP WILDE HOUDEN EN KON STOPPEN MET LIEDJES ZINGEN WAARIN WERD GEZEGD DAT JE MOEST LEVEN ALSOF DE MORGEN NIET BESTAAT WANT DIE MORGEN BESTAAT WEL EN DAN IS DE AUDITIE!

Nou ja, met haar volume zit het als actrice wel goed, zullen we maar zeggen.

Maar ik snap het wel. Zo'n auditie is natuurlijk ook heel spannend. Niet voor niets eiste Joy gisteravond dat we vandaag om zes uur zouden opstaan. Ik vind het best. Jos en ik staan altijd om zes uur op. Dan heb je tenminste wat aan je dag.

Joy wil heel veel aan deze dag hebben. Moet ik haar al wakker maken? Ach, ze heeft nog een halfuurtje. Laat haar nog maar even dromen.

Ik zal haar straks een extra reepje toestoppen. Die zal ze eerst nuffig weigeren natuurlijk, maar met een beetje geluk knabbelt ze er toch een beetje van, waardoor ze wat minder prikkelbaar wordt. Of misschien, heel gek, een hard wit bolletje met jam? Ja, dat doe ik, ik neem extra mee, al die meiden kunnen wel wat troost gebruiken.

Ik smeer snel een lik zonnebrand op mijn snoet en pak mijn rugzak. Als ik bij de kamerdeur kom, zie ik dat er een envelop onderdoor is geschoven. Er zit een ansichtkaart van Corleone in met op de achterkant een boodschap. In sierlijke letters, alsof het een blaadje uit een poëziealbum is, staat er:

Lieve Lot,
Sorry dat ik je zo heb laten schrikken gisteren!
Kusjes van de yoni van Bibi

Ik staar naar het bericht. Kreeg ik nu echt een kaart van een kut? Kunnen yoni's ook al namens zichzelf spreken? Ho wacht, zeg ik nu ook yoni? Het moet niet gekker worden. Het is wonderlijk hoe snel je de taal van anderen overneemt. Een kut is een kut, tot voor kort vond ik het woord vagina al te formeel, maar yoni is nieuw voor me. Toch went het. Je went aan alle woorden. Ook wanneer je kind opeens thuiskomt met een vriendje dat Stuiver heet. De eerste paar keer noemde ik hem steeds Vlieger, niet expres, maar puur omdat ik me vergiste – geef toe, het is ook achterlijk om je kind de naam van een munteenheid te geven en al helemaal van een munteenheid die geen ruk waard is –, maar tegenwoordig haper ik geen seconde meer wanneer ik vraag of Stuiver mee blijft eten.

En blijkbaar zeg ik ook yoni. Nu moet ik natuurlijk terugschrijven. Goed dan. Ik gris een pen van het formicatafeltje en krabbel op de achterkant van de enveloppe:

Beste yoni van Bibi,
Ik ben momenteel buiten gebruik.
Groeten, de yoni van Lot.

Snel hol ik naar de kamer van Bibi en schuif mijn antwoord onder de deur door. Ik zucht. Wat een gedoe. Maar terwijl ik richting ontbijt been, merk ik dat ik glimlach.

Bibi

'Ik heb helaas geen goed nieuws voor je.' Dokter De Jager keek me aan met een gepaste mix van professionaliteit en empathie. 'Het lijkt erop dat de tumor is gegroeid.'

Naast me hoorde ik papa zijn adem inhouden. Ook al had ik gezegd dat het echt niet hoefde, hij ging altijd met me mee naar Nederland voor de jaarlijkse controle. Het was ons vaste uitje geworden: logeren in The Grand, eten bij RIJKS. Papa houdt van zijn vertrouwde adresjes. Niets maakt hem blijer dan een ober die zegt: 'Welkom terug, meneer Altena.'

Hij beweerde dat hij meeging voor de gezelligheid, maar waarschijnlijk vertrouwde hij er niet op dat ik braaf naar mijn afspraak in het VUmc zou gaan. En daar zou hij best weleens gelijk in kunnen hebben. Hoe minder je aan dingen denkt, hoe minder invloed ze op je leven hebben.

Mijn leven is inmiddels zo anders geworden. Ik ben ontspannen en ik eet gezond. Stress en vermoeidheid zijn de grootste killers van het immuunsysteem en beide heb ik resoluut van het menu geschrapt.

De Jager draaide het computerscherm naar ons toe om de scan te laten zien. Ik zag geen verschil met de vorige. Voor mij was het nog steeds een grijs ovaal met een witte vlek erin, iets wat je niet eens zou opvallen als je niet wist dat het een tumor was.

'Hier zie je dat er nieuwe witte vlekjes zijn ontstaan,' zei De Jager, terwijl hij met zijn pen op het scherm tikte. 'Dus dit is toch wel het moment dat we moeten ingrijpen.'

Ik zei niets en staarde als verdoofd naar het scherm. Dit moest een vergissing zijn.

'Wat is het aanvalsplan?' vroeg papa. Niets doen is voor hem nooit een optie. Als het nodig was, zou hij de helft van zijn eigen hersenen doneren om mij in leven te houden. Op blote voeten een berg beklimmen. De Stille Oceaan over zwemmen.

'We hebben het natuurlijk eerder gehad over de behandelmogelijkheden. Opereren is nu niet mogelijk, ben ik bang. Ik stel voor dat we gaan bestralen.'

Nog steeds zei ik niets. Misschien had ik nu nog wel meer moeite met het aannemen van dit nieuws dan toen ik de eerste keer hoorde dat ik een tumor had.

'Bibi?' De Jager keek mij nu aan. 'Hoe sta je daar tegenover?'

'Hoe ik ertegenover sta dat je mijn hersenen kapot gaat maken?'

'Bibi.' Mijn vader legde zijn hand op mijn knie en keek hulpeloos naar de dokter. Ze konden het na al die jaren goed met elkaar vinden. Ze golfden zelfs zo af en toe samen.

De Jager schraapte zijn keel. 'Je leven redden, Bibi. Dat is waar we het hier over hebben. Kijk, ik zal niet ontkennen dat bestralen een heftige behandeling is. Je zult moe worden, misselijk, een deel van je haar verliezen...'

'Het groeit wel weer aan, Bieb,' zei papa snel, alsof dat hetgeen is waar ik me het meest druk over zou maken. 'We hebben het hier eerder over gehad. We wisten dat dit moment zou komen.'

Ik realiseerde me dat ik al heel lang niet meer met mijn ogen had geknipperd.

'Wanneer kunnen we beginnen, dokter?' vroeg papa.

'Bibi?' vroeg De Jager. Hij heeft heel zware wenkbrauwen die deels over zijn ogen heen hangen. Ik vroeg me af of hij de wereld door een soort gordijn zag.

'Ik heb me nog nooit zo goed gevoeld als nu.'

'Dat begrijp ik. We kunnen niet uitsluiten dat jouw gezonde levensstijl een positieve invloed heeft gehad op het vertragen van het proces. Maar…' De Jager hield zijn handen even hulpeloos omhoog. 'Ik zou willen dat ik je iets anders kon vertellen. De tumor ontwikkelt zich richting het optische systeem. Met bestralen kunnen we voorkomen dat je slecht gaat zien. Of blind wordt.'

'Plan maar een afspraak,' zei papa. 'Hoe eerder, hoe beter.' Beide mannen keken mij nu doordringend aan.

'Ja, doe maar,' hoorde ik mezelf in de verte zeggen.

Omdat het nog twee weken zou duren voordat de bestralingen begonnen, vlogen we in de tussentijd terug naar Ibiza. Zo kon papa mij nog een beetje vetmesten, had hij grappend gezegd. Als een havik waakte hij over mij. Hij woonde zelfs mijn yogalessen bij, iets wat hij daarvoor niets voor échte mannen had gevonden. Het was best grappig om papa in de *downward facing dog* te zien. En hij vond het heerlijk dat na afloop van de les al mijn leerlingen om hem heen dromden en zeiden: '*Is that your dad? He looks so young!*' Dus als er een winst is in dit hele verhaal, dan is het dat ik papa eindelijk aan de yoga heb gekregen.

De middag voordat we naar Nederland zouden vliegen voor de eerste bestralingen, was ik bij het zwembad een online yogales aan het opnemen.

Papa kwam eraan gelopen met Cassie, onze Engelse buurvrouw. Zoals altijd vergat hij dat hij even moest wachten met praten, waardoor je midden in de les papa 'Biebelebabbeleboebski, kijk eens wie hier is,' hoort zeggen.

Ik had Cassie al een tijdje niet gezien. De meeste mensen gebruiken hun villa op het eiland als tweede huis. Hier permanent wonen is niet voor iedereen weggelegd. Je moet tegen de stille winters kunnen. Sinds haar man haar vier jaar geleden had verlaten, was Cassie hier definitief komen wonen en kwam ze vaak langs in de hoop de interesse van papa te wekken. Maar volgens papa zijn vrouwen van zijn eigen leeftijd allemaal bejaard en daarom haalde hij mij er altijd snel bij wanneer ze langskwam.

Ik rondde mijn filmpje af en ging op het terras zitten. De witte wijn stond al op tafel en papa had de glazen goed vol geschonken. Iets in Cassie leek veranderd. Waar ze eerder opdringerig en rusteloos was, leek ze nu geaard en niet meer zo boos op de wereld. Cassie vertelde dat ze een wandeling had gemaakt van Midden-Frankrijk naar Santiago de Compostella. In totaal had de tocht drie maanden geduurd en het had haar leven veranderd.

'O god, nog zo'n vijftigplusvrouw die gaat wandelen,' zei papa. Hij kan de meest beledigende dingen zeggen, maar vrouwen zijn evengoed dol op hem.

Cassie leek hem niet te horen, maar keek mij aan en zei nadrukkelijk: 'Ik heb alles eruit gelopen, Bibi. Ik ben helemaal schoon en nieuw nu.'

De woorden raakten me. Ik voelde tranen opkomen, zoals altijd wanneer iets op een diep niveau in mij resoneert.

'Je gaat me toch niet vertellen dat je nu ook gestopt bent met alcohol, Cassie?' onderbrak mijn vader het moment. 'Deze wijn trek ik niet voor iedereen open.'

Hij knipoogde naar mij, maar in gedachten hoorde ik alleen nog maar Cassies woorden. *Ik heb alles eruit gelopen, Bibi. Ik ben helemaal schoon en nieuw nu.*

Zonder me te excuseren liep ik naar mijn kamer. Ik keek vanaf mijn balkon uit over Es Vedrà, de magische rots met de helende krachten. Ik dacht aan het siliconenmasker dat ze voor mijn vertrek van mijn gezicht hadden gemaakt en dat ik ging dragen tijdens de bestralingen. Ik dacht aan hoe de stralen mijn hersenen zouden binnendringen en hoe ik daarna nooit meer dezelfde Bibi zou zijn.

Sinds ik mijn leven had veranderd, kon ik beter voelen en dat ook beter uiten. In zekere zin was ik de tumor dankbaar, omdat hij me had geholpen te worden wie ik nu ben. Maar ik merkte ook dat ik trager was geworden. Minder scherp. Ik wilde niet nog meer van mezelf verliezen.

'Wat moet ik doen?' vroeg ik hardop. 'Help me.'

De late middagzon scheen van achter op de magnetische rots en creëerde een schaduw in de zee. Donker en licht. Licht en donker. En toen wist ik het. Ik had geprobeerd de oplossing te vinden in het hogere – nu zou ik de oplossing vinden in het aardse. Ik haalde mijn laptop tevoorschijn en googelde op wandelvakanties.

Het landschap is vandaag exact hetzelfde als gisteren. Het enige verschil is dat we nu over een geasfalteerde weg vol gaten lopen in plaats van over zandweggetjes. Af en toe passeren we een verlaten huis. Waar eerst gewassen groeiden, worden de akkers rond deze tijd van het jaar platgebrand om ze vruchtbaar te maken voor het volgende seizoen. Het is een naar gezicht, al die zwartgeblakerde velden. Dat ik om aan de bestralingen van mijn tumor te ontkomen hier de hele dag doorheen moet lopen, voelt als een sadistische grap van het Universum. Ik had me Sicilië anders voorgesteld. Meer water, meer groen, meer bomen. Een beetje zoals Ibiza misschien. Maar volgens Vincenzo ziet het hele binnenland er zo uit. Als je water wilt zien, moet je naar de kust. We moeten dit als een soort meditatie opvatten, zegt hij. Laat het monotone landschap je kalmeren. Hier is niets om je af te leiden, het enige wat je kunt doen is naar binnen keren. Ik probeer te ademen op het ritme van mijn voetstappen, maar Joy wil met mij haar auditie oefenen.

'Zou jij dan niet vrij willen zijn? Echt vrij?' begint Joy.

'Waar heb je het over? Ik bén vrij,' zeg ik braaf mijn tekst op. 'Wat jij vrijheid noemt, is losbandigheid.'

'En wat jij losbandigheid noemt, is een natuurlijk menselijk fenomeen. De mens is gemaakt voor seks.' Joy kijkt me verheugd aan. 'Hoe vind je het gaan?'

'Ik zei het deze keer goed, toch?'

'Nee, ik bedoel, hoe vind je dat ík het doe?'

'Geweldig. Het is net alsof je het écht zegt, in plaats van dat je het hebt onthouden.'

'Dat heet nou acteren, schat.'

Weer denk ik dat ik haar ergens heb gezien, wat best bijzonder is voor iemand die nauwelijks televisiekijkt en helemaal nooit naar de film gaat. Maar het zou ook kunnen dat ze lijkt op iemand die ik ken.

Mijn voeten voelen zwaar aan. De zon brandt keihard op mijn blote schouders. Mijn pas gekochte gymschoenen knellen bij de tenen en de zool begint een beetje los te laten. Het was lang zoeken naar een sportwinkel in Palermo en toen ik er een vond, bleken ze voornamelijk spullen te verkopen om te vissen en te jagen. Uiteindelijk heb ik een paar gymschoenen gevonden; maar die zijn duidelijk bedoeld om leuk onder een rokje te dragen, niet om vijfentwintig kilometer per dag mee over bergpaden te sjokken.

'Ik loop alvast vooruit,' zegt Joy wanneer we Prizzi in de verte zien liggen. Ze heeft al de hele dag het tempo er goed in. Zonder onze reactie af te wachten zet ze een eindsprint in. Ik overweeg om met haar mee te gaan, misschien wil ze haar tekst weer oefenen. Bovendien is zij de enige bij wie ik me prettig voel. Hannah doet nog steeds alsof ik niet besta en ook Lot lijkt me liever te mijden, al hebben we vanochtend wel even gelachen om de berichtjes van onze yoni's.

Maar dan gaat er een flits door mijn hoofd die ik nog ken van voor mijn operatie. Daarna een stekende pijn bij mijn slapen. Het is zo heftig dat ik even dreig te vallen, maar ik weet op tijd mijn evenwicht terug te vinden. Snel kijk ik om me heen of de anderen iets hebben gezien. Maar Hannah en Lot zijn druk met elkaar aan het praten en Vincenzo rent verlangend achter de billen van Joy aan, die zich steeds verder van ons verwijderen.

Een gedicht van Rumi schiet door mijn hoofd.

If you desire healing,
let yourself fall ill,
let yourself ill.

Joy

Mensen motiveren is ook een kunst, zeg! Moeten ze één keer om zes uur opstaan voor een ander, één keer een beetje doorstappen, één keer de pauze skippen, en het gesteun en gekreun wat je vervolgens krijgt! Ik ben meer uitgeput van het aanjagen van de groep dan van het beklimmen van die laatste heuvel. Hoewel, dat is niet helemaal waar. De laatste drie kilometer, steil omhoog naar de eeuwenoude stad Prizzi, waren *killing*. *Fucking hell*, wat ben ik kapot. Wanneer ik de oude stad in loop, zie ik de rest van de groep nog zowat beneden aan de heuvel lopen, terwijl ik gisteren nog de grootste kneus van het gezelschap leek. Qua conditie dan. Zo blijkt maar weer eens dat spierkracht een hoop kan doen, maar dat het uiteindelijk altijd aankomt op motivatie. Als Bibi maar op tijd hier is, want ik ben afhankelijk van haar tegenspel. Tijdens de minder zware stukken heeft ze nog wel met me gerepeteerd, maar op een bepaald moment kón ze gewoon niet meer. Het is me al eerder opgevallen dat zij de slechtste conditie heeft van ons allemaal.

De wifi lijkt te zijn gefikst, de monteurs staken gelijktijdig hun duim naar me op toen ik binnenkwam in de Bluegames Bar. We slapen in twee kleine kamertjes boven de bar, de douche moeten we met zijn vieren delen. De accommodaties op deze tocht worden steeds kariger. Ik vrees dat we morgen in een hooischuur tussen de koeien liggen. Ach, wat doet het ertoe? Zolang mijn auditie maar goed gaat. Alle focus is nu op mijn rol en de rode loper die straks weer voor mij zal worden uitgerold. Ik breng make-up aan, trek een zwart coltruitje aan dat Vincenzo voor me heeft geregeld, en bind mijn haar strak naar achteren. Dan kijk ik naar mezelf in de spiegel en er gebeurt iets met me: ik bén Irene. Mijn stem neemt haar jeugdigheid aan, mijn lichaamshouding haar trots. Ik oefen mijn tekst nog een laatste keer met Bibi, die inmiddels ook klaar is. Mijn intonatie is vlakker, monotoner, om vervolgens uit te schieten met een bevlogenheid en passie die kenmerkend is voor activisten.

Bibi lijkt onder de indruk. 'Ik voel het echt, Joy.'

'Geen Joy meer, ik ben Irene nu,' corrigeer ik haar.

Hannah komt met een laptop die ze van Vincenzo heeft geleend binnenlopen.

'Het komt goed, ik heb het programma geïnstalleerd en alles werkt. Dat wil zeggen: via mijn eigen hotspot, want ik kon zo snel geen wifinetwerk vinden. Maar voor een halfuur zoomen hebben we wel echt wifi nodig.'

Onmiddellijk ben ik weer uit mijn concentratie. 'Verdomme, waar is Vincenzo?' Met een aan razernij grenzende woede been ik de trap af naar het café, waar inmiddels een dozijn mannen en een vrouw rondom de router staan.

'Vincenzo!'

Zodra hij mij ziet, duikt hij als een hond die 'foei!' hoort in elkaar. 'Sorry, Joy, sorry, het lukt niet! Ze krijgen hem niet aan de praat.'

'Nee! Je hebt het beloofd. Je zei "vertrouw me" en ik vertróúwde je!'

Ik schreeuw zo hard dat iedereen in het café me aankijkt.

'Per favore!' zeg ik dan zachter. 'Het gaat om mijn carrière. Als ik deze auditie mis...' De tranen prikken achter mijn ogen. Ik heb er alles aan gedaan om de castingdirector te overtuigen. Maar als ik hierin faal, zijn er voor mij tien anderen, en vraagt ze me nooit meer.

Rustig blijven nu – adem in, adem uit.

'Het komt goed, Joy, echt waar,' verzekert Vincenzo me, waarna hij zich omdraait en naar de mannen achter hem schreeuwt.

'*Andiamo, andiamo!*' Vervolgens begint iedereen druk door elkaar heen te praten. Dan begint de vrouw, die al die tijd vanaf een afstandje stond toe te kijken, te fluiten en ze klapt in haar handen. Plotseling is iedereen stil. Snel ratelend spreekt ze de verzamelde menigte toe. Wanneer de vrouw klaar is met haar speech, staat iedereen op om naar buiten te gaan.

'Wat is er aan de hand?' vraag ik aan Vincenzo. 'Wat gebeurt er?'

'De burgemeester heeft gezegd dat er één plek is in het dorp waar de wifi goed werkt: de kerk. Daar gaan we heen.'

'Was die vrouw de burgemeester?'

'Ja, en zij kan het weten. Er is alleen een klein probleem. De pastoor is de enige met een sleutel en hij is vaak nogal…'

'Nogal wat?'

'Dronken.'

'Dat meen je niet. Dit lijkt wel een klucht!'

Vincenzo pakt me bij mijn schouders. 'Joy, pak je spullen, we gaan ervoor zorgen dat jij kunt reciteren.'

'Acteren!'

'Dat bedoel ik. Kom, je hebt nog tien minuten.'

Ik volg Vincenzo en de burgemeester. Achter ons lopen Bibi, Hannah, Lot, de zogenaamde technische mannen, de eigenaar van het restaurant, zijn vrouw en hun drie kinderen. In optocht lopen we door de smalle, steile straatjes van Prizzi. Hier en daar hangen mensen uit hun ramen om te kijken wat er aan de hand is. *Als de wifi het maar doet, als de wifi het maar doet*, herhaal ik als een mantra in mijn hoofd.

Eindelijk komen we bij de kerk aan. Binnen een mum van tijd vult het plein zich met toeschouwers. Dorpsbewoners die op de commotie zijn afgekomen. Een paar potige mannen bonken hard op de zware kerkdeur, maar er doet niemand open. Ik kan nauwelijks geloven dat het verschil tussen succes en falen nu afhangt van een alcoholistische pastoor.

'We moeten de deur inrammen!' roept Lot.

'Ja, we breken hem open!' Ik volg Lot naar de kerkdeur, maar Vincenzo houdt ons tegen.

'Probeer kalm te blijven, Joy.'

Kalm blijven? Hoe kan ik kalm blijven als mijn leven, mijn bestaansrecht hiervan afhangt? Wat weet Vincenzo nou van hoe het er in mijn wereld aan toegaat? Dat je maar één kans krijgt om te bewijzen wat je waard bent. En daarna nooit meer. Dat je nooit uit je rol mag vallen, zelfs al breekt de oorlog uit. Nooit!

Er wordt wederom druk overlegd. Vincenzo vertaalt. 'Het brengt ongeluk om de kerkdeur in te rammen.'

'Ongeluk? Zeg ze dat het pas echt ongeluk brengt als ze mijn carrière als actrice om zeep helpen.'

Nog één minuut en dan is het vijf uur.

'Vincenzo, ik smeek het je, doe iets!' Ik zak voor hem op mijn knieën.

Dan zie ik iets veranderen in zijn ogen. Hij neemt een aanloop en rent op de kerk af. Met een oerkreet gooit hij zijn hele gewicht tegen de deur, waarna zijn lijf naar beneden glijdt en als een lappenpop op de grond terechtkomt.

'Ja, hij werkt!' roept Hannah dan met de laptop in haar handen. 'De code werkt!'

'Werkt hij echt?' vraag ik vol ongeloof. Ik snel me naar Hannah toe.

'Ja, kijk maar,' zegt Bibi, die naast haar staat. 'Alle streepjes zijn gevuld.'

Spontaan druk ik een kus op Hannahs wang. 'We doen we het hier buiten!'

Haastig worden er een tafel en twee stoelen neergezet.

'Ga maar vast zitten,' zeg ik tegen Bibi. Hannah zet de laptop op tafel, waardoor ik naar mezelf kijk in een medium close-up. Dat lijkt me goed voor het begin.

Ik sein naar Lot. 'Wil jij Vincenzo daar weghalen? Hij is te zien op de achtergrond.'

Lot beent op Vincenzo af en neemt hem onder haar arm mee naar achter de laptop, bij de rest van de toeschouwers. Hij steekt een duimpje naar me op.

'Ja, we zitten in het Zoom-gesprek!' roept Hannah. Een luid applaus stijgt op.

Ik kijk naar de grote groep mensen die op het plein staat. Lot fluit op haar vingers en roept: '*Silenzio!*'

Regisseur Jean-Luc verschijnt in beeld. 'Hé, Joy! Da's nog eens wat anders, een online auditie vanuit Sicilië, dat heb ik in mijn loopbaan nog niet eerder meegemaakt,' zegt hij op een toon die op meerdere manieren is te interpreteren.

'Soms moet je improviseren,' zeg ik lachend. Ik probeer zo luchtig mogelijk over te komen. Improvisatie wordt op prijs gesteld in het wereldje.

'Luister Joy, je bent de laatste van vandaag, dus laten we beginnen. Hoe wil je het doen? Zal ik je tegenteksten geven?'

'Nee, dat is niet nodig, ik heb een tegenspeelster geregeld.' Ik draai het scherm naar Bibi, die totaal niet zenuwachtig lijkt. Zou ze de staat van dienst van deze regisseur überhaupt kennen?

'Hoi, ik ben Bibi, aangenaam.'

'Nou, wat goed,' reageert Jean-Luc positief. 'Laat maar zien wat jullie ervan hebben gemaakt. Succes!'

Ik schuif mijn stoel wat naar achteren en knik naar Bibi dat ze hetzelfde moet doen. De dorpelingen op het plein, kinderen, ouders, bejaarden, tieners: iedereen is doodstil. Traag sluit ik mijn ogen om in mijn rol van Irene te zinken. Dan haal ik adem en spreek mijn eerste zin uit.

De woorden komen soepel mijn mond uit, de tekst zit er goed in. Ook Bibi is tekstvast. Ik was bang Irene door alle commotie kwijt te zijn, maar de opwinding en stress hebben me juist geholpen om scherp te zijn. Om de vele lagen van de activiste glashelder te spelen. Haar dilemma, het moeten kiezen tussen haar idealen en haar familie, voel ik tot in het diepst van mijn ziel. Haar innerlijke strijd. Maar plotseling is daar het inzicht. Er is maar één keuze mogelijk. De zus loopt kwaad weg, en laat Irene alleen achter. Ik breek en zak geëmotioneerd in elkaar…

Ik kom overeind en dan, zonder dat ik me nog bewust was van mijn publiek, krijg ik een overweldigend applaus.

'Bravo, Joy!' hoor ik Lot roepen.

Vincenzo heeft zijn vuisten gebald, hoog boven zijn hoofd. Ik sla mijn handen voor mijn mond.

'Zo, je hebt nogal wat fans,' zegt Jean-Luc lachend. Ik draai de laptop om, waarna er weer een kleine opleving van het gejuich ontstaat. Dan draai ik de laptop weer naar me toe.

'Wil je het nog eens zien, Jean- Luc, misschien op een andere manier?'

'Weet je, Joy,' zegt hij. 'Dit was de beste auditie die ik ooit van je heb gezien. Wat mij betreft laten we het hierbij.'

Ik wil hem bedanken, maar schrik van een geluid achter me. Krakend gaat de kerkdeur open, de pastoor schuifelt naar buiten.

'Tutto bene?'

Hannah

Mijn god, wat een toestand vanavond. Joy heeft eerst het hele dorp op stelten gezet met haar auditie en daarna werden we in de plaatselijke bar onthaald met een Italiaans feestmaal alsof Sharon Stone in de stad was. Ik heb veel te veel gegeten. Van dat wandelen krijg je honger. Hele aubergines zijn erin gegaan, in plakjes weliswaar, maar toch. Ik bekijk mezelf in de spiegel: ik lijk wel vier maanden zwanger. Misschien moet ik een paar dagen aan intermittent fasting doen: ontbijt en lunch overslaan.

Aan de binnenkant van mijn dijen zitten schuurplekken die ik gisteren heb opgelopen toen ik uit de boom naar beneden zakte. Bij nadere inspectie zie ik dat mijn onderbenen ook onder de uitslag zitten: kleine rode bultjes vormen een ring net boven mijn enkels. Het ziet er ernstiger uit dan dat het pijn doet, maar toch ben ik er niet helemaal gerust op. Wat als deze allergische reactie, want daar lijkt het op, doorzet? Ik spoel twee paracetamol en een ibuprofen weg met een slok lauwwarm water uit een flesje Evian. Misschien ben ik allergisch voor de stof aan de binnenkant van mijn nieuwe bergschoenen? Gelukkig verkochten ze bij de plaatselijke farmacie Pellegrino-crème: voor zware benen en verdere wandel ongemakken. Ik smeer mijn benen van top tot teen in, inclusief mijn voeten en mijn voetzolen.

Daarna nestel ik me met een boek op bed. Als vanzelf glijd ik in een diepe kuil in het matras. Hoe kan ik hier in vredesnaam op slapen? Geheel in de geest van mijn held Viktor Frankl probeer ik dit spartaanse onderkomen te zien als een van de ontberingen die deze pelgrimstocht uiteindelijk tot een succes moeten maken. De kracht is om steeds de zin in de onzin te blijven zien.

Ik lees drie regels van het eerste hoofdstuk, maar kan mijn aandacht er niet bij houden. Mijn gedachten draaien maar door. Kom op Hannah, concentratie is een kwestie van oefening, spreek ik mezelf toe.

Wanneer ik eindelijk de rust heb gevonden om een hele pagina achter elkaar te lezen, komt Bibi de kamer binnengedenderd. Ze heeft gezwollen ogen en lijkt me te negeren.

Ik probeer haar te zien als een van mijn patiënten, dat geeft me toegang tot een zachter gevoel. Gisteren heb ik het tijdens het eten zelfs een beetje voor haar opgenomen toen Lot haar ongenoegen uitte over Bibi's exhibitionisme. Lot had zich gestoord aan Bibi's blote borsten. Je zou het niet denken van Lot, ze komt zo stoer en eigengereid over, maar achter al die viriele bravoure gaat een preuts meisje schuil. Eerlijk is eerlijk: ik zou een ander ook nooit ongevraagd op mijn blote lichaam trakteren, maar tegelijk snap ik dat, als je als je zo'n prachtig lichaam als Bibi hebt, je je handelswaar af en toe in de etalage wilt zetten. Lots reactie was wat overtrokken. Dat zet mij altijd meteen aan het denken. Ze heeft een man en kinderen, maar het zou mij niets verbazen als... Nou ja, als er op de achtergrond een heimelijk seksueel verlangen meespeelt. Ze is een mannelijk type.

Ondertussen grist Bibi de weinige kleren die ze bij zich heeft bijeen. Alles verdwijnt in haar tas met de snelheid van iemand die op de vlucht is. Ze heeft vuur in haar lijf en een bezeten blik in haar ogen.

Ik kijk op uit mijn boek. 'Zal ik je even helpen?'

'Als je de deur voor me wilt openhouden, graag, dank je.'

Ze ontwijkt elk oogcontact.

Ik sta op uit bed en glibber bijna onderuit. 'Beetje uitgeschoten met de Pellegrino-crème,' zeg ik om de sfeer iets te verzachten. Maar Bibi reageert niet.

'Waar ga je heen?' vraag ik dan.

'Bij Lot op de kamer.'

'Bij Lot? Met Lot en Joy op één kamer?'

'Nee, Joy komt hier.'

Wat? Dat wordt zomaar achter mijn rug om bekokstoofd? Alsof ik hier niets over te zeggen heb! Mijn hart bonst in mijn keel. Dat doet maar. Eerst komt ze ongevraagd bij mij op de kamer en dan vertrekt ze zonder een woord te zeggen. De hooghartigheid! Wat denkt ze wel niet? Een benauwd gevoel nestelt zich onder mijn borstbeen. Plots word ik overvallen door een gevoel van tekortschieten. Een oud, naar, maar herkenbaar gevoel. Altijd maar mijn best doen om erbij te horen, om in de gratie te vallen, maar de uitkomst is steeds gelijk: ik, Hannah Levi, sta erbuiten. Wat ik ook doe. Ik ben de toeschouwer, de toehoorder, de vrouw die vanuit de coulissen mee mag kijken. Ik ben niet goed in relaties, juist daarom heb ik er mijn werk van gemaakt. Het is maar goed dat ik het in mijn vak niet van de sympathie van anderen hoef te hebben. Maar zelfs daar begint het nu te wringen.

Ik laat me niet kennen. Ik laat me nooit kennen. Misschien is het maar goed dat ze vertrekt. Al dat rare gedoe met die entiteiten. Ja, het is beter dat ze gaat.

'Prima, dan zie ik Joy zo wel verschijnen,' zeg ik. 'En ik hoop dat daar minder spoken zijn.'

Bibi glipt langs me heen, mijn opmerking negerend, en verdwijnt met haar spullen de donkere gang in. Ik druk op het lichtknopje, een tl-lamp flikkert aan. Ze rent.

'Slaap lekker!' roep ik haar nog na. Altijd netjes blijven.

Ik haal mijn schouders op en schuifel voorzichtig op mijn vette voetzolen terug naar bed. Bah, wat is die vloer smerig. Drie sterren? Dat is echt veel te royaal voor dit gore hostel.

Niet veel later staat Joy midden in de kamer. 'Bon-na-not-te, Hannah!'

Ik knik vriendelijk. En ik denk: deze keer ga ik het beter doen. Dit is mijn kracht, dit is wat ik doe. Na elke val, na elke tegenslag: opstaan en verdergaan. Dit kan ik.

'*Buona notte*, Joy.'

De licht dramatische, ietwat ongeremde Joy heeft een heel wat frissere energie dan Bibi. Ik ben ineens blij dat ze er is. Dit is vooruitgang. Dat geouwehoer over 'entiteiten', alsof ik overleden familieleden bij me draag... Nee, het is echt beter dat Bibi haar eigen entiteit nu ook opgeruimd heeft.

'Ik kom bij je slapen,' kirt Joy.

'Ik hoorde het,' zeg ik, 'gezellig.'

'Nou en of, net als op schoolkamp, toch? Elke avond een andere kamer.' Ze glundert. Alsof we al jaren vriendinnen zijn, ploft ze naast me op bed.

Zo doe je dat dus. Je ploft gewoon in iemands leven. Ik ben altijd veel te behoedzaam, ik houd afstand omdat ik denk dat mensen dat prettiger vinden. Ik leg mijn boek weg en schik wat op naar de muur.

'Jij bent toch psycholoog?' vraagt Joy. 'Wat voor soort mensen behandel je dan?'

Het is voor het eerst dat ik Joy een vraag hoor stellen. Ze is waarschijnlijk nog helemaal opgeladen van de auditie. Of aangeschoten.

'Ik ben relatietherapeut,' zeg ik. 'Dus over het algemeen behandel ik stellen. Maar ik heb ook regelmatig iemand alléén in therapie, omdat relaties in essentie gaan over de relatie die een mens met zichzelf heeft.'

'Jeetje, wat interessant,' zegt ze. Ze kronkelt haar slanke lichaam in zo'n bocht dat ze nu bijna naast me ligt. In een impuls schuif ik nog wat verder op naar de muur. Zitten is één ding, liggen is tamelijk intiem. Maar laat ik niet moeilijk doen, laat ik maar meegaan in deze vrije dynamiek.

'Maar vertel eens, wat denk je van mij?' vraagt Joy en ze kijkt me veelbetekenend aan. Wat ik van haar vind? In welke hoedanigheid? Als psycholoog? Of als Hannah? Om wat tijd te kopen vraag ik haar om het wat concreter te formuleren.

'Nou, wat voor type vrouw ben ik?' zegt ze dan. 'Ik zal een tipje van de sluier oplichten: ik hou van mensen, in alle soorten en maten. Wanneer ik iemand op straat tegenkom, kan ik zomaar een halfuur in gesprek raken. Ik ben denk ik pan.'

'Je bent een pan?'

'Nee, ik bén pan: dat je van iedereen houdt, weet je wel.'

Joy lijkt me niet echt 'pan', maar ik wil de inclusiviteit-pret niet drukken, dus ik knik en besluit het over een andere boeg te gooien.

'Waarom wilde je zo graag actrice worden, Joy?'

Ze spert haar ogen wijd open. 'O, ja, ik snap waar jij heen wilt. Dat ik me niet gezien voelde en zo, hè? Maar nee, ik wil gewoon iemand zijn die ertoe doet.' Ze gooit haar haren naar één kant.

Misschien verschil ik niet eens zoveel van Joy. Ik wil ook gewoon iemand zijn die ertoe doet.

'En is dat gelukt?' vraag ik.

'Ik heb het meest geweldige vak dat er is. Een vak waarin je niet één maar wel honderd levens kunt leiden.' Ze zwijgt even. 'Maar of ik er echt toe doe... Tja, dat moeten anderen beoordelen.' Ze heeft ineens iets weg van een klein meisje. Ik denk aan Benjamin; het is jaren geleden dat hij zo naast me op bed kroop.

'Vind jij dat ik ertoe doe?' vraagt Joy.

'We doen er allemaal toe, Joy.' Ik zeg het meer voor mezelf dan voor haar.

'Dat is niet echt een antwoord, hè.'

Ik glimlach. 'Ik ben beter in luisteren.'

'Dus daarom geef je me geen antwoord op de vraag wat je van me denkt?'

'Ik weet niet of het wel zo eerlijk is om je te analyseren. Ik ken je nauwelijks. Normaliter heb ik meerdere gesprekken nodig voordat ik een beeld van iemand heb gevormd.'

'Volgens mij heb jij allang een beeld van mij – en een oordeel.' Ze friemelt aan haar ring.

'Straks gaat mijn oordeel in jouw hoofd zitten,' zeg ik. 'En daar heb je niets aan.'

'Je mag best eerlijk tegen me zijn. Niemand is ooit echt eerlijk tegen me, terwijl ik er heel goed tegen kan. Ook tegen kritiek.'

Ik voel me vanbinnen zachter worden. Ik snap haar behoefte aan eerlijkheid. En waarom zou ik niet eerlijk zijn? Ik kan zeggen wat ik wil, er is geen enkele tuchtraad of beroepscode die me hier zal terugfluiten. Maar ze lijkt kwetsbaar. Wat als mijn observaties te confronterend zijn?

'Mijn idee bij jou, Joy, is dat je nogal grenzeloos bent.'

Ze knikt. In haar blik de hoop van de onwetende. 'O nou, dat zie je hartstikke goed, hoor. Ik ben rete-ambitieus, ik verleg continu mijn grenzen.'

'En je bent een tikkeltje onzeker...'

'Nou, maak daar maar een tik van.' Ze lacht voluit. 'Ik kan zo verdomd onzeker zijn. Dat je dat ziet?! De meeste mensen denken altijd dat ik het allemaal goed voor elkaar heb en super zeker ben van mijn zaak, ze noemen me zelfs weleens "arrogant". En wat zie je nog meer?'

Ik begin eigenlijk wel lol te krijgen in dit rechttoe rechtaan gesprek. Het gebeurt me niet vaak dat ik alles mag zeggen zonder dat de ander zich aangevallen voelt.

'Verder denk ik dat je een hechtingsprobleem hebt, Joy. Je hebt veel behoefte aan aandacht en bevestiging. Dat kan zomaar eens uit je vroege jeugd komen.'

'O my goodness, spot on!' Haar ogen flikkeren geamuseerd. 'Je bedoelt dat ik altijd de verkeerde mannen aantrek?'

'Zo zou je het kunnen zeggen. Maar eigenlijk bedoel ik dat je op onbewust niveau deze mannen zelf uitzoekt.'

'Ik heb vaak heel bezitterige mannen gehad,' zegt ze zachtjes, alsof er iemand meeluistert. 'Maar eigenlijk kan dat niet in mijn vak. Ik behoor niemand toe. Ik ben van het publiek. Je moet je als actrice nooit echt willen binden.'

'Wat doet al die aandacht met je, Joy? Zoals vanavond? Ik zag hoe je ervan genoot.'

Ze gaat rechtop zitten. 'Het is niet zo dat ik enorm veel aandacht nodig heb. Maar ik weet dat áls ik aandacht krijg, dat ik iets goeds doe. Dat ik er ben voor de mensen. Dan weet ik dat ik iets beteken.'

Ik ga nu ook wat meer rechtop zitten. 'Vertel eens verder.'

Haar gezicht wordt zacht. 'Mensen die kleurloos zijn en nergens echt in uitblinken, dat zijn ongelukkigere mensen dan mensen die positieve feedback krijgen uit hun omgeving. Dat blijkt ook uit onderzoek, hoor. Ik merkte dat al toen ik nog op de toneelschool zat. Op de middelbare school keek niemand naar me om, maar toen ik op de toneelschool kwam... Vanaf dat moment was iedereen geïnteresseerd in mij.'

'Je bént iemand door je vak?'

'Ja, nou meer van: ik kan iets, ik heb een talent en dat is mijn goudmijntje van geluk. Dat je soms concessies moet doen om je doelen te verwezenlijken, dat hoort erbij.' Ze maakt een wegwerpgebaar met haar hand.

'Ik weet niet of ik je helemaal kan volgen,' zeg ik voorzichtig. 'Wat bedoel je precies met concessies?'

'Nou, bijvoorbeeld dat je dramadocent na schooltijd nog even de tijd neemt om een scène met je te repeteren en dat hij dan voelt dat je niet echt los kunt komen, wat ook echt zo was, helemaal in die tijd, en dat hij je dan nog wat masseert, omdat het niet stroomt. Dan kun je je afvragen: is dat nou echt nodig?'

Joy kijkt me onderzoekend aan, haar blik gaat heen en weer tussen schaamte en hoop – hoop dat ik het niet erg vind?

'De scène werd er echt beter van,' besluit ze het verhaal.

Ik weet even niet wat ik moet zeggen. De achteloosheid waarmee ze hierover praat is zorgelijk. Zo te horen heeft ze haar waardigheid volledig opgegeven om te bereiken wat ze wilde worden: actrice.

Zonder actrice is er geen Joy en zonder Joy is er geen actrice. Dat klinkt misschien romantisch, maar in de praktijk komt het erop neer dat ze een leeg vat is dat steeds maar weer gevuld moet worden met rolletjes en applaus.

'Waarom zeg je niets?' vraagt ze bezorgd.

'Ja, ik... Ik ben er een beetje stil van.'

'O, nee joh, zo erg is het niet. Ik bedoel: dit is nog niets. Later, toen ik mijn eerste voorstelling speelde bij het Oostfront Theater, heb ik nog wel wat meer intimiderende situaties meegemaakt. Die regisseur zei: "Als jij het echt goed wilt spelen" – ik speelde een bejaarde die aan het eind van het stuk stikt in een sperzieboon – "als je echt wilt weten hoe het voelt om bijna te stikken, dan ga ik wel even boven op je liggen." Nou, dat deed hij vervolgens. Hij legde zijn handen om mijn strot en wurgde me bijna.' Ze legt haar handen om haar nek, haar ogen puilen bijna uit hun kassen.

Mijn mond valt open van verbazing. 'En toen?'

'Nu moet je niet zo vies kijken hoor, straks ga ik nog denken dat ik iets verkeerds heb gedaan.' Ze lacht weer voluit.

'Jij, iets verkeerds?'

Wat Joy me hier vertelt is grensoverschrijdend gedrag pur sang. Ze bagatelliseert het aandeel van de ander erin ook nog eens volledig. In haar wereld worden grenzen met voeten getreden en dat lijkt ze nauwelijks te beseffen.

'Joy,' zeg ik met mijn therapeutenstem, 'jij hebt niets, maar dan ook niets verkeerd gedaan.'

Mijn gedachten dwalen af naar de tuchtzaak. Ik had ook niets verkeerd gedaan bij Linda. Ik had haar alleen willen behoeden voor een te snel genomen besluit. Waarom werd ík gesommeerd door de tuchtraad, terwijl zo'n druistige regisseursman, die alle grenzen aan zijn laars lapt, gewoon vrijuit gaat? Ik zucht onwillekeurig. Ik merk dat ik ineens ontzettend moe ben.

'Ik ben eroverheen, hoor,' zegt Joy. 'Ik bijt inmiddels wel van me af.'

‘Ik ben onder de indruk van je veerkracht en je doorzettingsvermogen,’ zeg ik. ‘En dank je wel voor je openhartigheid.’

De vraag wie ik ben als ik geen therapeut ben, nestelt zich in mijn gedachten.

Joy bloost een beetje. ‘Ik heb nog nooit zoveel aan iemand over mezelf verteld. Af en toe vertel je weleens wat, het publiek wil tenslotte wat van je zien, niet alleen je succes, ook je zwaktes. Maar zo eerlijk als ik tegen jou ben...’ Ze schudt haar hoofd. ‘Je hebt echt een gave, lieverd.’ Ze raakt met haar hand mijn bovenbeen aan.

‘Dank je,’ zeg ik afgemeten.

‘Zal ik jou nu even analyseren?’ zegt Joy opgetogen.

‘Nee,’ zeg ik, terwijl ik een geeuw veins. ‘Ik ga slapen.’ Het is een schat van een meid, die Joy, maar ze heeft wel duidelijke begrenzing nodig.

Dag 4

Prizzi – Palazzo Adriana – Prizzi

Vandaag is het begin- én eindpunt Prizzi. De route begint met een fikse afdaling en gaat vervolgens door akkerlanden licht omhoog. Al vanuit de verte zie je de kerk liggen van het mooie dorp Palazzo Adriana, waar de beroemde Italiaanse film *Cinema Paradiso* is opgenomen.

Wandeling: 18 kilometer, 450 meter stijgen, 125 meter dalen, 6 uur wandelen.

Joy

Mijn telefoon zoemt onophoudelijk. Slaapdronken ontgrendel ik hem en knipperend tegen het licht lees ik de appjes die zijn binnengekomen. Behalve Lot zitten al mijn vrienden in het vak, zij weten net als ik hoeveel er van zo'n casting afhangt.

Hoe ging het gisteren? Ik hoorde dat het spectaculair was.

Weet je al iets?

Jean-Luc schijnt een actrice te hebben uitgekafferd omdat ze zich slecht had voorbereid.

Robert was helemaal chagrijnig dat jij het zo goed hebt gedaan.

Ik reageer op elk bericht en draai me dan op mijn rug. Ondanks alle positieve signalen voel ik me vreemd. In gedachten probeer ik de euforie na afloop van de auditie terug te halen. Ik zie weer voor me hoe de pastoor verward naast me schoof en met me meeboog om het applaus van de menigte in ontvangst te nemen. Toen ik weer omhoogkwam en in de lachende gezichten van mijn publiek keek, zag ik pas het decor waarvoor zij stonden. Het weidse uitzicht van Siciliaanse heuvels die zich eindeloos ver uitstrekten, de laaghangende najaarszon die een gouden gloed over ons heen legde. De diepe ontroering en dankbaarheid voor het leven.

Ik staar naar het plafond. Tussen de houten balken kruipt een dikke spin. Als hij nu zou loslaten, zou hij op mijn gezicht terechtkomen.

Naast me draait Hannah zich met een lichte kreun om. Dan begrijp ik plotseling mijn neerslachtigheid. Het gesprek van gisteravond heeft me teruggebracht naar plekken waar ik liever niet kom.

Kennelijk is ze echt een goede psychologe, want het was totaal niet mijn bedoeling om haar toe te laten tot mijn verleden. De kater van te veel alcohol is altijd minder erg dan de kater van te veel delen.

Snel wil ik uit bed stappen voordat Hannah wakker wordt, maar mijn spieren weigeren mee te werken. Gisteren heb ik op pure adrenaline gelopen, dat moet ik nu bezuren. Mijn lichaam blijkt steeds minder gemakkelijk mee te komen met mijn ambitieuze geest.

Een pijnkreet ontsnapt aan mijn mond wanneer ik mezelf forceer omhoog te komen. Ik voel me geradbraakt.

'Gaat het?' hoor ik zacht naast me.

Ondersteund door Hannah kom ik de Bluegames Bar binnen.

Er gaat een klein applaus op zodra de aanwezige gasten me zien. Alleen Lot en Bibi klappen niet mee.

'We kunnen dat rondje van vandaag ook gewoon skippen,' zeg ik even later aan de ontbijttafel. 'Ik ben gisteren met het wandelen behoorlijk over mijn grenzen gegaan.' Ik nip aan mijn thee.

'Ik volg gewoon het hele programma.' Hannah schept op van de schaal met gegrilde groenten die speciaal voor haar zijn gemaakt. Alleen al van de geur word ik misselijk.

Ik kijk naar Lot voor bijval.

'We zijn hier gekomen om te lopen,' zegt Lot, terwijl ze me het mandje met broodjes aangeeft. Haar opgetrokken wenkbrauwen lijken nog maar eens te benadrukken dat ik geen spelbreker moet zijn.

'Bibi, heb jij geen zin om met mij de stad verkennen?' Zonder er zelf iets uit te pakken, geef ik het broodmandje weer door aan Bibi. 'Barretje hier, lunchplekje daar, lekker wat shoppen.'

'Dat hebben ze allemaal niet in Prizzi,' zegt Bibi. 'Vincenzo vertelde me dat dit het enige restaurant is, en de enige kroeg.'

Ik kijk naar Vincenzo, die aan de bar met de eigenaar staat te praten. 'Vincenzo, wat is er hier allemaal te doen?' roep ik.

Vincenzo komt naar ons toe. 'Wat bedoel je, Joy?'

'Er is toch wel íéts te doen hier? Een gezellig koffietentje, wat leuke kledingwinkeltjes?'

'Laat die man met rust,' zegt Lot tegen me. 'Dit is zijn geboortedorp.'

'We gaan vandaag naar Adriana,' zegt hij lachend. 'Dat zul jij zeker leuk vinden, Joy. Het dorp was het decor voor de film *Cinema Paradiso*.'

'Zie je? Alles om jou op je wenken te bedienen.' Lot tovert in één beweging een mueslireep uit haar tas. 'Hier, voor wat extra energie.'

Ik erger me aan haar eeuwige pragmatisme. 'Dank je, het lukt heus wel zonder.'

Er komen twee mannen binnen, zonnebrillen in het naar achter gekamde haar gestoken.

'*Ah, attrice famosa!*' Groetend steken ze hun hand naar me op. Als reactie schenk ik hun mijn meest innemende glimlach. Vincenzo gaat tussen hen en mij in staan. Ik kan niet horen wat hij tegen hen zegt, maar erg positief lijkt het niet. De mannen sputteren wat tegen en gaan dan aan de bar zitten, met hun ruggen naar ons toe.

Vincenzo schuift bij ons aan de tafel. 'Ik heb gezegd dat ze jou met respect moeten behandelen,' zegt hij plechtig.

'En wij dan?' zegt Bibi.

'Pardon?'

'Moeten wij niet met respect behandeld worden?'

'O jawel, natuurlijk jullie ook,' haast hij zich te zeggen. 'Maar bij veel mannen staat slapen met een beroemd actrice op hun verlanglijstje.'

'Daar zal onze "attrice" ook geen probleem mee hebben hoor,' zegt Lot in het Nederlands.

Ik verslik me bijna in mijn thee. 'Lot, doe normaal.'

'Kom op, Joy, ga nou niet ineens preuts zitten doen. Jij doet het het liefst met je fans.'

'Lot! Kappen!'

Wat is er met haar? Is ze jaloers, of haalt alleen al de gedachte aan seks frustratie bij haar naar boven?

'Fans zullen vast toegewijde minnaars zijn,' zegt Bibi.

'Tot ze ontdekken dat je ook maar een eenvoudige sterveling bent,' voegt Hannah er op haar analytische toontje aan toe. 'De realiteit zal de illusie doorbreken, en dan kun je alleen nog maar teleurstellen.'

Verdomme, nu heeft ze mij teruggebracht naar mijn laatste keer. De man hijgde de eerste tien minuten in mijn oor: 'O, Joy de Groot, ik neuk Joy de Groot.' Waarna hij plotseling stopte met: 'Sorry, dit wordt 'm niet.' Ik probeerde hem nog te helpen. 'Het is ook lastig, presteren onder druk.' Waarop hij zijn hoofd schudde en zei: 'Nee, ik had er gewoon meer van verwacht.'

'Waar hebben jullie het over?' vraagt Vincenzo, die ons gesprek vragend heeft gevolgd.

'O, niks,' zegt Lot. 'Over dat alle mannen hetzelfde zijn, Nederlandse en Italiaanse.'

Vincenzo gaat er serieus op in, zoals hij overal serieus op ingaat. 'Ik denk dat niet alle mannen hetzelfde zijn. Maar dat hangt meer van de opvoeding van de moeder af dan van de cultuur.' Hij kijkt naar onze verbaasde gezichten. 'Of zeg ik nu iets raars?'

'Nee, goed juist,' zegt Lot. Daar zijn we het allemaal mee eens.

De kok komt uit de keuken, zijn ogen glanzend van opwinding. Hij steekt zijn duim naar mij op. Dan praat hij opgewonden tegen Vincenzo, die zijn woorden vertaalt naar het Engels.

'Het moet nog officieel bekend worden gemaakt, maar Enrico, de chef, gaat het dessert dat jij gisteren zo lekker vond een nieuwe naam geven. Raad eens welke?'

'Joy,' zegt Bibi droog.

'In één keer goed,' knikt Vincenzo. 'Hij wil graag met je op de foto.'

De chef strijkt zijn haar plat over zijn voorhoofd en steekt uitnodigend zijn arm uit. Ik doe of ik mijn spierpijn niet voel en sta energiek op om met hem te poseren.

'Hij gaat jouw foto uitprinten en inlijsten. Tegen iedere gast zal hij zeggen: "Kijk, dit is Joy de Groot, een wereldberoemde ster die hier is geweest. Ze heeft onze pasta gegeten, onze wijn gedronken, en dit was haar favoriete dessert."'

'Nu maar hopen dat er geen Nederlandse toeristen komen die ontdekken dat het allemaal wel meevalt met dat wereldberoemde,' zegt Lot.

De straten van Prizzi zijn zo steil dat mijn benen trillen van inspanning. Ik ben bang dat ik val als ik verslap, en dan zo naar beneden rol, tot kilometers verder het dal in.

'In elk geval hoeven we vandaag niet zo ver,' zegt Lot, die merkt dat het me moeite kost. 'Hier, neem mijn arm.'

Ik steek mijn arm door de hare. 'Heb je nog een beetje kunnen slapen zonder deze beroemdheid?' zeg ik grappend.

'Als een roos!' Ze geeft me een knipoog en roept dan over haar schouder naar Bibi, die met Vincenzo achter ons loopt: 'Ik heb alle geesten weggejaagd, hè Bieb!'

Bibi moet lachen. 'Ja, ik had helemaal niets meer te doen,' roept ze terug.

'Ik heb uiteindelijk ook prima geslapen bij Hannah.'

'Nadat ze eerst je hele psyche had ontleed, zeker?'

'Haha ja, we hebben nog best lang liggen kletsen en ze is echt heel goed, hoor. Zoals zij dingen uit je weet te halen...' Eigenlijk zou ik aan Lot willen bekennen dat ik me er ongemakkelijk over voelde achteraf. Alsof mijn waarheid niet overeenkwam met wat er daadwerkelijk was gebeurd. Maar het lijkt of het onzichtbare draadje dat Lot en mijn hoofd met elkaar verbindt zoek is. Dat zeiden we vroeger altijd: dat we elkaars gedachten konden lezen.

'Doe me toch die mueslireep maar,' zeg ik tegen Lot, die hem vrijwel meteen paraat heeft. Na de eerste hap voel ik al dat mijn energielevel omhooggaat. Even neem ik de tijd om om me heen te kijken.

'Moet je nou toch kijken, Lot. Het leven staat hier letterlijk stil,' zeg ik. 'Ik zou hier echt niet dood gevonden willen worden.'

'Het is juist bijzonder dat deze stad er drie- à vierhonderd jaar geleden net zo uitzag,' zegt Lot opgewekt.

Haar stelligheid irriteert me. 'Jij houdt gewoon niet van verandering, Lot. Wie is er anders zo gek om in Krommenie te blijven wonen?'

Ze kijkt even opzij. 'Ik vind verandering prima. Alleen kan ik de schoonheid zien van de dingen die onveranderlijk zijn. De gedachte dat deze weg, deze huizen, er na ons bestaan nog steeds zo bij liggen, dat vind ik prettig.'

Ik vermoed dat haar gevoel gevoed is door alles wat plotseling níét permanent blijkt te zijn in haar leventje. 'Heb je nog iets van Jos gehoord?'

Lot houdt meteen haar pas in en schudt mijn arm van zich af. 'We hadden afgesproken dat we het daar niet over zouden hebben! Hou je daar gewoon aan.'

Voor iemand die ongecompliceerdheid claimt, blijkt ze toch wel erg complex te zijn.

'Praten zou ook kunnen helpen. Heb je daar al eens aan gedacht?'

'Laten we gewoon doorlopen,' zegt Lot.

Zwijgend, met enkel het gekras van gruis en steentjes onder onze schoenzolen, lopen we verder.

'Dood gevonden...' Lot snuift even, een aanzet tot lachen. 'Die uitdrukking gebruikte mijn moeder vaak: dat ze daar en daar allemaal niet dood gevonden wilde worden. Toen we haar vonden, vroeg ik me af of ze op die plek dan wél dood gevonden had willen worden.'

Ze doelt op het hondenveldje waar ze haar dood vonden. Haar teckel had nerveus aan de lijn gezeten die om haar moeders arm gedraaid zat, niet begrijpend waarom zijn baasje niet meer verderging.

'Je moeder zou er vast de humor van hebben ingezien,' zeg ik.

'Vast wel,' klinkt het mat.

Ik moet denken aan de vrouw die me altijd in mijn wangen kneep met de woorden: wat heb jij toch een leuk snoetje. Die me steevast een glas limonadesiroop aanbood zonder die aan te lengen met water. Waarna Lot dat snel achter haar rug om deed. Die Lot en mij midden in de nacht uit bed haalde met een Duitse schlager en dan keihard zong: '*Ich bin wie du, wir sind wie Sand und Meer, und darum brauch' ich dich so sehr.*' Ik vond het grappig, maar Lot geneerde zich. Lot hád in elk geval een moeder. De mijne was al gestorven toen ik nog maar acht jaar oud was. Pap vond het lastig om 'vader-en-moeder' tegelijk zijn – zijn woorden – waardoor ik altijd bij Lot hing, en vrolijk met haar moeder meezong. Tot ze weer weken stil was en met de gordijnen dicht in haar slaapkamer zat.

Terwijl we geconcentreerd afdalen, kijk ik naar Lot, die altijd net iets op mij voorligt. Haar zwaaiende armen, haar naar voren gestoken nek, haar stampende voeten. Alsof ze bij elke stap met het profiel van haar schoenzolen wil stansen: *Lot was here!*

Voor ons ligt een kat op straat in de zon. Wanneer we dichterbij komen, komt hij traag overeind en gaat opzij, waarbij hij met zijn achterlijf over de gladgesleten kinderkopjes schuift. Nu pas zie ik dat hij geen achterpoten heeft.

'Zielig,' zegt Lot.

'Ik denk dat hij niet beter weet.'

'Maakt onwetendheid het minder zielig?' Ze kijkt me vragend aan.

Ik weet niet wat ik moet antwoorden.

'Joehoe!' horen we achter ons.

We draaien ons om naar Bibi en Vincenzo.

'Loopt Hannah misschien voor jullie uit?' vraag Bibi hijgend.

We draaien ons tegelijkertijd weer om, maar de weg voor ons is leeg.

'Liep ze niet juist achter?' zegt Lot.

'Dat dacht ik ook. Maar we zien haar niet meer.'

We blijven stilstaan en turen naar de stad, die inmiddels achter ons ligt. Er waait was aan de lijn tussen de huizen. Een kleine Fiat kronkelt de weg op naar boven. Een hond blaft. Hannah is nergens te bekennen.

'Ik ga haar wel zoeken,' zegt Lot met hernieuwde daadkracht. Ze beent terug richting Prizzi.

Vincenzo heeft door wat er aan de hand is en begint te schelden in zijn inmiddels herkenbare Italiaanse vocabulaire.

'Vincenzo, ze heeft toch die app,' probeer ik hem te kalmeren. 'We komen vanzelf op dezelfde plek uit.'

'Wij nemen een andere route dan op die app, *scusami*. Wacht hier.' In een drafje gaat hij achter Lot aan.

Hannah

We zijn het dorp uit en lopen inmiddels over een kronkelig landweggetje. Omdat ik nog een set buikspieroefeningen heb gedaan, was ik één minuut te laat. Toen de groep me aan zag komen, begonnen ze al te lopen, beetje flauw, maar goed. Nu ben ik ook eens de bezemwagen. Prima, dan hoef ik niet steeds te wachten.

Bibi trekt een beetje met haar been, alsof dat been niet helemaal mee wil doen vandaag. Misschien zijn het de gympjes? Daarvoor loopt Joy. Wijde armgebaren, een luide stem, alsof ze bang is dat we haar over het hoofd zullen zien. Maar wie zal haar over het hoofd zien na gisteravond? Onze gids in elk geval niet, hij is danig gecharmeerd van haar. Ik vraag me af of ze het doorheeft, het effect dat ze heeft op mannen. Lot heeft het wel door, die loopt er gespannen naast, als een zus die tegen wil en dank haar kleine zusje moet chaperonneren. Ik vraag me af waarom die twee vriendinnen zijn, Lot en Joy – een geval van *opposites attract*.

Vincenzo vertelde vanmorgen dat de stad grotendeels is verlaten. Van de twaalfduizend mensen die hier twintig jaar geleden nog woonden, zijn er vierduizend over. Iedereen is vertrokken naar de grotere steden, vooral de jonge mensen. De huizenprijzen zijn sindsdien zo hard gekelderd dat je voor vijfduizend euro al een heel huis koopt. Ik weet niet waarom, maar ineens klonk me dat als muziek in de oren. Een huis in Prizzi. Míjn huis in Prizzi. Ons huis in Prizzi.

Ik ben een beetje verliefd geworden op deze stad. Al lijkt het meer op een dorp: een doolhof van steegjes en weggetjes, piepkleine straatjes die omhoog en naar beneden meanderen en die soms zo steil zijn dat je klimt en daalt zonder het gevoel te hebben dat je je verplaatst. De Italianen, ingeblikt in hun oude Fiat 500's, scheuren met kabaal over de kronkelweggetjes die het stadje in duizenden kleine stukjes verdelen. De naam Prizzi komt van het Grieks en betekent vuur. En dat is precies wat ik voel, sinds ik hier ben: het vuurtje brandt weer.

Mezelf hier terugtrekken met Zac; ik zie het al voor me. Geen terreur van patiënten, spreekkamers, congressen, intervisiegroepjes of intercollegiale consulten. Terug naar de basis. Geen wifi. Nou ja, alleen bij de kerk, maar daar hoef ik gelukkig ook niet heen. En maar klimmen, trap op, trap af – goed voor mijn conditie. Hier kan ik oud worden.

Mijn fantasie wordt onderbroken door het getjirp van mijn telefoon.

'Hé Zac, hoe is het?'

'Goed, lieverd. Hoe is het met jou? Heb je het naar je zin? Zijn de anderen een beetje te doen? Ik hoor niet veel dus ik dacht: kom, ik bel eens.'

'Het is hier prachtig, Zac. Ik geniet volop.' De nieuwe dag heeft me weer goede moed gebracht. En ik wil focussen op positieve dingen.

'Een nieuw elan. Wat fijn, Han.'

'Hoe is het bij jou?'

'Z'n gangetje. Ik zou liever bij jou zijn.'

'Weet je, Zac, ik liep net een beetje te dromen en toen dacht ik: hoe zou het zijn als we een huis zouden kopen in Italië?'

'In Italië?'

'Ja, hier op Sicilië.'

Hij begint te lachen, een cynisch lachje. 'Je maakt een grapje, toch? Hannah… Een huis kopen in Italië, daar hebben we helemaal geen geld voor. Wat denk je dat dat kost, aan onderhoud, aan vliegtickets, aan smeergeld voor de maffia? En je spreekt geen woord Italiaans.'

'Jij ook niet.'

'Nee, precies.'

Ik vraag me af of het zin heeft het verder uit te leggen. 'Ik was gewoon een beetje aan het mijmeren,' zeg ik.

'Sorry. Ik snap best dat je in andere sferen bent. Maar ik zit hier met de rauwe realiteit opgescheept. Stelletje klootzakken zijn het.'

'Wie?'

'Ach... die premie. Ik wil je er niet mee lastigvallen, maar...'

Zac zou een 'oprotpremie' krijgen van de bank. Twintig jaar heeft hij voor ze gewerkt, hij hoopte op een vergoeding van twee jaar.

'Hufters zijn het.'

'Hoeveel, Zac?'

'Vier maanden!' briest hij. 'Víér maanden! Ik ben woest, woest! Weet je Han, ik ga een rechtszaak tegen ze aanspannen.'

'Tegen de bank?'

'Ja. Ze hebben me zo belazerd.'

'Lieverd, wind je toch niet zo op. Je voelt je gekwetst en je bent ook slecht behandeld. Maar het is David tegen Goliath. *You can't beat the bank*.'

'Wie zegt dat?'

'Nou, om te beginnen heb jíj dat altijd gezegd.'

Hij is stil. Ik ook.

Ik merk dat ik nog nauwelijks mentale ruimte beschikbaar heb om hem hier doorheen te loodsen. Mijn zorgtank is leeg en ik moet nog heel wat stappen zetten – liefst in stilte – om de accu weer op te laden. Ik boor het laatste beetje energie aan dat in me zit.

'Zac, het gaat je niets opleveren, behalve stress en gedoe. En uiteindelijk gaat het je geld kosten.' En mij ook, vrees ik.

'Maar nu kost het me mijn eigenwaarde,' zegt hij.

'Nee,' zeg ik resoluut. 'Niemand kan jou je eigenwaarde afnemen. Daar kan geen bank bij. Pak je eigenwaarde en houd die hoog, laat de kolkende watermassa voorbijrazen. Straks neemt het geweld weer af en kun jij door, onaangetast door de drek van hún gore spelletjes.' Ik gebruik met opzet grove woorden, ik wil dat Zac uit zijn verontwaardiging treedt. Hij moet vóóruit, niet terug. En daarbij, ik heb ook een tuchtzaak te bevechten. Als we straks allebei in rechtszaken verwikkeld zijn, wat blijft er dan nog van ons over? Ooit waren we een succesvol stel, nu lijken we twee Don Quichotes vechtend tegen demonen uit het verleden. Straks moet mijn moeder nog haar Schelfhout gaan verkopen. Ik moet er ineens om lachen, het beeld dat we dat suffe negentiende-eeuwse ijslandschapje naar Christie's brengen, vind ik ineens hilarisch. Misschien zijn het de Italiaanse heuvels, is het de zon, of de frisse najaarslucht: alles hier relativeert de dingen die me in Amsterdam in alle staten zouden brengen.

'Hannah, je denkt er te licht over,' gaat Zac door. 'Ik eis gerechtigheid.'

Het kleine beetje energie dat ik nog had weten aan te boren, stroomt nu ook weg. Maar wat doe ik wanneer ik leeg bent? Wat doet Hannah Levi als ze op is? Ze gaat door met dat wat ze altijd doet: luisteren en vragen stellen. En in dit geval: Zac uit de put praten.

'Het geld dat je in een rechtszaak wilt steken gaat je uiteindelijk zoveel meer kosten dan die paar maandjes die je nu niet krijgt.' Ik glimlach onwillekeurig, terwijl ik naar de huppelende benen van Bibi in de verte kijk. 'Hoe zou het zijn als je het zou omarmen?' hoor ik mezelf zeggen. 'De fooi in dankbaarheid aannemen? En er een mooi huis van kopen, hier in Prizzi?'

Het is een gewaagde opmerking, maar ik wil hem ontregelen. Ik wil hem aan het lachen maken, zoals we vroeger konden lachen, toen er nog niet zoveel gewicht op onze schouders lag. Gewicht dat we er overigens zelf steeds bij stapelen. En ik wil niet meer praten. Ik wil gewoon zíjn.

'Hmm,' zegt hij, niet overtuigd maar wel minder strijdbaar dan zojuist. 'Ik zal erover nadenken. Misschien, heel misschien heb je gelijk en moet ik me niet verzetten.'

'Focus je liever op de toekomst. Wanneer heb je weer een sollicitatiegesprek?

'Vandaag één en morgen één.'

'Goed zo,' zeg ik. 'Zet je strijdlust daar maar voor in. En hou je hoofd opgeheven, zoals ik je ken, Zac.'

'Mmm,' bromt hij opnieuw. 'Ik was veel liever bij jou geweest dan dat ik naar de Zuidas moet voor sollicitatiegesprekken met jongetjes die mijn zonen hadden kunnen zijn.'

'Dat snap ik.'

Hij zucht. 'Hannah, ik zou zo graag willen dat jij een tijdje kon stoppen met werken, ik weet dat je daar behoefte aan hebt. En dat ik dan in m'n eentje in alle behoeften kan voorzien.'

'Misschien komt die tijd nog,' zeg ik. 'Ik vind het niet erg een tijdje te stutten, zodat jij kunt leunen. Dat is toch waar het in een relatie om draait? Leunen en stutten, stutten en leunen.'

Zodra ik ophang, stijgt er een golf maagzuur omhoog. Harder werken – ik moet er niet aan denken. En dat stutten, ik wil juist zo graag zélf eens een tijdje leunen.

Wanneer ik al lopend de telefoon terug in mijn rugzak wil stoppen, struikel ik over een steen en verlies mijn evenwicht. Met een enorme smak kom ik op de harde kiezelgrond terecht. Mijn wandelstok breekt onder mijn volle gewicht in tweeën.

Een heftige pijnscheut trekt door mijn enkel, het doet zoveel pijn dat ik hem nauwelijks durf te bewegen.

'Auww auww,' jammer ik. In de verte zie ik de groep steeds kleiner worden. Roepen heeft geen zin, ze zijn al te ver bij me vandaan. Ik kijk om me heen. Dan duw ik mezelf omhoog tot ik zit en ik klop het stof van mijn broek. Op mijn scheenbeen zit een schaafwond en mijn enkel doet ongelofelijk veel pijn. Wat als ik niet meer verder kan lopen? Er is een stem in mijn hoofd die zegt dat dat niet erg is, dat ik dan lekker naar huis kan. Ik heb drie dagen vreselijk mijn best gedaan om aardig te zijn tegen drie vreemde vrouwen, maar als puntje bij paaltje komt, kijken ze niet eens naar me om.

Het kleine beetje energie dat ik nog had weten aan te boren is nu helemaal weggestroomd. Nu zit ik te creperen van de pijn op de stoffige Siciliaanse aarde, als een klein kind. Het verschil tussen kracht en kwetsbaarheid is slechts een paar seconden. Ik wil alleen nog maar naar huis. Alhoewel, thuis wacht ook weinig aantrekkelijks. Ik was hier juist naartoe gegaan om even wég te zijn van huis. Is dat dan mijn les? Dat ik weg moet gaan om te weten dat ik terug wil? Terug naar hen? Elke dag ben ik er voor hen, voor de mensen die vastlopen in het leven, in hun relatie, in zichzelf. Maar niemand is mij dankbaar. Integendeel, ze slepen je voor de tuchtraad als je te veel van je eigen ziel en zaligheid in je werk stopt. En dat Zac nu nog maar een schamel fooitje krijgt van de werkgever aan wie hij eerder alles heeft gegeven, ook dat doet pijn. Niet alleen in de portemonnee. Ik hou van een Zac die trots is, die de wereld in zijn zak heeft en altijd onafhankelijk beweegt. Wat is daar straks nog van over, als hij afwijzing na afwijzing blijft ontvangen? Kan ik ook van die Zac houden? Dat ik het me afvraag baart me zorgen.

In plaats van verder op te krabbelen ga ik weer liggen, met mijn hoofd op de harde grond. Ik tuur naar de ijsblauwe hemel, hier en daar een klein wolkje. Ik ben klaar met de ander. Ik ben toe aan mezelf. Aan mijn ruimte. Aan mijn leven. Sta op, zegt een stem vanbinnen. Maar ik wil niet. Ik ben klaar met opstaan. Ik wil nu weleens weten hoe het is om te vallen en te blijven liggen. Misschien niet eens zo gek. Voel de pijn, zeg ik tegen mezelf. Voel alles. Stop niets meer weg. Ga erdoorheen in plaats van eromheen. Ik praat tegen mezelf alsof ik mijn eigen therapeut ben – en het voelt goed. Mezelf helpen; het klinkt zo simpel en vanzelfsprekend, maar het voelt als een openbaring. Ik heb mijn hele leven gewacht op iemand die het voor mij zou doen, die mij zou helpen, maar degene op wie ik wachtte ben ik zelf.

'O mijn god, mijn god, ze is dood.' Het is de zware stem van Lot. Haar gezicht hangt boven het mijne. 'Moet ik je reanimeren, schat?'

Met een schok kom ik overeind. 'Verdomme nee, auwwww!' Ik grijp naar mijn enkel.

'Waarom laat je me zo schrikken?' vraagt Lot. 'Ik dacht dat je het loodje had gelegd.'

'Schrikken? Ik laat jóú schrikken? Ik lig even bij te komen van een val, maar niemand heeft mijn afwezigheid opgemerkt.'

Lots mond valt een beetje open, alsof ze wil zeggen: ik ben er toch?

'Niemand interesseert het of ik erbij ben of niet.' Mijn kwaadheid naar Lot is misplaatst, maar ja, ze is nu eenmaal de enige die in de buurt is en ik heb pijn.

'Hoe kom je daar nu toch bij? Wij zijn juist heel blij dat je er bent, het brengt zo'n mooi evenwicht in de groep,' fleemt Lot. 'Je bent wijs en zorgzaam. Ik vond het ontzettend lief dat je gisteren alle techniek voor Joy hebt gedaan, dat wilde ik je nog zeggen. En Joy vertelde me vanmorgen over de geweldige psychologische inzichten die je haar hebt meegegeven. Je denkt echt te min over jezelf.'

Ik haal mijn neus op.

'Huil je?'

'Nee nee, ik ben allergisch voor stof.'

'Lieverd toch, we zijn echt dolblij dat je mee bent.'

'Ja, ja, oké,' zeg ik. En ik voel de tranen opkomen. 'Mensen denken dat bij mij alles vanzelf gaat,' zeg ik. 'Maar niets gaat bij mij vanzelf.'

'Bij niemand niet,' zegt Lot. Ze zakt naast me op de grond.

'Ik moet elke dag vechten om er te mogen zijn. Ik ben elke dag bang. Bang dat het zal omslaan, dat het misgaat, dat het onheil komt, snap je?' Ik wapper met mijn handen, alsof dat zou helpen tegen de tranen. Sjemig, wat heb ik toch? Het ene moment voel ik me geweldig, het volgende moment zit ik te snotteren op een berg. Lot trekt me tegen haar aan, haar hand streelt mijn rug, ze is lief en zacht. Ik zou me eraan over willen geven, maar iets in me verstijft.

'Ach kind, toch,' fluistert Lot in mijn oor. 'Huil maar, huil maar eens even goed. We worstelen toch allemaal met het leven. Ik voel me ook vaak verloren en alleen. De tranen wassen ons schoon.'

Wanneer ik na een tijdje weer rustig adem, zegt ze: 'Weet je, Hannah, ik zal heel eerlijk tegen je zijn. Ik denk niet dat mensen dit tegen je durven te zeggen, maar ik zeg het omdat ik denk dat het je misschien kan helpen. Je voelt je eenzaam, maar je plaatst jezelf ook een beetje buiten de groep. Je doet niet echt mee, je hebt een wat afstandelijke, een wat hooghartige houding. Ik zeg je dit omdat eerlijkheid wordt onderschat. Maar eerlijkheid kan je verder helpen. Ik denk dat het jou kan helpen om van toeschouwer deelnemer te worden. Zo voel je je meer verbonden, met ons, maar vooral met jezelf.' Ze draait zich naar me toe en kijkt me afwachtend aan. 'Heb je daar wat aan?'

Mijn wangen gloeien. 'Ja, ja,' stamel ik, 'daar kan ik wel wat mee.' Ik schaam me een beetje en kijk weg. De weidsheid van het Italiaanse landschap overweldigt me en maakt dat ik me klein voel. Dat ze dit eerlijk tegen me zegt betekent dat ze om me geeft. Ik voel rust en lichtheid over me komen, de schaamte verdwijnt, met Lot kan ik verder. Ik leg mijn hoofd zachtjes tegen haar schouder.

'Op mij mag je altijd leunen,' zegt ze. 'Maar ik ga je niet dragen, hoor. Tegen mijn dochter zeg ik altijd: pijn komt en gaat, maar wij lopen gewoon door.'

We lachen en de wereld voelt weer even veilig.

Lot

Er is een stem in mij die zegt dat ze dramatiseert. Mensen die heel hard roepen dat ze erkenning nodig hebben, zijn doorgaans niet degenen die erkenning nodig hebben. Het is hetzelfde als bij kinderen op de basisschool. Om kotertjes die verlegen bibberend onder tafel kruipen wanneer een ander 'boe!' tegen ze zegt, hoef je je niet druk te maken. Dat doet namelijk iedereen toch wel. Het zichtbare slachtoffer, het nerveuze meisje of de stuurs kijkende vrouw die nooit een mop vertelt, om hen bekommert de wereld zich. Het zijn juist degenen met de lachers op de hand die niemand ziet. Ja, natuurlijk wel de 'met haar kun je lol hebben'-kant. Die is zichtbaar. Maar je ziet niets van wat daaronder zit. Wie vooroploopt in de polonaise heeft niemand om op te steunen.

Niet dat dat erg is. Ik heb het nooit erg gevonden. Je hebt mensen die steunen en mensen die stutten. Ik fungeer best goed als pilaar. Jos kan daar altijd zo trots over vertellen op feestjes: 'Lot régelt het gewoon. Allemaal. Er is geen sterkere vrouw dan Lot.' Maar nu heb ik even geen idee hoe ik het moet regelen.

Kun je een ander gelukkig maken? Blijkbaar heb ik iets niet goed gedaan, of was het niet genoeg. Was ík niet genoeg. Hoe wordt Jos weer gelukkig? Moet ik tegen hem zeggen: ga gewoon je goddelijke gang, als ik het maar niet weet? Maar ik weet het inmiddels wel. En je kunt dat dan nooit meer níét weten. Misschien moet ik het hem gewoon verbieden. Maar ga ik hem dan controleren? Zijn gangen nagaan? Inspector Gadget zijn in mijn eigen huis? Wie wordt daar gelukkig van? Kan ik mijn eigen huis nog stutten? Natuurlijk kan ik dat. Toch? Ja. Natuurlijk kan ik dat.

Ik verschuif zachtjes mijn been, dat in een ongemakkelijke kronkel ligt. De gevallen Hannah zit op de stoffige weg en leunt tegen mijn bovenlijf en hoewel ze geen grammetje te veel weegt, voelt ze olifantenzwaar.

Mama kon ook zo liggen. De laatste jaren woog ze nog geen vijftig kilo. Maar als ze met haar magere kopje mijn sleutelbeen raakte en ik gul mijn spekarmen om haar lijf sloeg – haar botjes broos als het geraamte van een pasgeboren kwartel – voelde het alsof haar zwaarte afdrukken maakte in mijn huid.

'Tegen mij mag je altijd leunen,' brom ik zacht.

'Dat is lief, dank je wel. Maar leun jij weleens tegen een ander?'

Verbaasd kijk ik op. 'Wat is dat nou voor rare vraag, mam? Sinds wanneer hou jij je daarmee bezig?'

Een bol bruin haar begint te bewegen. Eronder klinkt gegrinnik. Meisjesachtig. 'Noemde je me nou mam?'

Het is voor het eerst dat ik Hannah echt zie lachen deze trip.

Och, jezus.

'O, sorry, ik eeeeh... Ik heb het een beetje warm, geloof ik.'

Hannah gaat wat meer rechtop zitten en kijkt me een tijdje aan. Dan zegt ze: 'Ik wil niet de Sigmund uithangen, maar niemand noemt een ander zomaar "mam".'

Ik haal mijn schouders op. 'Geen idee uit welke krocht dat kwam. Malligheid. Mijn moeder is al jaren dood.'

En zo is het. Aneurysma. Eén geknapte ader en boem. Het vogeltje lag op haar kant. Beter zo, zeiden de mensen. Beter zo, zei ik. En dat was dat.

Onder mijn boezem hoor ik Hannah opeens vragen: 'Zijn er nog dingen die je tegen haar zou willen zeggen?'

Ik krab aan mijn kuit. Op mijn scheenbeen groeit een heggetje van donkere haren die ik nooit weggeschoren krijg zonder mezelf volledig te ontvellen en van elke mogelijke bescherming te ontdoen.

'Nou?' dringt Hannah aan. Voor een beroepsslachtoffer kan ze soms verdomd stevig en vasthoudend zijn.

Ik sta op, sleur Hannah omhoog en slinger haar rugzak over mijn linkerschouder en de mijne over mijn rechterschouder.

Dan zing ik. Keihard. *Always look on the bright side of life, tudutudutudutudu.*

Hannah kijkt me verbaasd aan. 'Sorry?'

Ik grijns. 'Dat wil ik tegen haar zeggen. Dat had ze moeten doen. Nu ze dood is kan het alleen niet meer. Dat is wel een beetje slordig.'

Hannah opent haar mond. Ze wil iets zeggen, maar opeens verandert haar blik. Ze begint te grinniken. Te bulderen. Dan zingt ze met me mee. We schallen over de geblakerde velden. Net zo lang tot we boven op de heuvel staan, het donker achter ons.

Bibi

De stemming lijkt er eindelijk in te komen. Ik had het kunnen weten. Het gaat eigenlijk bij elke groep zo. De eerste dagen moet iedereen aan elkaar wennen. Dan komt er altijd vanzelf een moment waarop ego's openbreken en er verzachting en verbinding kan ontstaan. Ik zie dit keer op keer gebeuren tijdens de yoga-retreats die ik geef, maar het is toch anders om zelf deel van het groepsproces te zijn.

Ook het stadje Prizzi speelt een rol bij onze verzustering. De nauwe straatjes bieden geborgenheid en de inwoners zijn warm en gastvrij. Hannah heeft het er zelfs over om een huis te kopen hier. Lekker niets doen, een prikkelarm bestaan. Wat dat betreft kan ik haar verliefdheid op dit dorp wel begrijpen. Na vierentwintig uur lijkt het of iedereen ons kent en misschien is dat ook wel zo na het geweldige optreden van Joy op het plein. We worden overal begroet met een '*Buongiorno, pellegrini*'.

Die avond in de Bluegames Bar – er zat eerst een speelhal in dit pand en niemand heeft eraan gedacht om daarna de naam te veranderen – kletsen en lachen we alsof we elkaar al jaren kennen. De tafel staat vol met heerlijk hapjes. Arancini, gefrituurde rijstballen met in het midden een vulling. Caponata, een soort groenteprutje met veel verse kruiden erin. En een geweldige pasta Norma. Ik voel dat ik me wat meer kan ontspannen. Voor het eerst heb ik 's avonds geen hoofdpijn. Mensen zijn sociale dieren. Verbinding is altijd het beste medicijn.

'Het klopt inderdaad dat acteurs en actrices vaak relaties met elkaar krijgen op de werkvloer,' vertelt Joy. 'Eerst spéél je de chemie, maar daarna wordt het echt.' Ze kijkt een beetje meisjesachtig.

En dan opeens realiseer ik me waar ik Joy van ken. 'Jij zat in *Willy en Wanda bouwen een kasteel*!'

Joy's wangen kleuren. 'Ik weet niet of ik daaraan herinnerd wil worden.'

'Dat was vroeger altijd mijn lievelingsfilm!' roep ik uit. 'Ik heb de videoband ooit van Sinterklaas gekregen en daarna is hij over de hele wereld met me meegegaan. Oman, Angola, Indonesië...'

'Zo, jij hebt in veel landen gewoond,' zegt Hannah.

'Mijn vader werkte voor Shell. Dus we verhuisden nogal eens.'

'Een echt *cross-cultural kid*, dus.'

'Die term ken ik niet?'

'Kinderen die opgroeien in verschillende culturen. Ik krijg ze op latere leeftijd vaak in de praktijk. Je moet als kind immers telkens schakelen tussen wat in de ene cultuur goed is en in de andere cultuur weer heel anders ligt. Wat je ziet is dat die kinderen op volwassen leeftijd nog steeds worstelen met gevoelens van het nergens echt bij horen.'

Dat komt bij me binnen. Mijn ogen beginnen te knipperen, alsof mijn hersenen zo de informatie beter kunnen verwerken. Ondertussen blijft Hannah me rustig aankijken. Ik wil wat terugzeggen, maar voordat ik iets kan bedenken, zet de eigenaresse weer een nieuw gerecht neer.

'Dit móéten jullie proberen,' zegt ze. De stukken verse Parmigiana op tafel ruiken heerlijk en de kaas druipt ervan af. Eigenlijk hebben we allemaal al genoeg gegeten, maar niemand kan 'nee' zeggen tegen zoveel gulheid.

'Dit is met aubergine, toch?' vraagt Lot.

'Een soort lasagne, maar dan zonder deeg,' zegt Joy. 'Goddelijk.' Ze schept ons allemaal een stukje op. 'Jij ook, Hannah,' zegt ze streng.

'Ik kan echt niet meer.'

'Je moet.' Ze neemt zelf een hap en zegt dan: 'Waar hadden we het nou ook alweer over?'

'*Willy en Wanda,*' zeg ik. 'Maar... betekent het dan dat jij het met Willy hebt gedaan? Dat had ik als jong kind natuurlijk nooit kunnen bedenken.'

Joy zucht diep en slaat haar ogen ten hemel. Je kunt echt zien dat ze actrice is.

'Vertel op, Joy,' zegt Lot streng.

'Oké... Ja, ik heb het met Willy gedaan. In het echt heette hij trouwens Olaf en hij was best leuk.'

'Willy en Wanda bouwden dus heel wat anders dan alleen een kasteel,' grapt Lot.

De hele tafel moet lachen. Zelfs Hannah, die normaal zo ingetogen is.

'Waarom ook niet?' zeg ik. 'Zoals je het net uitlegde, lijkt het me vrij normaal. Laat de energie maar lekker stromen.'

'Aha!' zegt Joy. 'Jij doet vast aan tantra!'

'Ja,' zeg ik. Meteen zijn alle blikken op mij gericht. 'Tantra gaat niet per se over seks, hoor. Het gaat vooral over voelen. Meer in je lichaam aanwezig zijn.' Ik laat een kleine stilte vallen voor maximaal effect. En inderdaad hangt iedereen aan mijn lippen. 'En het klopt dat je daar inderdaad betere seks van krijgt.'

Weer gelach.

'Hoe moet ik me dat voorstellen?' vraagt Hannah. 'Niet dat ik te veel details wil,' voegt ze daar snel aan toe.

'Het westerse beeld van seks is zo beperkt. Wij denken bijna uitsluitend in termen van penetratie en bepaalde seksuele handelingen, terwijl er zoveel meer is. Mensen zijn energetische wezens. Je hoeft elkaar niet eens aan te raken om fysieke sensaties te ervaren.'

'Hebben jullie dan ook van die orgies?' vraagt Joy. 'Want dat stel ik me er altijd bij voor. Hele kluwen mensenlichamen die elkaar de kleren van het lijf rukken.'

Ik lach. 'Wat jij nu schetst, klinkt meer als het consumeren van elkaar. Tantra gaat echt over verbinden met jezelf en van daaruit verbinden met elkaar.'

'Maar doe je het nou met elkaar of niet?' vraagt Joy. Ze neemt nog een grote slok van haar rode wijn. Het is al haar vierde glas.

'Misschien moeten jullie gewoon een keer meegaan naar een retreat,' zeg ik. 'Dan kun je zelf ervaren wat het is. Of we organiseren hier onze eigen tantra-avond. Ik kan jullie best een paar oefeningen leren.'

'Gatverdamme,' zegt Lot.

'Misschien leer je er nog iets van,' zegt Joy met een knipoog.

Er is iets gaande tussen die twee. Het ene moment zijn ze innig en vertrouwd. Het volgende moment venijnig. Het lijkt zo'n vriendschap die al lang niet meer gebaseerd is op het heden, maar op iets wat al lang niet meer bestaat.

De eigenaresse staat weer voor onze tafel. Of we nog een dessert willen.

'Alsjeblieft niet,' zegt Hannah uit de grond van haar hart.

Even later komen er vier glaasjes met likeur op tafel. Normaal gesproken drink ik niet, maar mijn stemming is uitgelaten, dus zeg ik deze keer geen 'nee'. Ook Hannah doet zowaar mee. We proosten met de shotjesglazen en slaan de drank in één keer achterover. Een brandend gevoel in mijn keel. Tranen in mijn ogen. Tranen over mijn wangen.

'Gaat het?' vraagt Lot meteen bezorgd. Haar geruststellende hand ligt alweer op mijn rug.

'Het is de drank,' zeg ik snel, voordat ze mijn tranen voor iets anders aanziet.

'Gelukkig maar,' zegt ze opgelucht.

Dan staat Vincenzo opeens aan tafel. 'Ik zie eenheid,' zegt hij tevreden. Hij stelt voor om een vuur te maken. Boven op de heuvel aan de rand van het dorp is een kleine open vlakte waar we volgens hem kunnen uitkijken tot aan de Etna.

'Zal ik mijn tarotkaarten meenemen?' stel ik voor.

'Kun je dan een legging voor me doen?' vraagt Joy.

'Natuurlijk,' zeg ik. 'En voor wie maar wil.' Het voelt alsof ik eindelijk een onderdeel mag zijn van de groep, maar dan op mijn eigen manier.

De vlammen geven een aangename warmte af. Omdat Prizzi tegen een hoge rots ligt, koelt het hier flink af 's avonds. Het enige wat ik bij me heb aan warme kleding is een dunne trui. Het was zo heet in Palermo dat ik er geen seconde aan heb gedacht dat het in het binnenland weleens anders kon zijn. Ik kruip wat dichter naar het vuur toe.

'Zullen we nu de kaarten leggen?' vraagt Joy.

'Daar geloof je toch niet echt in, hè?' zegt Hannah.

'Natuurlijk wel,' zegt Joy.

Terwijl ik de kaarten schud, beginnen ze al tegen me te praten. Soms zijn ze luid en duidelijk, soms fluisteren ze zachtjes in mijn oor. Maar wat altijd hetzelfde is, is dat ze precies vertellen wat op dat moment nodig is. Ik spreid ze uit op de langwerpige zijden doek waarin ik ze bewaar.

'Trek maar een kaart,' zeg ik tegen Joy.

Ze sluit haar ogen en laat haar handen boven de kaarten glijden. Dan pakt ze resoluut een kaart, net iets van het midden. Ze bestudeert hem en geeft hem aan mij.

Het is *The Chariot*. 'Kijk,' zeg ik. 'Wat je ziet is een kudde wilde paarden die allemaal een andere kant op willen rennen. Maar met de energie die uit haar handen komt, leidt deze vrouw ze in de juiste richting. Uit haar derde chakra komen lichtstralen. Ook dat staat voor wilskracht.'

'Juist,' zegt Lot een tikkeltje cynisch. 'Je gaat paardentemmer worden, Joy.' Ze lacht om haar eigen grap.

Joy kijkt alsof ze het liefst de woorden uit mijn mond zou willen trekken. 'Gaat dit over de rol, denk je?'

'Je moet er altijd voor uitkijken dat je de kaarten niet te letterlijk neemt. Maar wat je wel kunt zeggen is dit: door te focussen op wat je écht wilt, ben je in staat om tegenstrijdige energieën te overwinnen en je dromen na te jagen.'

'Wauw,' zegt Joy. Haar ogen stralen. 'Ik wíst het. Ik voelde het gewoon.'

'Het is een heel positieve kaart,' beaam ik. Ik pak de kaarten en schud ze opnieuw. 'Iemand anders?'

Ik kijk Hannah aan, maar die kijkt snel de andere kant op. 'Lot?'

'Oké...' zegt ze. Er ligt aarzeling in haar stem. 'Kan er niet iets heel engs uit komen? Dat ik doodga of zo?'

'Zo letterlijk moet je de kaarten niet nemen,' zeg ik. 'Zie ze als een oude, wijze vrouw die altijd het beste met je voorheeft.'

'Goed dan.' Lot komt naast me zitten. In het zachte licht van de vlammen ziet ze er mooi uit. Niet uitgesproken knap zoals Joy, maar een natuurlijke bescheiden schoonheid die je alleen ziet als je de tijd neemt om ernaar te kijken.

Ik begin de kaarten te schudden en spreid ze opnieuw uit. 'Kies maar een kaart,' zeg ik.

'Hoe doe ik dat?'

'Ga met je handen over de kaarten, dan voel je vanzelf dat een kaart je aandacht trekt. Het kan niet misgaan. Welke kaart je ook kiest, het is de juiste keuze.'

Lot sluit haar ogen en laat haar handen geconcentreerd over de kaarten bewegen. Dan pakt ze resoluut een kaart en bekijkt hem.

'*Death*,' zegt ze. Op de kaart staat een askleurige vrouw die onder water lijkt te zijn, haar mond is bedekt door een grote mot.

'Je zei toch...' Haar stem trilt. Weg is haar stoere kant, haar daadkracht.

'Ik snap dat je een beetje schrikt. Maar de dood betekent altijd transformatie. Verandering is niet altijd leuk, maar is soms nodig en kan uiteindelijk juist iets heel positiefs zijn.' Omdat ze in paniek lijkt, zeg ik: 'Laten we er een complete legging van maken. De kaarten kunnen ons vast meer vertellen over deze situatie.'

'Het is geen exacte wetenschap, hè,' zegt Hannah snel. 'Ik zou me er niet te veel van aantrekken.'

'Mijn kaart lijkt anders behoorlijk te kloppen,' zegt Joy.

Ik vraag Lot nog eens tien kaarten te trekken, zodat ik een Keltisch Kruis kan leggen om de situatie van alle kanten te bekijken. Ik hoop dat er iets van geruststelling zal komen. Maar terwijl Lot de kaarten trekt, wordt het steeds duidelijker dat ze zich in een nare situatie bevindt. *Seven of voices. Five of emotions. The hermit.*

Ik kijk Lot bezorgd aan en probeer het voorzichtig te formuleren.

'Kan het zijn dat je bedrogen bent door iemand die heel dicht bij je staat? En dat je daardoor helemaal alleen bent komen te staan?'

Lots ogen sperren zich nog verder open. Ik begin een vaag gevoel van spijt te krijgen dat ik aan deze legging ben begonnen. Sommige mensen kunnen het niet aan om zichzelf in de spiegel te zien.

'Maar je uitkomstkaart is positief, althans, zo kun je het bekijken,' zeg ik snel. '*The hanged muse.*'

'*Hanged*?' roept Lot uit met schrille stem. 'Als in: op-ge-han-gen?'

Ik wijs haar de kaart aan. Een vrouw hangt op de kop aan een trapeze boven een piramide.

'Kijk, het is niet zo erg als het klinkt. Je denkt dat je vastzit, maar dit is ook een kans om de situatie op een andere manier te gaan bekijken. Een speelsere manier.'

Aan de heftige ademhaling van Lot hoor ik dat dit haar veel doet. Maar ze zegt niets en gaat woedend naar achteren zitten.

'Waarom zou je in godsnaam iemand zo overstuur maken?' vraagt Hannah verwijtend.

Antwoorden heeft geen zin. Ik staar machteloos in de woedende vlammen. Waarom moest ik zo nodig mijn wereld aan hen opleggen? Waarom accepteer ik niet gewoon dat deze vrouwen en ik nooit tot elkaar gaan komen?

'Trek het je niet aan,' zegt Joy zachtjes zodat niemand anders het hoort. 'Sommige mensen kunnen gewoon niet tegen de waarheid.'

Dag 5

Prizzi – Casale Margherita

De route gaat langs akkers en olijfboomgaarden richting een beboste heuvel. Dit is het Carcari Natural Reserve, een beschermd bosgebied en daarmee een zeldzaamheid in deze streek. Over een brede, onverharde weg stijgt de route langzaam over deze schaduwrijke heuvel, tot aan de pas. Daarna volgt weer een lange afdaling, met enorme vergezichten. Rond lunchtijd kom je langs het verlaten dorp, Borgo Riena. Vervolgens gaat de route naar Castronovo, vanwaar een pendelbusje naar Casale Margherita rijdt, een *agriturismo* in de buurt van Cammarata.

Wandeling 24,5 kilometer, 530 meter stijgen en 820 meter dalen, 8 uur wandelen.

Lot

Bedankt, Bibi. Met je kaartjes. En je pratende kut. Of je yoni. En je gelul over tantra. Ik dacht dat we een gezellig avondje zouden hebben, maar opeens werd de doos van Bibi geopend. Wie zit daar nou op te wachten?

Ik heb me tijdens haar eindeloze beschrijvingen van tantra en vrij zijn met je lijf maar op het eten gestort. Mij hoorden ze verder niet meer. Altijd maar dat gedoe over seks.

'Nee joh, tantra drááit helemaal niet om orgies,' riep Bibi. 'Eerder om aanrakingen die je opgewonden kunnen maken.'

Hou nou toch op, je gaat toch niet de hele tijd zitten aaien zonder dat het ergens op uitdraait? En waarom moet het altijd met z'n allen? Lekker boven op elkaar liggen met de hele buurt. Want gewoon alleen een wipje met je eigen vent, dat is natuurlijk hopeloos truttig. Nee, je seksleven moet je delen, als het even kan met iedereen uit de straat. Zit je opeens met de grote teen van buurman Frans in je mond. Fijn sabbelen op zijn voetfungus, terwijl buurvrouw Betty je intens masturberend ligt aan te kijken en Vieze Gerrit van op de hoek in je anus op zoek is naar je derde oog. Waarom kan het nooit eens normaal?

En Joy maar meekwaken. Wie is die vrouw geworden? Vroeger kregen we de slappe lach als we de horoscoop in de *Popfoto* hardop met een zeikstem voorlazen. En nu: tantra dit, tantra dat. Om vervolgens door te kwezelen over die debiele waarzeggersdingen. Als je niet openstaat voor het zweeftevengelul roepen ze dat je die ingewikkelde kaartjes nooit letterlijk moet nemen, maar ook niet helemaal figuurlijk, want joh, het gaat erom wat jíj erin ziet, alles is een interpretatie, alles is goed, het is belangrijk wat je ermee doet.

Wanneer je waagt dat te betwijfelen, maar je je uiteindelijk laat meeslepen omdat je op een zwak moment denkt dat er misschien toch wat in zit, trek je een kaart van een muts met een mot in haar snavel. Wat betekent dat in godsnaam? Hoezo kunnen die tarotlui niet gewoon een kaartje maken waarop staat: 'Morgen wordt alles beter. De groeten aan je voeten.' Nou?

Natuurlijk ben ik kwaad. Ik ben altijd boos als ik iets eng vind. Blijf toch gewoon op de aarde staan, houd jezelf geworteld. En moet ik van nota bene Bibi horen hoe het leven in elkaar zit? Het is een kind, ze kan amper voor zichzelf zorgen. Vanmorgen heb ik nog uitgebreid haar voeten onder handen genomen. Er ligt een blarenpalet op ter grootte van West-Europa. Gelukkig heb ik blarenpleisters, een tweede huid die beschermt tegen vuil, stof, wrijving – kortom: het leven. Voorzichtig heb ik de pleisters op het open vlees gedrukt. Bibi gaf geen krimp, maar het moet haar flink zeer hebben gedaan. Een tel later huppelde ze alweer weg, terwijl ik haar nog nariep: 'Kijk nou uit dat je nergens tegenaan stoot!'

Het zijn de mensen zoals ik die de Bibi's verder helpen. Dat zou ze zich best eens mogen realiseren. Maar nee hoor, wat ze wil is dat ik meezweef. Wie gaat zweven, kan elk moment wegvliegen. Ik wil niet wegvliegen. Zeker niet nu. Met Jos. Want ja, natuurlijk ga ik ook twijfelen door dat hele tantraseksgedoe. Had ik avontuurlijker moeten zijn? Jos leek altijd tevreden. Mijn grote beer die met een diep grommen klaarkwam, waarna ik in het kuiltje onder zijn sleutelbeen ging liggen, hij 'mijn Lotje' lispelde en het op een snurken zette. Ja, dat is mijn idee van een gelukkig seksleven. Maar als Bibi me zo diep aankijkt, en kletst over 'jezelf laten gaan' en 'je lijfelijkheid', weet ik niet wat ze bedoelt en al helemaal niet waar ik moet kijken. Ik kan mezelf niet laten gaan. Kom op. Iemand moet de boel bij elkaar houden. Godsamme. Wat heb ik hieraan? Het enige wat ik wil is dat iemand eindelijk tegen me zegt dat alles goed komt.

Hannah was het gelukkig met me eens. Die vond dat waarzeggersgedoe ook domweg zeer wetenschappelijk ónonderbouwd. Dat kun je wel zeggen. Je krijgt tien keer een kaart met een half weggeteerd lijk erop en dan moet je dat vooral niet interpreteren als hel en verdoemenis, maar als de kans op een nieuw begin.

Nieuw begin in je broekje. Ik wil helemaal geen nieuw begin. Want een nieuw begin betekent dat er iets moet zijn geëindigd. Ik wil geen einde. Nee, ik wil geen einde, Jos. Ik wil dat het is zoals het was. Klootzak. Je hebt het kapotgesmeten. Alles. Je had het toch ook gewoon kunnen zeggen? Dat je iets zocht? We waren er samen heus wel uit gekomen.

Maar je zei niets. Je deed de deur dicht en klikklakte weg. Op je racefietsschoentjes. Ik had het kunnen weten. Je hebt altijd een grafhekel aan fietsen gehad. Hoe kon ik denken dat je nu opeens drie keer per week een rondje Ronde Hoep wilde maken?

Wild draai ik me om in mijn bed. Allemachtig, wat is het benauwd. Dan hoor ik plotseling het geluid van een helikopter. Hij komt aanvliegen, zijn wieken waaien boven mijn hoofd. Het zoemt en brult tot hij landt, vlak naast me op het kussen. Ik open mijn ogen en schrik me de tandjes.

Het is een mot, zijn vleugels vouwen in elkaar. Zijn lijfje trilt. Het is een mot! Hou op Bibi, met je rotzooi, dit moet weg, dit moet mijn leven uit. Oké, rustig. Ik ga rechtop zitten en maak een kommetje van mijn handen. Ik schep het diertje erin. Ik loop naar het openstaande raam, de mot fladdert weg. Zo, ook weer opgelost.

Ik adem diep in. Er liggen druppeltjes dauw op de dakpannen. Ik veeg er met mijn wijsvinger over. Lekker koel. Weet je wat, ik kruip naar buiten. Tien minuutjes in de dakgoot staan, dat gaat helpen. Ik grijp me vast aan het raamkozijn en hijs me omhoog. Het is stil. Mijn volle gewicht leunt tegen het dak. Gewoon goed ademen. Zuurstof. Ik heb alleen zuurstof nodig.

En zo sta ik daar. Langzaam voel ik mijn hartslag naar beneden gaan, terwijl ik richting een grijnzend half maantje staar. Ik tuur om te kijken of er een mannetje op zit, tot ik opeens een hysterische schreeuw hoor.

'Neeeeeeee! Charlotte!!!!!' En daar grijpt Joy met grote klauwen mijn linkerbeen. Ze trekt en sjort, mijn kont blijft nog even steken in het kozijn, een oude spijker tatoeëert krassen in mijn dij.

'Niet doen!' roep ik.

'Jij niet doen!' gilt Joy lelijk grammaticaal. Met haar volle gewicht hangt ze aan mijn onderstel. Een tijdje bungelen we en zit ik muurvast geklemd in een kooi van ongelakt Italiaans hout. Maar plotseling, met een raar plopgeluid, kom ik los en sta ik pal naast Joy op het smoezelige tapijt van de hotelkamer.

'Godsammekrake Joy, wat doe je hier?'

Verwilderd kijkt ze me aan. 'Wat doe ík? Wat doe jíj? Wie gaat er nou in de dakgoot staan? Alleen omdat je een lullig kaartje hebt getrokken? Beetje flirten met de dood? Ben je nou helemaal gek geworden? Sinds wanneer ben jij net zo'n dramaqueen als je moe...'

Ik staar haar aan. Vreemde ogen. Ogen die in onze jeugd hetzelfde zagen als de mijne. Weilanden. Een springtouw slingerend op de stoep. Brede Paultje die zo lekker tongen kon. Mijn moeder die elke middag met een handdoek op haar ogen in bed lag te rusten. 'Mama snoepje?' Ogen die een jeugd delen. Een vroeger. Maar die nu heel andere dingen zien dan die van mij.

'Ik moest alleen wat frisse lucht,' zeg ik afgemeten. Even is het stil.

'O,' antwoordt Joy. En ik zou het zo graag willen. Net als vroeger het misverstand weglachen. Dubbelklappen samen met Joy. Maar we staan stijf rechtop, als verlaten pijlers van een ingestorte brug.

'Ik had aangeklopt, maar je deed niet open,' zegt de pijler tegenover me.

'Ik kon het niet horen,' brom ik.

Joy wrijft over haar gezicht. 'Je had mijn oplader nog. Die kwam ik halen. Mijn telefoon moet vol zijn,' zegt Joy.

‘Omdat ze morgen kunnen bellen over de auditie,’ antwoord ik plichtmatig.

Zij knikt.

Ik knik.

Ik wil van alles zeggen. Van alles over wat ik mis. Over wie ik mis. Maar het lukt me niet te praten.

Dan mompelt Joy: ‘Ik heb nog steeds slecht bereik. Kan ik jouw nummer eventueel doorgeven aan het castingbureau? Jouw provider doet het beter dan die van mij.’

Ik stem stilzwijgend in.

Bibi

Met diepe wallen onder haar ogen verschijnt Lot aan het ontbijt. Wanneer ik haar een goedemorgen wens, bromt ze iets onverstaanbaars terug. Ook Joy en Hannah lijken geladen. Van de ontspannen stemming van gisteravond is niets meer terug te vinden. En we moeten nog ruim twintig kilometer lopen. Ik word al moe als ik eraan denk.

Maar vandaag helpt de natuur. Voor de allereerste keer lopen we door een bos. De schaduw van de hoge naaldbomen is een verademing en de schone boslucht voelt als een weldaad voor mijn longen. Voor het eerst horen we vogeltjes fluiten en wandelen we door een groen landschap. Op een primitief niveau doet groen denken aan het wegblijven van hongersnood en daarmee aan de belofte van overvloed. Daarom worden de meeste mensen er ook zo rustig van.

'Waarom is er niet méér bos op Sicilië?' vraagt Joy aan Vincenzo op een toon alsof dit hem persoonlijk te verwijten valt. 'Ik kan me niet voorstellen dat het hier altijd zo kaal is geweest.'

'Mensen willen ook kunnen eten,' is zijn antwoord.

'Maar daar hoeven ze toch niet al die akkers voor te verbranden?' vraagt Joy. 'Denkt hier dan niemand na over CO_2-uitstoot?' Omdat Vincenzo haar niet-begrijpend aankijkt, want de taalbarrière speelt ondanks alle inspanningen nog steeds een rol, vult Joy aan: '*Really dirty air.*'

'Het is de beste manier om de grond weer vruchtbaar te krijgen,' zegt Vincenzo. 'Weet je niet hoeveel voeding er in as zit? Kalium, calcium, magnesium. As is een superfood voor een aarde die hard heeft gewerkt om ons te voeden.'

'Toch blijft het raar dat je daarvoor de boel plat moet branden,' zeg ik. 'Je zou denken dat je de grond ook op een andere manier kunt verbeteren. Op een schonere manier. Minder belastend voor het milieu.'

'Branden is het beste.' Vincenzo kijkt me veelbetekenend aan. En even vraag ik me af of hij eigenlijk doelt op mijn tumor. Was het aan me te zien? Of zou hij het op een onbewust niveau weten? Hij is een wijs man. Ik vraag me af of de anderen dat doorhebben.

Branden is het beste. De woorden galmen na in mijn hoofd.

Omdat ik even niet oplet, zie ik niet dat er een stukje steen op het pad ligt. Ik struikel eroverheen en kan nog net voorkomen dat ik op de grond val. Als ik mijn evenwicht weer heb hervonden, zie ik dat mijn schoen een stukje is ingescheurd bij de teen. Op mijn enkel zit een schaafwond.

Ik kijk naar de stevige wandelschoenen van de andere vrouwen. Ook Vincenzo heeft schoenen aan die een kernramp kunnen overleven. Gisteren zei Lot nog heel opgewekt: 'Ik had voor de zekerheid blarenpleisters meegenomen, maar tot nu toe nog geen centje pijn.' Ze was zo lief om toch zeker de helft ervan op mijn voeten te plakken, maar nog steeds doet elke stap pijn.

Ook Joy kijkt naar mijn schoenen en schudt even haar hoofd. 'Meisje, meisje, toch,' zegt ze alsof ik een stout kind ben dat opzettelijk met het verkeerde schoeisel aan loopt. Ze trekt een klein sprintje en gaat weer naast Vincenzo wandelen. Nu loop ik helemaal alleen. Ik denk dat papa mij keihard zou uitlachen als hij wist dat ik hier liep op deze belachelijke schoenen. En daarna had hij vast een helikopter gestuurd om me te redden.

'Hij zorgt beter voor jou dan dat hij ooit voor mij heeft gezorgd,' zei mijn moeder de laatste keer dat ik haar sprak. Er zat een bittere klank in haar stem.

'Het spijt me dat je huwelijk je niet heeft gebracht wat je wilde,' zei ik. 'Maar dat heeft natuurlijk niets te maken met de relatie tussen papa en mij nu.'

'Je klinkt niet eens meer als jezelf,' zei ze, 'maar als zo'n verwend Ibiza-vrouwtje dat te lang in een zweethut heeft gezeten.'

Ik overwoog om iets terug te zeggen. Maar in plaats daarvan luisterden we een minuut naar elkaars gespannen ademhaling en daarna heb ik opgehangen. Sindsdien hebben we elkaar niet meer gesproken. Ik begrijp mijn moeders jaloezie heus wel. Het is ook echt zo: je kunt beter papa's dochter zijn dan zijn liefdespartner. Waarschijnlijk ben ik de enige vrouw van wie hij veilig kan houden zonder dat hij daar angstig van wordt. Toen ik jong was, heb ik altijd als vanzelfsprekend de kant van mijn moeder, het slachtoffer, gekozen. Maar nu ik volwassen ben, doe ik dat niet meer. Wat mij betreft zijn er zelfs helemaal geen kanten – al denkt mijn moeder daar anders over.

Tot nu toe heb ik nog niet de behoefte gehad om weer contact met haar op te nemen. En ik geef toe, diep vanbinnen ben ik boos omdat ze míj niet belt. Waar wacht ze eigenlijk op? Mijn begrafenis?

We zijn inmiddels het bos weer uit en terug in het bekende verbrande akkerlandschap. Lot en Hannah zijn hun voorsprong verloren. We sjokken door. Mijn voeten branden in mijn schoenen. De zon doet pijn aan mijn ogen. Mijn rug is bezweet en ik voel weer een lichte hoofdpijn opkomen.

Dan komt er vanuit een boerderij een hond aangerend. Haar tepels zijn uitgerekt en haar buik zwabbert alle kanten op. Ze lijkt kort daarvoor te zijn bevallen. Hannah kijkt met enige weerzin naar de moederhond, terwijl Lot het beest uitgelaten bij zich roept en haar enthousiast begint te aaien. De hond gooit haar hele achterlichaam in de strijd om ons te laten zien hoe enthousiast ze is.

'Waar zijn je kindjes?' vraagt Lot met een speciale hoge stem die je voor dieren en baby's gebruikt. 'Waar zijn ze?'

We lopen achter de hond aan en komen aan bij een eenvoudig

boerenerf. Enkele gebouwen met deuren die scheef in de kozijnen hangen. Stof, overal stof. De hond leidt ons naar een ficusboom van zeker tien meter hoog, met prachtige, diepglanzende groene bladeren. Deze bomen zie je ook wel op Ibiza, maar daar worden ze lang niet zo hoog. In de schaduw van de boom probeert een puppy weg te kruipen onder een grote steen. Het is een klein, wit, donzig beestje dat dromerig voor zich uit kijkt. De mamahond staat trots te kijken bij zoveel kraambezoek.

'Wat zielig,' zegt Hannah. 'Hij heeft niet eens een mandje.'

'Buongiorno.' We draaien ons om. Achter ons staat een oude man in versleten kleding. 'Zijn jullie pelgrims?'

'Ja,' zeggen we allemaal tegelijkertijd. En daarmee zijn we heel even elkaars gelijken.

Vincenzo begint in het Italiaans met de boer te praten.

'Vraag even hoe oud de puppy is,' zegt Lot tegen Vincenzo. De pup blijkt een maand oud te zijn. De boer pakt hem op en duwt hem in Lots handen. Meteen begint het beestje tevreden te knorren.

'Dieren houden van jou,' zeg ik. 'Jij hebt een energie die ze prettig vinden.'

Lot zegt niets terug en aait gelukzalig over het bruin gevlekte koppie.

'Je mag hem hebben,' zegt de boer. 'Neem hem maar mee.'

'Waren er nog meer puppy's?' zegt Lot tegen Vincenzo, die haar vraag weer vertaalt voor de boer. Nadat de boer heeft geantwoord en Joy vol afgrijnzen kijkt, zegt Vincenzo: 'Laten we maar zeggen dat ze er niet meer zijn.'

'Neem de pup maar mee,' herhaalt de boer nog eens. 'Je vindt hem leuk, dus je mag hem houden.'

Lot geeft de pup een kus op zijn koppie. 'Lijkt je dat gezellig, schatje?' Dan zet ze hem met een zucht weer op de grond. 'Ik zou wel voor alle dieren willen zorgen. Maar dat gaat nou eenmaal niet.'

We vullen onze flessen met water uit de put en de boer komt nog met een zak walnoten aanzetten. Het valt me op hoe vrijgevig de Sicilianen zijn. Het eiland is een verlaten, dorre bende, maar in plaats van dat de bewoners in schaarste denken, geven ze alsof ze in overvloed leven.

Hannah

Of we een puppy wilden, had de eigenaar van de verlaten boerderij gevraagd. En of we wilden blijven eten. Daar moet je in Amsterdam mee aankomen. Ik weet niet eens wie mijn buren van twee huizen verderop zijn. Ik weet alleen wat voor auto ze hebben (een Audi A6) en hoe laat hij van huis vertrekt (om halfzeven stipt, wanneer ik thuiskom van hardlopen) en dat zij geen baan heeft, tenzij sporten ook een baan is. Maar hoe ze heten weet ik niet. Terwijl ik nu wel weet hoe deze uitzonderlijk vriendelijke Siciliaanse boer heet: Massimo. En ik reken het mezelf aan dat ik hun namen niet ken. Ik geef toe, ik duik ook altijd meteen de portiek in zodra ik iemand zie, mezelf wijs makend dat ik nooit tijd heb. Dat moet veranderen. Zodra ik terug ben, nodig ik de buren uit voor een kop koffie. Mijn intenties zijn altijd goed, nu de uitvoering nog.

Na de stop bij Massimo, waar Lot, Joy en Bibi hun waterfles hebben bijgevuld – ik was er niet gerust op; het water uit zo'n put wemelt van de bacteriën die onze darmflora niet herkent – en Joy zich van top tot teen heeft ingesmeerd met het sap van walnootschillen omdat het volgens Vincenzo als natuurlijke zelfbruiner dient, zijn we weer op pad.

Ik had van tevoren berekend dat we de twintig kilometer die we gemiddeld per dag moeten lopen in vier uur zouden kunnen afleggen. Maar het blijkt dat we er vaak twee keer zo lang over doen. Zelfs als we om negen uur vertrekken, komen we pas tegen het eind van de middag op onze volgende bestemming aan.

Het probleem is dat iedereen steeds wil stoppen, om even uit te rusten, of om zich in te smeren, of te eten, te drinken of te plassen – het lijkt wel een kleuterklas. Ik zou zo graag eens aan één stuk door willen lopen. Dan pas gaat bij mij de gedachtemachine op pauze. Dat gedrentel, daar word ik ongedurig van, het laat te veel ruimte voor piekergedachten. Linda. Niet aan denken. Zac, werkloos. Niet aan denken. Benjamin bellen. Fuck, vergeten. Niet aan denken.

Vincenzo is een lieve schat, hoor, hij doet erg zijn best, maar in plaats van de boel een beetje op te zwepen, past hij zich aan het tempo van de sloomste aan. Misschien moet ik morgenochtend eerst een rondje gaan hardlopen voordat we op pad gaan, dan kan ik mijn energie daarin kwijt en kan ik de rest van de dag in het kuiertempo van de groep mee.

Voordat we vanmorgen gingen wandelen, stelde Vincenzo voor om iets aan het moreel van de groep te doen. 'Lieve vriendinnen, jullie moeten meer van elkaar houden, meer liefde tonen, meer samen zijn,' zei hij. Ik stond het allemaal zo eens aan te horen en dacht er niet veel van, totdat hij voorstelde om een groepsknuffel te doen, zodat we weer konden *bonden*. Verbinden. Mijn moeder zegt altijd: verbinden, dat doen we in het ziekenhuis.

Joy sloeg meteen haar armen om Vincenzo heen, maar hij bedoelde dus een groepsknuffel. Hij nodigde ons uit in een kring, en je wordt dan toch gedwongen mee te doen. Lots woorden in gedachten – dat ik me meer moest openen – zette ik een stap naar voren en ging in de cirkel staan, waarna Lot en Joy aan weerszijden hun armen om mij heen sloegen. Warme oksels tegen mijn blote schouders. Ik wilde me niet laten kennen en verbeet me. Toen liet Joy haar hand zakken en wreef over mijn rug, alsof ze de ramen aan het zemen was. Het gewrijf brandde door mijn hemdje heen. Ik kon alleen maar denken: STOP DIT.

Vincenzo, die niets in de gaten had, keek trots en ontroerd de groep rond. Het was een beetje alsof ik werd besprongen door een hond die me aflebberde terwijl zijn baas er goedkeurend bij stond te kijken. *Wat is Boko toch een schat, hè?* Dus wat doe je dan? Zeg je eerlijk dat je dit niet prettig vindt of moet je meegaan in wat de groep van je verwacht? Uiteindelijk wist ik me los te maken uit de omarmingsceremonie en zei ik: 'Laten we in vredesnaam gaan lopen!'

Later dacht ik: Joy zal toch niet gedacht hebben dat ik liefde nodig heb? Zo voelde het een beetje, alsof ze dacht: ik zal die Hannah eens wat liefde geven. Ik wrijf er wat liefde in. Gelukkig had ik vochtige doekjes in mijn rugzak zitten.

Bibi wil stoppen, ik geloof dat ze duizelig is. Ze heeft een slechte conditie voor een jonge meid. Te veel drugs, denk ik. Ik zeg dat ik vast doorloop. Het is heerlijk om even alleen te zijn, af en toe een vogel in de strakblauwe lucht en niets anders dan ruimte en rust om me heen. Er staat een aardig briesje, waardoor de zon niet zo warm aanvoelt op mijn blote huid. Mijn rubberen zolen laten zuigende geluiden horen op het asfalt. Net liep ik nog over een tapijt van dennennaalden; nu is er geen boom meer te zien.

Na een halfuur kom ik als eerste aan in het verlaten dorp Borgo Riena, de plek waar we gaan picknicken. Vincenzo had tijdens het lopen al verteld dat zich volgens de legende een seriemoordenaar in dit spookdorp zou verstoppen. Allemaal onzin natuurlijk, maar mijn reisgezelschap laat zich graag wat op de mouw spelden. Gisteravond nog. Bibi ging aan de hand van een set tarotkaarten de toekomst voorspellen van Lot. Die exercitie ontspoorde volledig, en wie moest de scherven opruimen? Ja, ik. Het is echt godgeklaagd waar mensen allemaal in geloven en vooral waar ze anderen in willen laten geloven. De maatschappij zou toch meer moeten investeren in onderwijs. Ik ga op een stoepje zitten en wacht op de rest.

De wind ritselt door de dorre takken, resten van ramen kraken in hun sponningen. Ineens bekruipt me een unheimisch gevoel.

Een siddering trekt langs mijn ruggengraat. Ik sta op en loop een stukje om de angst die me uit balans probeert te brengen van me af te schudden.

Dan hoor ik – gelukkig – de luide stem van Joy. Mijn groepje marcheert het dorp binnen. Voor het eerst ben ik blij ze te zien.

'Wat een geweldig dorp,' oreert Joy voorop. 'Híér zou je een huis moeten kopen.' Ze lacht.

'Niet kopen,' zegt Vincenzo. 'Ik denk dat je het huis, nee, het hele dorp van de Italiaanse overheid cadeau krijgt, mits je het opknapt. Maar met subsidiegeld van de EU kun je dit hele dorp gemakkelijk restaureren.'

'Kijk, Lot,' zegt Joy, 'het zou een prachtige filmlocatie kunnen zijn.'

Dan valt mijn blik op Joy's onderbenen. 'Je hebt allemaal vlekken op je benen!' zeg ik verschrikt.

Joy staart naar haar benen. 'Goh, het werkt, die walnootschillen. Geweldig toch?'

Ze maakt haar vingers nat en wrijft over de bruine vegen. Ze lijkt wel een giraffe.

'Dames, mag ik even jullie aandacht?' zegt Vincenzo. 'Borgo Riena is gebouwd tussen 1941 en 1943, door Mussolini, in de fascistische periode. Het idee paste binnen het "kolonisatieprogramma van de Siciliaanse latifundium", een programma om boeren en hun gezinnen in staat te stellen dicht bij hun teeltplaatsen te wonen. Het was een klein dorp, uitgerust met alles wat een kleine gemeenschap nodig heeft: een school, een kerk en een paar winkels.' Hij wijst naar rechts en naar links, maar ik zie alleen ruïnes.

'En nu woont er een misdadiger?' vraagt Joy gretig.

'Ja, ja. Het dorp is sinds 1950 verlaten. Volgens de legende is het sindsdien bewoond door één persoon: Totò Militello, een man die levenslang kreeg en hier nog steeds aan zijn veroordeling probeert te ontkomen.'

Iedereen 'oht' en 'aht', maar zonder nou meteen weer roet in het eten van hun fantasiewereld te willen kieperen, reken ik even voor dat de misdadige Totò inmiddels zeer hoogbejaard moet zijn en voor niemand nog gevaarlijk.

'Nou, ik vind het hier prachtig. Is dit niet wat voor jou, Hannah?' vraagt Joy. 'Hier een huis kopen? Moet je zien wat een uitzicht!'

'Ik zou me niet prettig voelen in een huis dat gebouwd is door Mussolini.'

'Wat maakt dat nou uit?' zegt Joy. 'Je verwerpt een kunstwerk toch ook niet op basis van de denkbeelden van de kunstenaar? En we rijden ook allemaal over de Duitse *Autobahn*, geopend door Hitler in 1935. Lekker hypocriet.'

'Ik dus niet. Als wij vroeger met vakantie gingen, reden we door Frankrijk om in Zwitserland te komen.'

Joy zucht. 'Ik wilde alleen maar iets aardigs zeggen. Ik dacht dat jij misschien wel geïnteresseerd zou zijn in een huis hier. Het is toch een goeie investering? Joden hebben immers een neus voor vastgoed.'

Ik verstar. Hoor ik dat goed? De stem van mijn vader hoor ik in elk geval luid en duidelijk in mijn hoofd: 'Ze krijgen ons niet meer klein. Bij antisemitische opmerkingen meteen uithalen, Han!' Maar mijn brein wil niet geloven dat Joy dit ook echt zo bedoelt. Ik moet iets terugzeggen, maar wat? Ik kan mijn lippen niet bewegen. Mijn tong lijkt vast te zitten aan mijn gehemelte en mijn gedachten zijn zo beweeglijk als een ijsschots.

'Wie weet is dit wel het Manhattan van Sicilië,' gaat Joy onverstoorbaar door. 'Ooit ook gekocht door Joden.'

'Joy!' zegt Lot geschrokken en ze port een elleboog in Joy's zij.

'Wát?' Joy kijkt geïrriteerd opzij en dan naar de rest van de groep. 'Heb ik iets verkeerds gezegd?' Haar ogen blijven hangen bij Vincenzo.

Bibi trekt met de punt van haar rechter gymp halve cirkeltjes in het zand.

'Ja,' weet ik dan uit te brengen. 'Je hebt iets verkeerds gezegd.'

‘Wat dan?’ Met grote ogen staart ze me aan, een blik die bij voorbaat elke verantwoordelijkheid ontkent.

‘Ik neem aan dat je weet wat er is gebeurd tijdens de Holocaust?’

‘Nou, Hannah, hallo, wat denk je zelf? Alsof ik dat niet zou weten,’ zegt ze verontwaardigd.

‘Ik vraag het omdat ik de indruk krijg dat je niet beseft hoe delicaat het onderwerp is. Wij zijn als familie ernstig beschadigd door de oorlog.’

‘Dat snap ik,’ zegt Joy. ‘Maar met alle respect voor jouw familie: jullie eigenen je het leed van de oorlog wel helemaal toe, er zijn meer mensen die het moeilijk gehad hebben. Mijn grootouders bijvoorbeeld hadden nauwelijks te eten tijdens de hongerwinter. Een zus van mijn grootvader is gestorven aan ondervoeding.’

‘Wie dan?’ vraagt Lot.

‘Die ken je niet, die is dus dood,’ zegt Joy.

Moet ik hier op ingaan? Ik moet rationeel proberen te blijven.

‘Ten eerste kun je die dingen niet met elkaar vergelijken,’ zeg ik. ‘En ten tweede laat je zien dat het je ontbreekt aan historisch besef door zo’n opmerking te maken.’

Joy perst haar lippen samen en krijgt rode vlekken in haar nek. ‘Wat wil je nu eigenlijk zeggen, Hannah met een h? Jezus, als ik je beledigd heb op wat voor manier dan ook, SORRY HOOR!’

Er klinkt geen enkel spoortje berouw in haar zogenaamde spijtbetuiging. Ze is helemaal geen goede actrice. En ik word bijkans nog woester.

‘Joy,’ sis ik, terwijl mijn hart in mijn keel klopt. ‘Je bent je er misschien niet van bewust, maar je hanteert stereotyperingen waarmee je mij wegzet als onderdeel van een groep, terwijl ik een individu ben.’

‘Is dat wat je te zeggen hebt?’ vraagt Lot, zichtbaar verbaasd. ‘Je klinkt meer als een boek dan als een mens van vlees en bloed. Waarom geef je haar er niet van langs?’

‘Nou ja, what the fuck Lot, aan welke kant sta jij?’ Joy kijkt haar vriendin met grote ogen aan.

Aangemoedigd door Lot schiet ik uit de startblokken. 'Joy, je hebt geen fatsoen. Jouw leven draait om jou en om jou alleen. Je bent de zon in het universum om wie de andere hemellichamen applaudisserend rondjes moeten draaien. Deze hele reis al draait alles om jou en je films en je audities en je god-mag-weten-wat nog meer...' Mijn spieren staan stijf van de adrenaline.

'Nou, nou, nou,' zegt Joy opmerkelijk rustig. 'Gaat dit over mijn opmerking van zojuist of gaat dit over heel iets anders?'

'Het gaat over jóú,' valt Lot me bij. 'Misschien moet je eens luisteren in plaats van praten.'

Het voelt alsof ik een baal hooi van mijn rug heb geworpen. Nu sta ik rechtop tegenover Joy, de woede en de onmacht die ze in me heeft losgemaakt beginnen te zakken. En ik voel me licht en sterk.

'Joy, wat ik wilde zeggen, het kwam er misschien niet helemaal goed uit, maar jouw opmerking roept antisemitische vooroordelen op.'

'En wat zijn die vooroordelen dan?' vraagt Joy.

'Dat Joden veel geld hebben en dat ze een neus hebben voor handel.'

'Ik snap het niet helemaal,' zegt Bibi mijmerend. 'Mijn vader heeft een heleboel rijke Joodse vrienden, hij had laatst nog een bar mitswa in Londen waar Drake kwam optreden. Veel geld hebben is toch niet iets om je voor te schamen? Ik vind het juist geweldig dat het jullie zo goed is gegaan, ondanks de horror van de Holocaust. Jullie verdienen echt een beetje geluk, hoor.' Ze glimlacht minnelijk.

Ook al nul historisch besef.

'Ja,' zegt Joy opgelucht. 'Dat is precies wat ik bedoel, dank voor de toelichting, Bieb.'

Bibi knikt en bindt haar haar in een losse knot op haar hoofd. 'Zullen we wat gaan eten?'

'Wat...?! Sorry, wát zei je? Zijn jullie helemaal gek geworden? Dit is niet normaal, jongens. Nee, ik ga niet mee "wat eten".' Ik ontplof opnieuw. Ik wist niet dat ik zoveel woede in me had. Het is eigenlijk heerlijk dat het er eens uit mag. En als ze me na deze reis nooit meer willen zien, ook best.

Vincenzo komt naar me toe en probeert me te sussen, zijn hand ligt alweer op mijn blote schouder. Ik zet een stap opzij – wegwezen, gast.

'Er zijn ook heel veel arme Joden,' zeg ik tegen Bibi. 'Wat jullie denken te zien, die rijke machtige Jood die achter de schermen aan de touwtjes trekt, dat is opnieuw een keiharde stereotypering, bedacht door antisemieten. Maar dat is het enige beeld waarmee jullie overweg kunnen: "Ze zeggen dat we ze hebben uitgemoord, maar zo slecht gaat het toch niet met ze?"'

Bibi kijkt een beetje beduusd, knippert snel met haar ogen, maar antwoordt niet meer.

Dan richt ik me tot Joy. 'Wat jij doet, Joy, is mij wegzetten als onderdeel van een groep, maar ik ben een individu.'

'Ja, ik heb je dat al eerder horen zeggen, maar ik snap oprecht niet wat er erg aan is,' verzucht Joy. 'Jij bént toch ook onderdeel van die groep? Het is toch leuk om bij een groep te horen? Ik zou willen dat ík een groep had waar ik bij hoorde.'

Voor het eerst tijdens deze aanvaring zie ik iets van oprechtheid in haar blik. Ze lijkt echt te willen weten wat ze niet goed heeft gedaan. Maar juist dáár zit de pijn. Dat het normaal is geworden om dit soort opmerkingen te maken. En dat ik niet zo lichtgevoelig moet doen, als Jood. Alles onder het mom van: nu is het wel eens klaar met die oorlog.

Vincenzo vraagt aan Lot wat er aan de hand is, of ze het even voor hem wil vertalen. Lot schudt heftig haar hoofd.

'We zijn niet beter in handel of rijker dan anderen,' zeg ik. 'Het beeld dat Joden uit zijn op macht en werelddominantie is het beeld dat Hitlers pr-machine gebruikte. En die waanideeën blijven maar terugkomen, steeds in iets andere vorm.'

'Maar hoe komt het dan dat iedereen dat denkt?' vraagt Joy.

'Omdat Joden altijd al de zondebok waren. Vanaf het moment dat de katholieke kerk heeft gezegd dat de Joden Jezus hebben vermoord.'

Joy kijkt me met grote ogen aan. 'Hebben jullie Jezus vermoord?'

'Zie je wat je doet? Júllie?'

'Ja, sorry hoor, maar dat zeg je zelf net toch ook?' gaat Joy verder. 'Je zei: "Wíj zijn niet beter in handel."'

'Ben je nou zo dom of doe je alleen maar alsof?' Goed, dit heeft dus geen enkele zin. Hoe ik het ook breng, rustig, begripvol, met argumenten, woest of verontwaardigd, alles ketst af op een muur van stupiditeit en onwetendheid. Ze zou eens een boek moeten lezen in plaats van een filmscript.

Joy werpt haar handen in de lucht. 'O, ja, ik ben maar een "domme" actrice, die hoef je als alwetende psycholoog natuurlijk niet serieus te nemen. Mijn woorden doen er niet toe.'

'Nou ja,' zeg ik. 'Natuurlijk doen jouw woorden er wel toe. Meer dan je denkt. Filmsterren zijn rolmodellen.'

Ze haalt haar schouders op, alsof dat acteursleven ineens niet meer zo belangrijk is.

'Je zou jouw podium op social media kunnen gebruiken om je uit te spreken over maatschappelijke kwesties, zoals racisme en antisemitisme.'

Joy kijkt triomfantelijk op. 'Maar dat doe ik ook! Ik ben bij het Black Lives Matter-protest op de Dam geweest. Toch, Lot?'

Lot knikt minnetjes.

'Ik ben heel erg vóór inclusiviteit,' gaat ze door. 'Daarom vind ik het ook zo erg dat je me uitmaakt voor racist.'

Dit gaat volledig de verkeerde kant op. Dit moet stoppen. Ik heb haar niet uitgemaakt voor racist! Straks gaat ze ook nog Israël, het Palestijnse conflict en Ben en Jerry's ijs erbij halen.

Vincenzo begint weer sussende geluiden te maken, deze keer naar Joy; hij gaat bij haar staan en legt zijn hand op haar arm.

'Ik laat me toch niet voor racist uitmaken, Vincenzo?' zegt ze met haar goede gevoel voor drama. Hij kijkt haar niet-begrijpend aan. Dan vouwt hij zijn handen in bidstand.

'*Ragazze*, *ragazze*, wees toch lief voor elkaar op deze prachtige dag, de zon schijnt, het is een dag vol liefde, geluk en vrolijkheid.'

Kan die man uit? Ik ben de wanhoop nabij. Waarom lukt het me niet om Joy en Bibi duidelijk te maken dat hun opmerkingen mij kwetsen? Moet ik soms in huilen uitbarsten? Is dat de enige taal die deze vrouwen spreken? Ik wil naar huis, basta, weg uit dit oord, weg van deze vrouwen, weg van deze dorre akkers en fascistische dorpen. Weg van deze godvergeten pelgrimstocht. Het is genoeg geweest.

Joy

Wat kunnen sommige mensen toch overgevoelig reageren! Niet te doen. Ten eerste: ik zei niets raars tegen Hannah – iedereen weet dat Joden goed zijn in handeldrijven – ten tweede was het juist bedoeld als compliment. Serieus! En na mijn 'sorry, zo bedoelde ik het niet' begon ze me toch een *lecture* te geven, dat ik niet zou weten wat er met de Joden is gebeurd, om me vervolgens ook nog voor racist uit te maken. Totaal hysterisch! Het zou een inkopper zijn geweest om daar mijn eigen analyse op los te laten, maar daar paste ik voor. Emotie met emotie beteugelen levert vaak niet de fraaiste resultaten op. Nee, ik besloot om erboven te blijven staan, en voelde prompt medelijden met haar.

De rest van de middag lopen we stilzwijgend naar Cammarata. Alleen Lot doet zo nu en dan een poging de boel weer op te poetsen, met een fluitend deuntje of een zwaaiende mueslireep. Niemand gaat erop in. Lot beweerde dat het lopen je dichter bij jezelf zou brengen. Maar wat nou als precies het omgekeerde het geval is? Dat elke stap je juist verder van je persoonlijkheid verwijdert? Lot, bij wie enkel nog een deuntje overblijft, een refrein dat op *repeat* blijft hangen. Ik, omdat geen enkele gedachte er nog toe lijkt te doen, en dat me steeds vaker het gevoel bekruipt dat ik niet ben wie ik dacht te zijn. Als aceton in een fles zonder dop, zo lijk ik te vervliegen in het niets. Traag zet ik mijn ene voet voor de andere. De puf om door te gaan op deze eindeloze kronkelweg door dit doodse landschap ontbreekt me volledig.

Wanneer we aankomen bij onze verblijfplaats, moet ik een paar keer met mijn ogen knipperen om er zeker van te zijn dat het geen fata morgana is. Tussen de gortdroge heuvels ligt plotseling een hotel dat eruitziet als een ranche, met aan de achterkant een gigantisch zwembad met luxe ligstoelen. Dat we dit nog zouden tegenkomen op deze spartaanse trip voelt als een beloning. Eindelijk vakantie! Ik besluit om meteen mijn badpak aan te trekken en aan de gedeelde kamer met Hannah te ontsnappen.

De zon is al onder, maar het zwembad kleurt nog optimistisch blauw. Gelukkig is er geen mens te bekennen. In de verte loopt alleen een herder met wat schapen. Met mijn teen voel ik de temperatuur van het water – perfect. Ik ga op de rand zitten en laat me in het zwembad glijden. Eindelijk ben ik even alleen. Met stevige armslagen, en dito beenslagen, trek ik baantjes. In het ritme van mijn beweging kom ik voor het eerst pas echt tot rust. Mijn schoolslag vormt kleine golven, mijn adem blaast bellen. Wanneer ik bij de kant kom, draai ik me om, neem een hap lucht en zet me krachtig af tegen de muur. Met uitgestrekte armen schiet ik vooruit, tot de zuurstof in mijn longen op is. Dan til ik mijn kin op, haal diep adem, en ga weer kopje onder. Precies zoals ik het ooit leerde tijdens schoolzwemmen, samen met Lot. Zij had het eindeloos met me geoefend tot ik eindelijk de slag te pakken had. Uitdrijven, muur aantikken, omdraaien, afzetten.

De afgelopen dagen trekken als een film voorbij aan mijn gedachten. Eerst nog vrolijk over alles wat we aan avonturen hebben beleefd, de gesprekken die we hebben gevoerd. De twee dagen waarin we als beroemdheden werden ontvangen door de gemeenschap van Prizzi. Plotseling verlies ik aan spierkracht. Mijn lichaam heeft het kennelijk eerder door dan ikzelf. Overvallen door een gevoel van onzekerheid en angst, lijk ik nog maar nauwelijks vooruit te komen. Wat als ze me afwijzen? Het is nu al twee dagen stil. Ik ken mijn pappenheimers. Als je binnen drie dagen niets van het castingbureau hoort, is het foute boel. Dan hebben ze hun favoriet, hun muze, wel gekozen. Zwaar hijgend sleur ik mezelf door het water. Waarom hebben ze me nog niet gebeld, verdomme! Ik mag niet opgeven, niet verslappen. Het is nog steeds mogelijk dat ik het geworden ben en dat ik een doorstart kan maken als failliete zzp'er. Kom op, Joy, werken!

Het water beweegt woest om me heen. Als een wilde verplaats ik me van de ene naar de andere kant. Ik mag nu niet gaan twijfelen aan mezelf. Nee, ik moet in mijn kracht gaan staan. De auditie was briljant – dat heeft de regisseur gezegd en dat hóéfde hij niet te doen. De tarotkaarten hebben het nog eens bevestigd. Mensen kunnen liegen, maar kaarten niet. Bovendien ben ik een verdomd goeie actrice, afgestudeerd aan de meest prestigieuze toneelschool van ons land. De ruwe diamant die ik was is daar geslepen. Alle zevenentwintig van elkaar te onderscheiden emoties heb ik tot in detail bestudeerd. Ik weet ze van subtiel tot ongenuanceerd over te brengen. Ik beheers de kunst om diepere lagen aan te brengen, door ze te vermengen met tegenstrijdige gevoelens, geheime agenda's en onderliggende trauma's, waarmee ik de complexiteit van mensen weet te vangen. Ik verdíén die rol!

Met grote armslagen en fel trappelende benen schiet ik vooruit. Het zwembad wordt een golfslagbad.

'Joy!'

Ik kijk op en zie Vincenzo aan de rand van het bad staan.

'Kom je? We gaan eten.'

Wanneer ik in mijn natte badpak met een handdoek om me heen geslagen mijn kamer binnenkom, is Hannah al weg. Ik kijk meteen op mijn telefoon en zie dat ik zowaar bereik heb, maar er zijn nul gemiste oproepen. Niet dat ik verwacht dat ze me op dit tijdstip nog zouden bellen, maar je weet het nooit. In elk geval heb ik weer aansluiting met de wereld. Ik leg de telefoon op mijn nachtkastje en zoek in mijn rommelige koffer naar kleren.

Aan Hannahs kant is alles keurig opgeruimd. Haar wandeloutfit heeft ze in een handwasje gedaan – dat doet ze elke dag, zodat ze de twee setjes met elkaar kan afwisselen – en hangt te drogen. Haar bergschoenen en sleehakjes staan netjes onder de vensterbank. Op haar nachtkastje ligt een stapel boeken, en haar pyjama ligt opgevouwen op haar kussen. Al woedt de oorlog in haar hoofd, aan de buitenkant heeft ze haar leven prima georganiseerd.

Ik sta net onder de douche als ik mijn telefoon hoor overgaan. Gehaast stap ik uit de cabine, waarbij ik uitglijd en me nog net weet vast te grijpen aan de wasbak. Kalm blijven, kalm klinken. Op de display zie ik dat het niet het castingbureau is, maar een bevriende collega. Ik neem toch maar op. Of ik al wat van de auditie heb gehoord. Zij wel, ze is afgewezen. Wanneer ik zeg dat ze mij nog niet hebben gebeld, kan ze haar teleurstelling nauwelijks verbergen. Daar belde ze natuurlijk voor, om samen te balen dat de rol aan onze neus voorbijging. Maar ik ben nog niet afgewezen. Mijn hoop groeit weer.

Met nat haar kom ik de kleine eetzaal binnen, waar de rest al aan de antipasti zit. Aan Lots bulderlach te horen heeft ze net weer een van haar grappen verteld. Bibi kijkt me spottend aan. Hannah mijdt nog steeds mijn blik. Vincenzo schuift galant mijn stoel naar achteren. Tenminste nog íémand die mijn aanwezigheid op prijs stelt.

‘Was jij echt gaan zwemmen?’ vraag Bibi met grote pretogen.

‘Ja, hoezo?’

‘Lot vertelt net dat je als kind ooit in het zwembad van jullie vriendinnetje had gepoept, maar dat je bij hoog en laag bleef ontkennen dat jij het had gedaan,’ zegt Bibi.

‘Het was superschattig,’ zegt Lot. ‘Je verzon de hele wereld bij elkaar; die drol zou van een hond zijn die je eerder in het water had gezien, het was geen drol maar een dode naaktslak, een zacht geworden boomtak. Het werd steeds gekker, er was een zwerver langsgekomen, de vader van het vriendinnetje had hem uit het badkamerraam gegooid…’

'Ja, Lot, ik ken het verhaal, en zij inmiddels ook, toch?'

'Ze wilde alleen maar aangeven dat je altijd al zo'n grote fantasie hebt gehad,' zegt Bibi met een gemeende glimlach.

'En dat gezicht van die moeder...' zegt Lot met een mond vol brood. 'Haha, die wist niet wat ze moest geloven.'

'Het niet kunnen controleren van de ontlasting bij kinderen heeft vaak te maken met angst.' Hannah lijkt het heerlijk te vinden om me dit in te wrijven.

'Fijn dat jullie dit doornemen zonder mij erbij,' zeg ik. 'Lekker sociaal ook voor Vincenzo. Hij spreekt geen Nederlands, of zijn jullie dat vergeten?'

Vincenzo veert meteen op wanneer hij zijn naam hoort.

'Misschien kun jij het vertalen naar het Italiaans,' zegt Lot, waarna ze opnieuw in lachen uitbarst.

'Lot, wil je hier alsjeblíéft mee ophouden?'

'Lieverd,' zegt ze dan nog na-hikkend. 'Ik wilde alleen zeggen dat ik altijd in jou als actrice heb geloofd. Ook al ben je nu afgewezen.'

'Wát zeg je?'

Plotseling is de hele tafel stil.

'H-h-hebben ze jou niet gebeld?' stamelt Lot. 'Ik zei dat ze je beter zelf konden bellen, omdat jij inmiddels ook weer bereik hebt.'

Ik sta op van mijn stoel. De hele eetzaal lijkt te draaien.

'Joy, ik wist niet... Sorry, Joyce.'

Stemmen worden onverstaanbaar, gezichten wazig. Ik beweeg me richting de uitgang, zonder iets te zeggen, zonder om te kijken.

Buiten begin ik te lopen, langs het zwembad waarvan de lichten inmiddels zijn gedoofd, door het weiland daarachter. Ik moet weg, heel ver weg. Rennend, struikelend, probeer ik te ontsnappen aan mezelf. Dit was het dan, mijn leven is voorbij. Waar kan ik me nog aan vasthouden? Wat heb ik nog over om voor te bestaan? Het doek is gevallen – voorgoed. Om me heen wordt het steeds donkerder, de grond onder mijn voeten wordt steeds ongelijker. Ik loop door, verder de heuvel op, die steeds steiler wordt. Weg, weg. Ik klauter over de rotsblokken, tot ik op het hoogste punt kom, waar de halve maan zijn blauwe schijnsel over het volgende dal legt. Daar ga ik ontredderd op een steen zitten. Murw geslagen. Wat heeft het voor zin gehad, alle opofferingen, de toewijding, de pijn? Mijn mooiste jaren heb ik verspild aan het najagen van een droom, aan de vurige wens om iemand te worden op wie ik trots kon zijn.

Ik zie de vage contouren van de diepte onder mij. In minder dan vijf seconden zou ik mezelf voorgoed kunnen verstillen. Als ik dan niks voorstelde als actrice, zal mijn dood tenminste een mooie dramatische zijn. Ik schuif een stukje naar voren. Als ik moedig ben, is het zo gebeurd.

Ik schrik wanneer ik achter me iemand aan hoor komen.

'Joy, niet springen! Joy...'

Het is Vincenzo.

'Joy, *per favore...*' Hij klimt bij me op de rots en gaat naast me zitten. 'Tegenslagen horen bij het leven, dat is niet erg.' Ik ruik zijn zweetlucht en voel dat hij naar me kijkt. Ik zou willen zeggen dat hij me alleen moet laten, dat ik niet op zijn medelijden zit te wachten, maar ik heb de kracht niet. 'Joy, ik heb ook tegenslagen gekend. Maar ik wist dat ik door moest gaan voor de mensen die in mij geloven.'

'Dat is het verschil,' zeg ik met dichtgeknepen keel. 'Er is niemand die in mij gelooft.'

'Joy, dat moet je niet zeggen.' Hij pakt mijn schouders beet en draait me naar zich toe. 'Kijk naar mij. Ook ik was iemand met een droom, als kleine jongen wilde ik al gids worden. Dorpsgenoten zeiden "dat kunnen mensen van hier niet", maar mijn familie en mijn vrienden bleven mij steunen. En kijk waar ik nou ben: ik ben de gids van een wereldberoemde ster.'

'Vincenzo, ik ben niet wereldberoemd. Zelfs in mijn eigen land stel ik niets voor,' geef ik toe.

'Dat is niet waar.' Vincenzo veegt een pluk haar uit mijn gezicht en stopt hem achter mijn oor. 'Ik heb jou zien spelen, ik geloof in jou. Jij bént een attrice.' Hij kijkt me zo doordringend aan dat ik hem bijna geloof.

Vincenzo drukt me tegen zich aan. 'Kom maar, Joy, rustig maar.'

Ik voel de stoppels van zijn kin tegen mijn voorhoofd. Zijn handpalmen branden op mijn rug.

'Wanneer je denkt dat je niks meer te verliezen hebt, kom je bij de kern.' Zijn basstem bromt tegen mijn wang. 'En weet je wat je daar vindt, Joy?'

Ik duw me een stukje van hem af. 'Niets. Helemaal niets.'

'Nee, Joy, daar vind je jezelf.' Hij glimlacht zacht. 'Dus je hoeft nooit bang te zijn, want die kern zal daar altijd zijn, zelfs als jij jezelf denkt kwijt te zijn.'

Zijn ogen lichten op in het maanlicht. Ik denk er niet over na, het is geen bewuste keuze. Maar als vanzelf beweegt mijn gezicht naar het zijne, en landen mijn lippen op zijn mond. Even lijkt hij terug te willen deinzen, maar dan kust hij me terug. Gretig en vol passie.

Dag 6

Casale Margherita – Sutera

Vandaag is een wat kortere etappe. Vanuit het dal waar de agriturismo Casale Margherita ligt, gaat de route langs het spoor. Na de spoorwegovergang volgt een stevige klim naar het dorp Acquaviva Platani. De route daalt en klimt verder, om uiteindelijk via een scherpe kam bij een vreemde rots uit te komen. Aan de achterkant van deze markante kolos ligt het prachtige Sutera, een van de mooiste bergdorpjes van Italië.

Wandeling: 16 kilometer, 670 meter stijgen en 340 meter dalen, 5,5 uur wandelen.

Hannah

Om stipt negen uur meld ik me in de eetzaal. Op de tweede dag na, ben ik elke ochtend steeds de eerste die aan het ontbijt verschijnt. Meestal nog eerder dan Vincenzo, maar vandaag zit hij al klaar. Op het puntje van zijn stoel. Hij tikt onrustig met zijn vingers op het formica tafelblad. Die arme man, hij ziet eruit alsof hij vannacht geen oog heeft dichtgedaan.

Ik heb heerlijk geslapen, nadat ik het hele voorval met Joy gisteravond uitgebreid met Zac had besproken. Het was een geluk geweest dat Joy zich na het eten uit de voeten had gemaakt en lang wegbleef, waardoor ik een tijdje alleen op de kamer was en rustig kon bellen. Zacs conclusie was dat ik het goed gedaan had. 'Je hebt het er niet bij laten zitten,' zei hij. 'Maar nu is het verder aan haar hoe hiermee om te gaan.' Het is natuurlijk net als bij mijn patiënten: je kunt ze iets voorhouden, maar je kunt hun gedrag niet veranderen. Ik ben de vroedvrouw, ze moeten zelf bevallen.

Toen ik zojuist de kamer verliet, lag Joy als een klein vogeltje opgerold in haar bed. Ik heb haar niet wakker gemaakt, ik ben haar moeder niet.

Ik schenk een kop thee voor mezelf in en ga bij Vincenzo zitten.

'*Are you okay?*' vraagt hij.

'*I'm very okay*,' antwoord ik.

'Waar is iedereen?'

Hij opent zijn telefoon om de tijd te checken. Op het beginscherm verschijnt een foto van een harmonieus gezinnetje. Hij wil de telefoon alweer wegleggen wanneer ik hem tegenhoud. '*Is that your family?*

Hij begint te stralen. Een voor een vergroot hij de gezichten op de foto en noemt hij vol trots de namen van zijn gezinsleden: Orlando, Martha en Stefania. Zijn wangen gloeien.

Ik geef hem een compliment, het zijn knappe kinderen. En zijn vrouw is een echte Italiaanse schone, een jonge versie van Sophia Loren.

'Familie is alles,' zeg ik. Het gaat er bij Vincenzo in als Gods woord in een ouderling.

'Familie is de hoeksteen van het leven,' zegt hij trots en hij vraagt me hoe het bij mij zit.

'Ik ben getrouwd.'

'Kinderen?'

Ik knik. 'Een zoon van zeventien. Hij is net het huis uit.'

Vincenzo kijkt verbaasd. 'Dat is jong.'

'In Nederland is dat vrij normaal.' Met weemoed denk ik aan Benjamin en hoe autonoom hij al is. Het hele idee van opvoeden is natuurlijk om kinderen zelfstandig te maken, maar als je daar dan in slaagt, verlang je alleen maar terug naar de tijd waarin ze als koala's aan je been hingen.

'Komt hij nog vaak eten bij *la mamma*?'

Ik schud mijn hoofd. 'Hij is geëmigreerd.'

'Och, arme,' zegt Vincenzo. Hij legt zijn hand op mijn onderarm. 'Kinderen horen bij hun ouders in de buurt te blijven.'

Ik wil weten of hij een grapje maakt, maar hij lijkt het te menen.

'Ik zou nooit naar het buitenland gaan,' vervolgt Vincenzo. 'Mijn moeder zou me vermoorden.'

Ik moet denken aan een mop die Zac altijd vertelt: *Wat is het verschil tussen een Joodse moeder en een Italiaanse? De Italiaanse zegt: als je je bord niet leeg eet, vermoord ik je. De Joodse zegt: als je je bord niet leeg eet, vermoord ik mezelf.*

Vincenzo lijkt niet gebukt te gaan onder schuldgevoelens. Voor hem is de motivatie om dicht bij zijn familie te blijven verankerd in de overtuiging dat het familiesysteem heilig is. Ik heb dat niet, ik voel me gewoon altijd schuldig, bang dat ik niet genoeg voor mijn familie doe. Benjamin had ik daarvoor willen behoeden, ik wilde dat hij zich vrij zou voelen zijn eigen pad te kiezen. En toen hij na zijn middelbare school besloot naar Israël te gaan, dacht ik dat we daarin waren geslaagd. Nu begin ik ineens te twijfelen. Het losmaken ging hem heel gemakkelijk af. Misschien ging hij niet alleen omdat hij zo zelfstandig was geworden, maar ook omdat hij ver bij ons vandaan wilde zijn. Bij mij vandaan. Hij had altijd al beter contact gehad met Zac; die twee begrijpen elkaar gewoon.

Toch was ik compleet van slag toen hij daadwerkelijk vertrok. Verdwaasd liep ik door het lege huis, op zoek naar een tijd die nooit meer terugkwam. Het leek wel alsof de achttien jaar ervoor niet hadden bestaan. En nu nog steeds, maanden later, word ik verdrietig van het besef dat hij zo ver weg woont. Dus ik denk er maar niet aan.

'Het mooiste van familie is dat je er totaal geen controle over hebt,' zegt Vincenzo. 'En dat het toch onvoorwaardelijk is. Ik hou zielsveel van mijn familie.' Hij sluit zijn telefoon. 'Maar ook mijn wandelgroepen voelen als een kleine familie voor een week.' Zijn ogen glinsteren een beetje. 'Dat is het mooie aan mijn werk. Voelen jouw patiënten ook als familie?'

Ik kuch. De koude lucht slaat op mijn keel, die airco is veel te hoog afgesteld.

Lot en Bibi komen samen binnen. Joy volgt in hun kielzog. Ze haasten zich naar het buffet, waar de pakjes Kellogg's Cereal en de verpakte croissants liggen die ze hier *cornetti* noemen. Joy pakt twee croissants. Lot neemt *honey loops* en een bak yoghurt. Hoe verdragen die lichamen dat? Bibi eet niet veel. Ze lost een groen poeder op in een glas water, waar ze vervolgens zaadjes in gooit die openbarsten. Het ziet eruit als een een soort kikkerdril.

Ik vraag de ober om een snee *pane integrale*, maar daarmee oogst ik behalve een resolute *no* ook een meewarige blik. Van Joy. Gelukkig ligt er nog een verdwaalde banaan op het buffet.

'Is dat alles wat je eet?' vraagt Lot. Ze laat haar lepel in de lucht zweven.

'Ik heb niet zo'n trek,' zeg ik.

Iedereen valt stil. Ik neem een slok van de thee om te laten zien dat we gewoon door kunnen gaan met het ontbijt.

'Het spijt me, Hannah,' zegt Lot dan. 'Ik heb erover nagedacht, maar gisteren was echt niet oké en ik wil dat je weet dat het me spijt.'

Ik slik.

'Ik vind dat we allemaal onze excuses aan je moeten aanbieden.' Ze kijkt de tafel rond. 'Niemand van ons kan zich voorstellen hoe het moet zijn om met zo'n loodzware geschiedenis op je schouders te leven.'

'Dank je,' zeg ik zachtjes. Lot is barmhartig en gul in haar begrip.

'Geef ons nog een kans.' Ze kijkt de groep rond om draagvlak te vinden. Bibi knikt. Ze hebben het er waarschijnlijk met elkaar over gehad op hun kamer.

Joy reageert niet, ze trekt een stukje van haar croissant af.

'Geef jezelf een kans om te mogen ervaren dat wij je er graag bij hebben, dat we je niet apart zetten van de groep, dat we allemaal maar mensen zijn. Mensen die fouten maken. Mensen die het daarna weer met elkaar proberen op te lossen. Gemankeerde mensen, dat zijn we.' Ze kijkt me recht aan. 'Maar iedereen verdient een tweede kans, toch?'

'Ik vind dat je het mooi kunt verwoorden,' zegt Joy nukkig. 'Maar wordt het niet eens tijd je eigen rotzooi op te ruimen in plaats van die van een ander?'

Lot lijkt compleet overrompeld door Joy's opmerking. Ze krimpt ineen.

'Ik ben het eens met Lot,' zegt Bibi. 'We zijn niet fijngevoelig geweest naar Hannah, ik begrijp dat je gebukt gaat onder de last van je voorouders, die...'

'Ja, Bieb, dank je, lieverd, zo is het goed...' Lot heeft als enige opgemerkt dat er een traan in mijn ooghoek ligt te wachten totdat hij dik en rond genoeg is om de oversteek te maken naar mijn kin.

Ik veeg hem snel weg. 'Het is kennelijk een gegeven dat antisemitisme ingesleten is in onze cultuur. Ik probeer elke confrontatie daarmee te vermijden, maar de werkelijkheid is weerbarstig en gisteren kon ik er niet omheen. Ik denk dat...'

Dan voel ik de hand van Bibi op mijn schouder; ze schuift haar stoel naar me toe en zegt: 'Je mag bij ons gewoon normaal praten. Ga maar lekker uit je hoofd en in je hart. Dan kun je die traan ook gewoon laten rollen, die hoeft niet weggeanalyseerd te worden.'

En alsof ze op een magisch knopje drukt, rollen er tranen over mijn wangen die alle woorden overbodig lijken te maken.

'Je wilt verbinding,' zegt Bibi, 'net als ieder mens. Maar dan moet je wel verbinden en dat zit niet hier.' Nu wijst ze naar haar hoofd. 'Dat zit hier.' Ze legt een hand op haar hart.

Ik knik. Ze praat zacht en is lief.

Joy kijkt op. 'Sorry,' zegt ze dan. 'Ik bedoelde het echt niet verkeerd, maar als het je zo heeft geraakt, dan spijt me dat.'

'Wat mooi, dames,' zegt Vincenzo. 'We begraven de strijdbijl. Groepsknuffel!'

En gek genoeg vind ik dit ineens helemaal niet zo'n slecht idee van Vincenzo. Ik sta op en laat me wiegen door Lot en Bibi aan weerszijden. Eindelijk kan ik mijn tranen echt de vrije loop laten. Het is fijn om me eindelijk onderdeel te voelen van dit knotsgekke groepje.

Lot en ik lopen voorop. Ik heb weer energie voor tien. We praten over Lots man.

'Lobbes is de meest geweldige vader die bestaat. Zo hands on, of hij nu een schilderijtje moet ophangen op de kinderkamer, of een ochtend bij de voetbal langs de lijn moet staan met een fluitje in zijn mond: Lobbes doet het.'

Als mensen gaan vertellen hoe geweldig hun partner is, word ik altijd wat achterdochtig.

'Dus jíj hebt hem? De ideale man?' zeg ik gekscherend.

'Ach,' zegt Lot. 'Wat is ideaal? Elk huisje heeft zijn kruisje, toch?'

Ik probeer haar gezichtsuitdrukking te lezen. Er schuilt bezorgdheid in haar blik.

'Dat zul jij als relatietherapeut wel weten, toch?' vult ze aan.

Dat 'toch' betekent: ik ben onzeker, geef me leiding. Juist dán moet ik alert zijn. Ik corrigeer mezelf: niet te veel in mijn rol als therapeut schieten, ik hoef me niet in te houden. Zeg het maar gewoon. Kom haar tegemoet.

'Niet alleen als relatietherapeut,' zeg ik.

'Denk je niet dat alle huisjes een kruisje hebben dan?'

'Ik denk het wel,' zeg ik. 'Ik weet het bijna zeker, maar om je de waarheid te zeggen begon ik vanmorgen even te twijfelen toen Vincenzo me zijn *picture perfect family* toonde.'

Ik lach. Maar Lot lacht niet mee.

'Vincenzo? Maar die is toch vrijgezel?'

'O, nee. Hij heeft een vrouw en twee kinderen. Het is aandoenlijk om te horen hoe hij over hen spreekt. Met zoveel liefde.'

Lot kijkt in de verte. Na een tijdje zegt ze bijna fluisterend: 'Het traditionele familiesysteem is een allesverslindend monster. Wat doen we elkaar en onszelf toch aan?'

Ik weet niet of ik snap wat ze wil zeggen, maar ik laat het maar even zo. Ik snuif de frisse ochtendlucht op en geniet van het weidse uitzicht en van de zon die ons langzaam opwarmt. Waar dankbaarheid is, kan geen angst zijn.

Bibi

Als je wilt weten waar de uitdrukking 'de spanning is om te snijden' vandaan komt, hoef je maar een uurtje door te brengen in deze groep. We lopen allemaal op eieren. Niemand lijkt de ander te begrijpen, inclusief ikzelf. Waar ik normaal gesproken in staat ben om anderen goed aan te voelen, ben ik nu de hele tijd in de war. Iedereen zegt iets anders dan wat ze eigenlijk bedoelen. Heel soms lijken we met zijn allen de waarheid aan te stippen, maar dan zegt weer iemand wat en is alles weer mis. Mijn intuïtie raakt er totaal van in de war. Ook met papa lukt het contact niet meer. Tijdens een van pauzes, die ik steeds vaker nodig heb omdat mijn voeten kapot zijn en mijn hoofdpijn met de dag erger wordt, belt hij. Tegen beter weten in neem ik op.

'Waar ben je, Bibi?' Hij klinkt woedend. 'We zijn ontzettend ongerust over je.'

'Wie zijn "we"?' vraag ik.

Hij geeft daar geen antwoord op. 'Je kunt niet zo licht omspringen met een afspraak in het ziekenhuis. Dokter De Jager heeft hemel en aarde moeten bewegen om jou eerder op de lijst te krijgen. Dat snap je toch wel?'

'Alsjeblieft, papa. Geef me de tijd.'

'Je hebt geen tijd.'

Boos hang ik op. Het mooie is dat ik nu wel weer gemotiveerd ben om te lopen. Boosheid is een fantastische drijfveer. We zijn geneigd om het als iets negatiefs te zien, maar als je ernaar kijkt als een drijvende kracht, als vuurenergie, dan wordt het opeens iets wat we goed kunnen gebruiken. Vrouwen zijn heel slecht in boos zijn. Liever gaan we huilen, omdat dat een vertrouwdere manier voor ons is om spanning te ontladen.

Misschien moet ik ophouden met denken.

Misschien maakt de bestraling straks wel dat deel van mijn hersenen kapot dat me nu zo in de weg zit. En raak ik juist meer verlicht.

Misschien als mijn voeten niet zo onder de blaren zaten, waarvan er zelfs twee zijn gaan bloeden, zou ik me wat minder geïrriteerd voelen.

Of misschien heb ik gewoon veel te weinig geslapen de afgelopen dagen in telkens weer een ander bed, met een andere kamergenoot en met conversaties die in je hoofd blijven plakken.

Misschien ben ik aan het doordraaien.

Hannah liep de hele tijd met Lot ver vooruit. Vanochtend had ze het moeilijk en was Lot degene die haar heeft geholpen. Kennelijk is ze achteropgeraakt, want ze loopt nu naast me, zonder iets te zeggen. Plotseling blijft ze stil staan.

'Een stier,' zegt Hannah met doodsangst in haar stem. Ze strekt haar arm opzij, zodat ik ook niet verder kan lopen. 'Niet bewegen. Dan activeer je ze juist.'

Midden op de weg staat een grote, zwarte koe. Het is dat Hannah zo kwetsbaar is, anders zou ik in lachen zijn uitgebarsten.

'Het is een koe,' zeg ik. 'Kijk maar, ze heeft een uier.'

'Als het een koe is, waarom heeft hij dan horens?' Haar stem trilt.

'Omdat álle koeien eigenlijk horens hebben. In Nederland worden ze afgezaagd omdat wij een koe als gebruiksvoorwerp zien waarmee we kunnen doen wat we maar willen.'

Een huivering gaat over Hannahs lichaam. 'Waar is Vincenzo? Hij moet dat beest wegjagen.'

'Ze doet niets,' zeg ik. 'De meeste koeien zijn gewoon heel lief en een beetje introvert.'

Ik zet een stap dichterbij en leg mijn hand op haar stugge, zwarte vacht. 'Als je ze rustig benadert, dan voelen ze zich veilig. Als je schichtig gaat doen, maak je ze juist bang.'

Nog steeds heeft de koe niet bewogen en ze kijkt een tikje gespannen voor zich uit.

'Hoe kom je aan die wijsheid?'

'In India zijn koeien heilige dieren. Hindoes geloven dat de oermoeder de vorm van een koe had aangenomen. Toen ik een yoga-opleiding in India volgde, stond er heel vaak een koe voor de ingang van de school en durfde er ook niemand langs. Dan ging ik altijd even met haar knuffelen en daarna liet ze zich heel makkelijk meevoeren.'

De koe leunt inmiddels wat meer tegen mijn hand aan. 'Kijk, ze begint me al wat meer te vertrouwen. Wil je haar ook niet even aaien?'

Hannah aarzelt even en zegt dan: 'Nee, sorry, dat durf ik echt niet.'

'We gingen haar ook altijd versieren. Die koe in India. Met bloemetjeskransen, gekleurde dekens en verfpatronen... Zullen we voor jou ook een krans maken?' vraag ik aan de koe.

Hannah moet lachen. 'Vind maar eens bloemen in deze afgebrande bende.'

Ik werp een blik op de dode berm. 'Je hebt gelijk. Sorry, koe.'

Dan kijk ik Hannah aan. 'Probeer het nou maar. Koeien zijn echt heel lief. En ze hebben een rustgevende invloed, omdat hun hartslag lager is dan de onze. Kijk eens hoe ze geniet van het contact. Ze leunt helemaal tegen me aan.'

'Ik weet het niet.'

'Wat houdt je tegen?'

'Straks loopt hij me omver of zo. Of neemt hij... pardon: zíj me op de horens.'

'Je moet niet alles geloven wat je denkt. Wat voel je?' vraag ik. 'Is deze koe gestrest?'

‘Hoe moet ik dat nou weten?’ zegt ze lichtelijk geïrriteerd.

‘Kijk gewoon door je wimpers naar de koe en voel wat je erbij voelt. Is deze koe gestrest?’

‘Nee.’

‘Agressief?’

‘Nee.’

‘Relaxed?’

‘Ja.’

‘Lief zelfs?’

‘Misschien, ja.’ Ze begint zelfs te glimlachen nu.

‘Je hebt dus geconstateerd dat deze koe helemaal oké is. Waarom zou je niet vertrouwen op wat je nu hebt waargenomen in plaats van je gek te laten maken door een idee in je hoofd?’

‘Oké,’ zegt ze. ‘Maar jij houdt hem in de gaten.’

‘Ik ben bij je. We doen dit samen.’

Hannah knikt. Ze zet een stap dichterbij. Haar gezicht staat strak, maar vastberaden.

Ondertussen blijf ik de koe zachtjes kriebelen. Ze houdt haar ogen inmiddels halfgesloten.

‘Kijk haar eens genieten,’ zeg ik. ‘Ze vindt het heel fijn als je haar aanraakt.’

Hannah zet nog een stap naar voren, steekt haar hand uit en doet dan toch weer een stap naar achteren. ‘Ze heeft echt heel grote horens.’

‘Ze is prachtig.’

Na nog een kleine aarzeling raakt ze de koe voorzichtig aan.

‘Goed zo. Laat je hand maar op haar rusten. Meer dan dat hoef je niet te doen.’

Nog steeds heeft Hannah een gespannen uitdrukking op haar gezicht.

‘Adem maar gewoon. Het is helemaal oké.’

‘Dit is de eerste keer ooit dat ik zo’n groot beest aanraak,’ zegt Hannah. Haar gezicht verzacht. Ze sluit haar ogen en laat haar hand over de zijkant van de koe glijden. Haar ademhaling wordt dieper. Dan opent ze haar ogen weer en glimlacht naar mij. Het is de eerste keer dat we echt contact met elkaar maken. Iets breekt open in mijn lichaam. Mijn buik wordt warm. Mijn hoofd komt tot rust en er komt ook iets van emotie los. Bij ons allebei.

'Wat staan jullie daar te doen?' roept Joy. Ze komt in haar eentje aangelopen. 'We waren jullie opeens kwijt.'

Hannah en ik kijken elkaar nog een keer aan. We schieten in de lach.

'We zijn een koe aan het knuffelen,' roept Hannah dan.

Lot

'Okeeeeee jongens, we doen vandaag een wedstrijdje. Wie heeft de meeste blaren?'

'Het is een nacht die je normaal alleen in films ziet!'

'O meiden, als ik hier met de hond zou lopen, wat zou-ie dan gelukkig zijn! Stom dat ik er helemaal niet aan heb gedacht dat beest mee te nemen.'

'Mmmmm, ik heb zin in een boterham met hagelslag. Maar ja, dat hebben ze niet in Italië. Hoe zou je hagelslag eigenlijk zeggen in het Italiaans? Joy? Nee, dat weet jij ook niet. Grappig, daar kan ik dus eindeloos over prakkiseren. Zeg, wil er anders iemand een koekje? Het zijn een beetje droge dingen, maar een beetje *zucchero* kunnen we wel gebruiken, het is weer een heel eind. Ik vind het trouwens minder benauwd dan gisteren. Jullie? Hallo?'

Je kunt niet zeggen dat ik niet mijn best heb gedaan vandaag. Op het ritme waarin onze voeten liepen, babbelde ik me zo de middag door. Helaas was de respons niet overweldigend. Na het gesprek bij het ontbijt voelde het fijn en warm tussen mij en Hannah, maar Hannah is niet het type voor smalltalk en aan de anderen had ik niets. Tussen Bibi en mij hing nog steeds een ijzeren gordijn. Dat gedoe met die tarotkaarten zat me niet lekker. Sinds die avond in Prizzi bewogen Bibi en ik omzichtig om elkaar heen. We waren net zo beleefd als Jos en ik de laatste dagen voor mijn vertrek. 'Sorry.' 'Eeeeh pardon, mag ik er even langs?' 'Dank je wel.' 'Alsjeblieft.' 'Nee hoor, ga jij maar eerst douchen. Nee joh, echt, geen probleem. Ga. Ga. Prima. Fijn. Mooi. Dank je wel.'

Prima. Fijn. Mooi. Dank je wel.

Zo knipmeste ik me ook hier door de dagen, oppervlakkige praatjes makend met mijn reisgenoten. Ik zag dat mijn montere, bijna behaagzieke gedrag Joy irriteerde; maar iemand moest de kar trekken, toch? Een beetje vrolijkheid, wie weet zou dat de dikke lucht enigszins doen oplossen.

En natuurlijk, ik weet dat wanneer ik zo op de vrolijke babbeltoer ben, mensen me snel voor leeghoofdig verslijten, maar ik praat juist veel omdat mijn hoofd vol is. Ik voel Hannahs zwaarte, Joy's stuurse zwijgen, Bibi's verweesdheid. En dus praat ik. Ik babbel. Ik kabbel. Ik zorg ervoor dat er een zacht stroompje tussen ons in loopt. Ik probeer het léúk te houden.

Dat deed ik dus ook toen we in het hotel waren aangekomen en ik Joy op een naaistreek betrapte. Het was stomtoevallig dat ik net de trap van het hotel af liep en Joy flemerig tegen de receptioniste de woorden '*uno pico piu grande*' hoorde zeggen. Mijn Italiaans kwam tot een week geleden niet verder dan pizza margherita en buongiorno, maar ik pik best snel talen op. Dus waarom had mijn vriendin het opeens over 'een klein beetje groter'?

Het baliemeisje stelde ratelend een vraag die ik niet helemaal verstond, maar Joy onderbrak haar: '*No no no, solo per me e signorina Levi!*'

Wát alleen voor haar en mevrouw Levi? Een grotere kamer? Opeens begon het me te dagen. De avond daarvoor vond ik het al gek dat Joy en Hannah een ligbad bleken te hebben, terwijl Bibi en ik het met een douche moesten doen die klonk alsof hij chronische bronchitis had. Nu begreep ik dat Joy simpelweg steeds een betere kamer voor zichzelf en Hannah ritselt.

'O, wat geweldig, Joy!' riep ik iets te luid, terwijl ik naar haar toe denderde. 'Een grotere kamer? Voor ons allemaal? Wat regel jij de dingen toch altijd goed!'

Joy staarde me aan. Razendsnel zag ik dat ze zich herpakte.

'Ja, jahaaa, daar betrap je mij, hahaha. Ik wilde jullie verrassen.

Dus ik vraag iets beters voor ons ál-le-maal.' Ze kwam dichter bij me staan. 'Maar dit vrouwtje snapt het niet helemaal,' ging ze verder op fluistertoon, alsof de receptioniste pardoes Nederlands zou kunnen verstaan. 'Ik heb al tig keer gezegd: een grotere kamer voor ons én voor mijn andere twee vriendinnen. Zo lastig, ze kan het steeds niet veranderen in de computer.'

Ik glimlachte fijntjes. 'Ach wat een gedoe, Maar joh, voel je niet schuldig. Geniet jij maar lekker met Hannah van je paleisje. Bibi en ik redden ons prima. Wij hebben het heel gezellig samen.'

Joy schudde wild haar hoofd. O nee. Dat wilde ze absoluut niet. Ik móést de kamer nemen. En zo kissebisten we een tijdje door, onze kaken verkrampt van het glimlachen terwijl de aderen in onze nek klopten door alle verwijten die we elkaar nadrukkelijk niet maakten.

'Néém-die-ka-mer-nu!' riep Joy op het laatst in lettergrepen. Een groep bejaarde toeristen in de lobby keek geschrokken op en ik gaf me gewonnen. Maar ergens kriebelde er iets in mijn binnenste. Joy die alweer alleen aan zichzelf dacht, Joy met wie ik amper normaal contact krijg, Joy die almaar zucht zodra ik even mijn mond opentrek. Ik wilde me eroverheen zetten. Ik wilde eroverheen babbelen, maar ik kreeg het niet voor elkaar. Misschien kwam het doordat Vincenzo er niet was. Hij moest voor een verjaardag van een familielid terug naar Prizzi. Vincenzo met zijn quasidiepzinnige oneliners.

'Je moet de dag plukken als die ene eenzame zonnebloem op een zwartgebrande akker, Charlotta,' zei hij vandaag. Het klonk prachtig, maar betekent natuurlijk net zoveel als 'kunstgebit alfabetje panfluit kruidenmix.' Maar misschien hoeft niet alles wat je zegt iets te betekenen. Daarom mag ik Vincenzo wel. Ook hij creëert een zacht stroompje. En omdat hij nooit echt deelneemt aan onze eindeloze discussies, kan niemand een hekel aan hem krijgen.

Dat hij er niet is, betekende dat ik extra hard had moeten werken tijdens het avondeten, maar ik was zwijgzamer dan normaal. Er trok iets zwaars aan mijn middenrif dat ik almaar niet weg kreeg. Hannah was ook zwijgzaam en prikte in haar groenteschotel, Bibi en ik deden de beleefdheidsdans. ('Mag ik het zout even?' 'Natúúrlijk!') Gek genoeg leek Joy mijn rol te hebben overgenomen, ze was bijzonder spraakzaam en richtte haar pijlen volledig op de ober. 'Wat zou u aanraden van de kaart?' vroeg ze in haar beste Italiaans. 'Komt u hier uit de streek? Ach, wat interessant, drie dorpen verderop. En hoe is het weer hier in de winter eigenlijk?'

Het mannetje was onooglijk en had zo weinig haar op zijn hoofd dat het leek of hij een badmuts droeg waar per ongeluk enkele sprietjes gras op waren blijven kleven. Maar Joy had weer eens behoefte aan een spiegel waarin ze haar blinkende zelf kon zien. Na de inzinking van gisteravond zat er iets verbetens in haar blik, een drang om zichzelf aan de wereld te tonen, om te vertellen dat ze nog wel degelijk meetelde. Ze dronk te snel van de matige wijn die de man inschonk.

'*Deliziosa*,' fluisterde ze geilig als Marilyn Monroe die de president van Amerika een prettige verjaardag toewenst. Met getuite lippen zoog ze aan een groene asperge; het geval verdween volledig in haar keel en verlustigd keek ze omhoog richting Badmuts, die blozend redderde met glazen en servet. Ten slotte schaterde ze als een uitgelaten eend toen de man het vruchtendessert bracht en omdat hij in de gaten had dat we Nederlanders waren zijn standaard belegen taalgrapje maakte: *'For you! Fresh aambeien!'*

'Woehoe!' brulde Joy door het restaurant. 'Aambeien! *You are so funny!*'

Plotseling hield ik het niet meer. Waar ík normaliter degene was die de boel aanlachte en harde grappen maakte, was er vanavond een schaamte in me geslopen die ik niet van mezelf kende. Ik hing boven onze tafel en zag ons zitten: wij die ooit beste vriendinnen waren. Een platgebotoxte actrice met overgangszweet die kirt als een schoolkind, en ik, een overbeleefde te dikke blob die met veel te grote happen de gnocchi zat weg te werken. Met name dat laatste. Wie was die vrouw? Die zocht naar woorden, naar grappen, naar een uitweg. Naar lucht en licht. Naar een dakgoot om alleen in te staan.

En in te blijven – voorgoed. Zonder een beslissing te hoeven nemen. Eeuwig staan in dat innuendo, het zwarte gat, het moment tussen terugkeren naar ooit of verdergaan voorbij de brokstukken. Wat was ik nog waard? Lot de steunpilaar, de vrouw met benen als heipalen. Lot de gangmaakster. Lot de wandelende karaokemachine. Gadverdamme. Nu wist ik wat dat gevoel in mijn binnenste was. Je reinste zelfhaat, die ik volledig projecteerde op de vrouw die ooit mijn beste vriendin was geweest. De vrouw die ik zo verschrikkelijk goed kende en die tegelijkertijd een vreemde voor me was geworden. Tot de dood ons scheidt. Waarom kon dat nergens opgaan? Niet in mijn huwelijk, niet in mijn vriendschappen. Er leek iets open te knappen tussen mijn ribben. Hete vloeistof verspreidde zich door mijn lichaam, een verdriet dat door me heen golfde en dat ik beslist niet voelen wilde.

'Aambeien!' bleef Joy maar gillen. 'Aambeien! Jongens, horen jullie dat? Zo hilarisch. HIJ ZEI AAM–'

'Jezuschristustepaard, Joy. Ja, we hebben het gehoord. Kun je misschien alsjeblieft eindelijk heel even je bek houden?'

De woorden schoten als sissende stoom mijn mond uit. Even leek Joy van haar stuk. Ze keek me aan, op haar lippen had de rode wijn een dikke, kronkelige lijn achtergelaten. Toen was ze gaan praten. Haar stem had opeens een laagte die ze doorgaans alleen bewaarde voor scènes in Medea-achtige rollen waarin ze moest uitleggen waarom ze haar kinderen wilde doden. Ze klonk doodeng.

'O, echt, Lot? Moet ik mijn bék houden?'

Dus daar zitten we nu. Ik weet niet goed waar het misging vandaag, misschien bij het gedoe over die kamer. Ik was er geïrriteerder over dan dat ik wilde toegeven. Maar dat ik zojuist zo scherp uit de hoek kwam, zo weinig controle over mijn woorden had, daar schrik zelf van. 'Sorry, Joy, dat kwam rottig mijn strot uit, ik bedoelde het niet…'

Mijn baarmoeder krampt. Joy is altijd wraaklustig geweest. Ooit kieperde ze graszaad door de brievenbus van een ex die haar had verlaten, waarna hij wekenlang verbijsterd naar zijn deurmat keek omdat er almaar groene plukjes op ontsproten. Toen we zestien waren heeft ze me ertoe aangezet het gerucht te verspreiden dat haar ex-vriendje het niet zo nauw nam met de seksuele hygiëne en rondliep met een soa waar zij ternauwernood aan ontsnapt was omdat zij áltijd condooms gebruikte.

En nu staat ze daar en wijst ze naar mij. Ze weet hoe ze het publiek naar haar moet laten luisteren. Ze laat exact de juiste stiltes vallen, ze legt nadruk op alles wat ertoe doet, ze praat. En ik kan haar niet stoppen.

'Ja, dat heb jij het liefst, hè. Dat ik mijn bek hou. Zodat jij door kunt gaan met je knabbeltjes en babbeltjes. "Ik ben Lot en ik ben professioneel steunpilaar! Met mij is niets aan de hand. Het enige wat ik doe is strooien met lolligheid." Een slechte mop hier, een afschuwelijke Nederlandstalige meezinger daar, ach, wat een plezier, je gooit de blijdschap in het rond, hè Lot. Allemaal pretconfetti!'

'Het spijt me,' zeg ik vlug, hopende dat ze ophoudt. Maar Joy is aan een monoloog begonnen die geen dialoog dient te zijn. Ze negeert me en gaat verder.

'Weet je wat het is met confettistrooiers? Ze willen de rotzooi bedekken. Ze denken dat iedereen erin tuint. Die hele façade van "met-mij-is-er-nooit-iets-aan-de-hand-mijn-leven-is-bedekt-met-rozenblaadjes". Nou rózen zijn er inder–'

'Joy, niet doen,' smeek ik.

'– daad genoeg in jouw leven. Een heel rozenperk! Heb je het nooit aan hem geroken, Lot? De geur van rotte bloemen? Een aftershave van een duur merk? Duurder dan Lobbes ooit zou dragen? Nee, Lot weet van niks. Die is veel te hard bezig met zichzelf. Want geloof me: no nonsens lijken kost ontzettend veel moeite. Ja dames, niets is wat het lijkt. Jullie vrolijke Lot met haar perfecte huwelijk en haar stevige schoenen en haar nobele baan, die Lot is ongelukkiger dan jullie allemaal bij elkaar. Weten jullie hoe het echt zit? Wat er gebeurt daar tussen de lakens van Lot en Lobbes?'

'Joy. Alsjeblieft. Ik smeek je.'

'Niets! Daar gebeurt niets. En Lot vond het prima. Want Lot vindt álles prima. Tot ik op een dag door de stad reed en Lobbes zag. Ik zwaaide. "Joehoe!" Hij draaide zich om alsof hij mij niet kende. Hij snelde weg. Een steeg in. Richting park. Achter hem liep een man, met snelle passen. Iedereen weet wat er in dat perk gebeurt. Alleen Lot wist van niets. Waarom niet, Lot? Omdat je de waarheid niet wíl zien. Omdat je alles wilt bedekken met een laagje leut. Jouw man is homo. Hupsakee. Uit de kast. De kast waar jíj hem jarenlang in gestopt hebt. Omdat je het niet wilde zien. Omdat je met je grote schoenen en dikke reet overal bovenop zit. Confetti strooiend. Nou, laten we nu dan ook maar een feestje bouwen. HOERAAAA! LOBBES IS HOMO!'

Precies op dat moment dribbelt de ober binnen met een fles grappa. Aan de toon van Joy meent hij op te maken dat er iets te vieren valt, dus deelt hij glaasjes uit en roept: '*Auguri! Auguri!*'

De muren die golven. De blikken van de anderen. Het wijnrode gif op de lippen van de vrouw die ik jarenlang mijn beste vriendin noemde. Ik kijk naar Joy, haar blik gretig om een reactie.

Hannah schudt haar hoofd.

Bibi fluistert: 'Joy, dit kun je echt niet maken. Dit zwart zit in jóú.'

Joy kijkt scherp om zich heen. 'O, echt? Gaan jullie het nu voor de zielige Lot opnemen? Heb ík het gedaan? Omdat ik de enige ben die de waarheid durft te zeggen?'

Ik hoor ze verder discussiëren, maar hun stemmen worden steeds zachter doordat er een drumband mijn hoofd in marcheert. De trommels beuken almaar diezelfde zin tegen mijn hersenpan.

Ik ga niet huilen. Ik ga niet huilen. Ik. Ga. Niet. Huilen.

Met mijn laatste restje beheersing zet ik zachtjes mijn glas op tafel. Ik draai me om. En loop weg.

Joy

Mij noemden ze hysterisch toen ik wegvluchtte nadat Lot ten overstaan van iedereen meedeelde dat mijn carrière was afgelopen en ze me als een gimmick, een totale loser, wegzette. Als Vincenzo niet achter me aan was gekomen had ik daar nog gezeten, of had ik liggen vergaan onder aan die rots. Geen van die vrouwen interesseerde het. Maar nu ik het masker van Lot af heb getrokken en ze is weggerend, is het ineens 'ach en wee' en gaan Hannah en Bibi zusterlijk en met veel compassie achter haar aan. Wat is erger? Dat je man gay blijkt, of dat je complete léven naar de knoppen is? De ober kijkt me aan.

'Gaat het niet goed?'

'Gaat prima, echt pri-ma.' Ik pak een glaasje grappa van zijn dienblad en sla het achterover. Dan herhaal ik dat drie keer met de glazen van Hannah, Bibi en Lot.

'*Auguri!*' Mijn keel staat in brand. Ik klop op de stoel naast me. 'Kom er lekker bij zitten. We zijn toch de enige gasten. *Finito* met werken!' Ik trek hem aan zijn arm naar beneden.

'Wie van ons vieren vind jij het meest aantrekkelijk?' Ik kijk hem schuin van onder aan en met mijn tong ga ik over mijn lippen, waar ik de scherpe grappa nog proef.

'Eh, jou denk ik.' De man lacht hikkend, zijn voorhoofd is nat van het zweet.

'*Bravo, signor*. Daar moeten we op drinken. Waar is de fles?'

De ober begrijpt meteen de bedoeling en staat op. Maar dan gaat de klapdeur achter ons open en begint de kokkin, die kennelijk zijn vrouw is, te schelden in het dialect. Wat ze zegt versta ik niet, maar het is me wel duidelijk dat ik hier niets meer te drinken krijg. Snel maak ik me uit de voeten, ik zoek in het dorp wel een kroeg op.

Hoe dan? Die vraag gaat door mijn kop wanneer ik het dorp in loop. Hoe kun je ruim achttien jaar niet doorhebben dat je vent op mannen valt? Dat hij aan een kerel denkt terwijl hij jou op zijn hondjes neemt… Dan leef je toch in totale ontkenning?

Jezus, is hier dan helemaal geen kroeg in dit kutdorp? Het is hier stiller dan stil. Of zijn ze allemaal dood? 'Buona notte, is daar iemand?' roep ik in het Italiaans. De oude woningen zijn zo verwaarloosd dat ik me afvraag of ze nog wel worden bewoond. De muurverf is afgebladderd, het hout is rot, een verroest uithangbord piept. De meeste luiken zijn gesloten, achter slechts een paar vensters brandt licht.

Ik kom uit bij een kerk – alles leidt naar God – en dan zie ik nog een kerk, en nóg een. Drie kerken op één pleintje, maar een bar, ho maar! 'Hallo, hallo?' Met een klap wordt er een raamluik dichtgegooid. Daarna is het weer stil.

Misschien was Jos helemaal niet homoseksueel en heeft Lot deze nachtmerrie zelf gecreëerd. Omdat ze elk probleem fixt, en daarmee alle emotie sust met haar 'Stil maar!' Elk gevoel wordt door Lot gereduceerd, platgetrapt. Zoals een vogel die op de snelweg wordt overreden en platter en platter wordt, tot de laatste levenssappen zijn blijven kleven aan het rubber van de autobanden. Geen wonder dat Jos het bij de mannen zocht. Je kunt van alles van mij vinden, maar niet dat ik mijn gevoel verpletter. Misschien zijn we elkaar op dat punt langzaam verloren: ik kan juist heel diep voelen, terwijl zij al haar emoties termineert om zichzelf te beschermen tegen de bipolairen, de gestoorden, de agressieven en de suïcidalen. Eigenlijk is ze best heel zielig. Arme Lot.

Ik sla maar weer een willekeurige straat in. 'Joehoe, zijn jullie dood, of zo?' Waar is dat pleintje toch met dat barretje en daarvoor een bankje met oude Italiaanse mannen? Was Vincenzo er maar. Met hem zou ik nog wel een leuke staart aan deze kutavond kunnen breien. Maar hij is al de hele dag weg, naar een verjaardag zogenaamd. Ik denk dat hij onze zoen gewoon te confronterend vond. Hij was zo van slag geweest. Hij had het over liefde, over obstakels, en dat onze levens zo verschillend waren. Ik had hem gerustgesteld dat ik gewoon even met hem wilde zoenen, en er lachend aan toegevoegd dat we niet meteen hoefden te trouwen. De magie was daarna wel meteen weg geweest. En vandaag was hij na het wandelen dus ineens foetsie, terwijl ik nog tegen hem had willen zeggen dat hij zich niet druk hoefde te maken, dat ik gewoon een passant was in zijn leven, iemand die zich bij uitstek niet kon binden aan een man.

Opnieuw kom ik uit op een plein. Wacht, hier ben ik eerder geweest. Ik herken de winkel waar Lot eerder een nieuwe voorraad mueslirepen kocht. Er was hier toch ook ergens een bar? Ik besluit Vincenzo te appen, hij weet vast waar ik moet zijn. Ik stuur hem mijn locatie, maar zie dat ik weer eens geen bereik heb.

Het geluid van snerpend staal doet me opschrikken. Vlak voor me opent zich een garagedeur.

'Hallo mevrouw, kan ik u misschien helpen?' Een man komt vanuit de schaduw op me af. Met zijn licht gebogen houding, in elkaar gevouwen handen en puntige baardje lijkt hij wel een heilige.

'O hallo, ik weet niet of ik hier goed ben?'

'Dat ligt eraan wat u zoekt.' Vorsend kijkt hij me aan, alsof hij zelf iets zoekt. Hij draagt een verwassen blauwe kiel die tot zijn kin is dichtgeknoopt.

'Eh, ik zocht eigenlijk wat te drinken. Een of twee biertjes.'

'Er is hier geen bar, het spijt me.'

'Maar hier is toch een pleintje?'

Hij wrijft over zijn baardje en blijft zwijgend naar me kijken, alsof hij op nog wat meer aanwijzingen wacht.

'Eh... Driehoekig, met uitzicht zoals dit, en...'

'Ik weet echt niet wat u bedoelt, mevrouw,' zegt hij ernstig.

'Mevrouw, mevrouw?' Ik stap naar voren en steek mijn hand naar hem uit. 'Ik ben Joy, aangenaam!'

'Mijn naam is Salvatore, aangenaam.'

'Goed, Salvatore, ik zoek dus dat plein met die bomen en een kapper, een soort alles-winkel en dus een barretje.'

'Ik weet waar je bedoelt, maar die bar is op dit tijdstip gesloten.'

'Huh, dit is toch Italië? Het is nog geen elf uur!'

Lachend schudt hij zijn hoofd. 'Als er geen klanten meer zijn, doen ze hun deuren op slot. Dat is het probleem van Sutera, onze kinderen zijn gaan studeren in de stad. Om werk te vinden moeten ze naar Turijn of Milaan. Het sterft hier uit.'

'Wat vreselijk!' zeg ik gemeend. 'Dus ik kan hier niks meer te drinken krijgen?'

'Eens denken…' zegt hij, opnieuw diep fronsend.

Hij doet me aan iemand denken, maar ik zou niet weten wie, ik ken hier niemand.

'Ik heb geen bier, maar ik kan je een wijntje aanbieden.'

De man ziet me twijfelen.

'We kunnen de garagedeur openhouden.' Bij wijze van geste opent hij de deur helemaal. De schaarsverlichte ruimte achter hem staat vol met troep.

'Nou, als ik een fles van je zou kunnen kopen, zou dat top zijn!' zeg ik zo enthousiast mogelijk.

'Wacht maar even, Joy.' Hij verdwijnt in zijn garage. In zijn afwezigheid bedenk ik me dat ik net zo goed op zijn uitnodiging kan ingaan. De rest staat vast met Lot te 'ach-en-weeën', die zullen zeker niet met mij op het leven willen proosten.

Salvatore komt terug met een fles wijn en een pak koekjes. 'Ik heb niet veel te bieden, maar deze wijn mag je hebben. En dit zijn mijn favoriete biscuitjes.'

Dan ben ik om. 'Weet je wat, Salvatore? Drinken doe je samen.' Ongelofelijk hoe soepel mijn Italiaans vanavond uit mijn mond rolt.

Salvatore knipt een fellere lamp aan, waardoor ik pas goed kan zien wat hij allemaal verzameld heeft. Een oude Vespa, wat lampen en kastjes. Er staat een grote werkbank met een stuk hout erop vastgeschroefd, en hij heeft bakken vol stenen opgestapeld staan. 'Je hebt veel interesses, zie ik. Da's mooi, je moet nooit op één paard wedden. Nooit!'

'Wat brengt jou eigenlijk hier in Sutera?' vraagt Salvatore lachend, terwijl hij de roldeur naar beneden duwt. Ik onderdruk de neiging om te vluchten.

'Goede vraag, Salvatore! Ik ontsnap hier even aan werk.' Op mijn gezicht forceer ik een brede glimlach. 'En jij, wat doe jij in het dagelijks leven?'

'Ik ben gepensioneerd, maar ik heb van alles gedaan.' In een oud kristallen glas schenkt hij rode wijn in die zo donker kleurt dat hij wel zwart lijkt.

'Proost, Joy. *Sulla solitudine.*'

'Op de eenzaamheid!' Het vocht vult mijn mond met wrange warmte. 'Hmm, hier had ik behoefte aan.'

Salvatore is naar een grote houten kast gelopen. 'Je vroeg wat ik voor werk gedaan heb.' Hij trekt de deur open en daar hangen allemaal legeruniformen. 'Ik ben officier geweest in het leger. Maar ik ben ook boer geweest, gemeenteraadslid, schrijver en...' Nu loopt hij naar een wand waar een gordijn voor hangt. Met een groots armgebaar gooit hij het gordijn opzij. Tegen de wand hangen verschillende posters van Salvatore naast Maria en het kindeke Jezus. Meteen weet ik waar ik hem eerder heb gezien: in de hotelkamer lag een folder met zo'n foto.

'Jij bent ook acteur?' zeg ik verbaasd.

Hij knikt trots en begint te vertellen over de rollen die hij heeft gespeeld in het amateurtoneel hier in de regio, dat een zeer professioneel gehalte heeft. Ik kan zijn Italiaans niet meer volgen. Het gaat te snel. Ik knik en lach beleefd, terwijl ik in een paar slokken de wijn achteroversla. De rollen zijn omgedraaid. Normaal gesproken ben ik degene die vertelt over het interessante bestaan als acteur.

De man schenkt mijn glas bij terwijl hij blijft doorpraten. Zou ik dat ook doen als ik het over mezelf heb? Ik voel me draaierig worden.

'Wil je niet even gaan zitten?' onderbreekt hij zijn woordenstroom. Hij wijst naar een chaise longue, die onder het stof zit. En terwijl de man zijn monoloog vervolgt, dwalen mijn gedachten af naar Lot, en naar onze jarenlange vriendschap. Ik zag haar als mijn allergrootste zielenmaat. Was ze dat eigenlijk wel? Zijn we niet al jaren van elkaar vervreemd? Wie heb ik nog als ik haar niet meer heb? Ik heb het gevoel dat ik moet huilen, dat alles wat waarde heeft allang is verdwenen en dat ik als stof ronddwarrel in een schuur vol oude spullen.

Ik schrik me rot van een onverwachte klap. Keihard wordt er op de stalen garagedeur gebonkt.

'Joy! Ben je hier?' De stem van Vincenzo echoot door de lege straten.

Plotseling ben ik weer bij zinnen. 'Vincenzo, ik ben hier!' Ik sla de rest van mijn wijn achterover. 'Bedankt Salvatore, maar mijn gids wacht op me.'

'Gids?' vraagt Salvatore verbaasd.

'Ja mijn begeleider, mijn...' Ik kan niet meer op de juiste woorden komen. *'Arrivederci!'*

Met zijn arm beschermend om mijn schouder lopen Vincenzo en ik terug naar het hotel. 'Je moet niet zomaar bij vreemden naar binnen gaan, Joy. Heeft je moeder dat nooit verteld?'

'Was ik even vergeten,' antwoord ik beschaamd.

'En je weet dat de maffia hier op Sicilië nog steeds actief, toch?' Hij wacht niet op mijn antwoord. 'Je kunt niet iedereen vertrouwen, Joy. Zeker mannen niet.'

'Sorry, Vincenzo.'

Hij zucht diep.

Ik heb hem duidelijk teleurgesteld en zou nu iets aardigs willen zeggen. Iets om zijn beeld van mij weer wat op te vijzelen, maar ik heb er de energie niet voor. Zwijgend laat ik me door hem naar ons hotel leiden.

'Jij moet beter voor jezelf gaan zorgen, Joy,' zegt Vincenzo wanneer hij me voor mijn kamerdeur afzet. Het idee dat ik zo weer naast Hannah moet gaan liggen, maakt me misselijk.

'Ik weet dat ik dat moet doen,' zeg ik schor. 'Maar ik weet niet hoe.' Van mijn euforische stemming van eerder is niets meer over.

'Ik heb van mijn moeder geleerd dat de voorbereiding van de maaltijd alles is. Je kunt pas gaan eten als het deeg gerezen is, je saus voldoende smaak heeft, je pasta al dente is.'

'Wat heeft dit met mijn leven te maken?' vraag ik verbaasd.

'Misschien hebben jouw ouders je nooit geleerd dat je geduldig moet zijn, en dat het wonder pas kan plaatsvinden als je de juiste stappen volgt.' Door de kleine knik die zijn woorden meer nadruk moeten geven, valt zijn zwarte haar over zijn voorhoofd.

'Ik héb de juiste stappen gevolgd. Hoe kan het dan dat het toch is mislukt?' Ik slik mijn emotie weg.

Hij geeft geen antwoord. Met een gewoontegebaar strijkt hij zijn haar weer naar achteren. 'Ga nou maar slapen, Joy, het is al laat. Welterusten.' Hij kust me op mijn wang. 'Tot morgen.' Dan loopt hij weg.

'Wacht!'

Vincenzo draait zich naar mij terug.

'Ik wil vannacht niet hier slapen. Mag ik alsjeblieft bij jou op de kamer?'

Om zijn mond verschijnt een glimlach. 'Altijd, je mag altijd bij me op de kamer, Joy. Maar weet wel, dit is geen nacht voor *amore*.'

'Nee, natuurlijk niet,' zeg ik. 'De pasta is nog lang niet gaar.'

Dag 7

Sutera – Racalmuto

Vandaag weer een pittige tocht door het dal van de rivier de Platani. De route is afhankelijk van de weersomstandigheden van de laatste dagen. Bij droog weer daal je af tot in de prachtige vallei waar je via stapstenen de rivier oversteekt. Bij veel regenval kan het waterpeil te hoog zijn en moet je omlopen via de verharde weg. Het laatste traject gaat behoorlijk steil naar het hooggelegen Racalmuto, de sfeervolle geboorteplaats van de Siciliaanse schrijver Leonardo Sciascia.

Wandeling: 23,5 kilometer, 490 meter stijgen en 660 meter dalen, 7 uur wandelen.

Hannah

Midden in de nacht schrik ik wakker. Ik treuzel voordat ik mijn telefoon oppak. Diep vanbinnen hoop ik dat de nacht al voorbij is, maar mijn biologische klok weet beter. Drie over twee. Lekker dan. Dit is meestal het moment waarop ik bang word. Fijn dat ik mezelf er nog even aan herinner. Ergens anders aan denken, Hannah. Tuchtzaak, schiet het door mijn hoofd. Nee, niet daaraan! Hè, getver. Ik draai me woest op mijn andere zij. De paniek raast als een bezetene door mijn lijf. Van mijn hoofd naar mijn hart naar mijn buik en weer terug, als een balletje in een flipperkast, maar nergens vaste grond.

Thuis maak ik Zac wakker als ik bang word. In zijn armen kom ik altijd wel weer tot rust. Of ik ga naar beneden, warme melk maken, beetje dom door een tijdschrift bladeren, Tilly de kat aaien die niet begrijpt waarom ik hem nog geen eten geef.

Hier kan ik nergens heen. Ik kan moeilijk bij Joy in bed kruipen en er is hier nergens een lobby of eetzaaltje waar ik een boek kan gaan lezen. Er is alleen een keukentje waar we ons zelf meegebrachte etenswaar kunnen nuttigen. Maar dat keukentje is nu op slot en ik heb geen sleutel.

Ik slaak een zucht. Die vijf uur door zien te komen voelt alsof ik de K2 moet bedwingen op de gympjes van Bibi. Ik heb het benauwd, voel me opgesloten op dit eiland, in dit dorp, op deze kamer, in mijn lichaam. Alles voelt te dichtbij en te ver weg. Ik denk aan Zac, daar word ik rustig van.

Toen ik naar bed ging was ik moe genoeg om twaalf uur achter elkaar te slapen. Het was nogal een sessie geweest met Lot. Een stug karwei om haar weer een beetje op de rails te krijgen. Ik heb geprobeerd haar gerust te stellen, te zeggen dat ik dit vaker meemaak in mijn praktijk. Dat er niet maar één vorm is voor het huwelijk. Dat er andere manieren zijn om met elkaar te blijven leven, als dat tenminste is wat ze wil. Ik snap haar angst. Ze wil haar man niet kwijt, ze wil het gezin niet kwijt, maar ze moet de werkelijkheid wel onder ogen zien.

Nu niet piekeren over andermans problemen. Slapen, Hannah. Ik druk mijn oogleden op elkaar, alsof dat iets helpt, en draai me weer naar de andere zij. Wat wel helpt is lang en diep ademen, langer uit dan in, zodat mijn oerbrein denkt: aha, het is veilig, je mag ontspannen! Zolang je je hersenen iets kunt laten geloven, zal je lichaam daarin meegaan. Vijf seconden in, pauze, twee seconden vasthouden, acht seconden uit, pauze. Een trucje dat ik mijn patiënten vaak meegeef.

Patiënt. Meteen duikt Linda weer op in mijn gedachten. Alsof al mijn patiënten gereduceerd zijn tot die ene vrouw en al mijn deskundigheid en ervaring zijn teruggebracht tot maar één behandeling: die waar ik zogenaamd over de schreef zou zijn gegaan.

Bibi zegt dat vrouwen niet boos kunnen worden, dat dát ons probleem is. Ze heeft misschien wel een beetje gelijk. Het wordt tijd dat ik eens woest word om wat Linda me aandoet. Maar wat heb ik eraan? Zie je, daar ga ik alweer, altijd maar nuanceren.

Zo stil mogelijk draai ik me weer om, in de hoop Joy niet wakker te maken. Joy: wat een maf mens is dat. Linda en Joy, een mooi setje. Twee verraders bij elkaar. Ja, laten we wel wezen, dat doe je toch niet bij je beste vriendin, haar grootste geheim prijsgeven omdat je zelf bent afgewezen door een of andere castingdirector? Heel symbiotisch. Als het slecht gaat met Joy, moet het met Lot ook slecht gaan.

Linda. Ik heb haar nooit gezegd wat ze moest doen. Ik heb haar alleen geadviseerd het niet te doen. Omdat ik ze zo vaak heb gezien:

vrouwen – en mannen overigens ook – die te snel opgaven. Die niet eerst bij zichzelf te rade gingen voordat ze de handdoek in de ring gooiden. Het ís ook een rotgevoel om bij die pijn in jezelf te komen, om te moeten erkennen dat je zelf de grootste saboteur bent van je eigen relaties. Het idee dat er iemand anders is die jou wel kan geven wat je nodig hebt, is een illusie. De meesten komen zichzelf in zo'n nieuwe relatie gewoon weer keihard tegen. Alleen komen ze dan niet terug bij mij, maar gaan ze naar een collega omdat de confrontatie anders te groot is. Of ze sluiten zich helemaal af, om niets meer te voelen. Die heb je ook.

Ik wil mijn ideeën over de tuchtzaak op papier zetten, zodat ze uit mijn hoofd zijn. Maar ik durf me nauwelijks te bewegen, bang als ik ben om Joy wakker te maken. Ze ligt zo vredig te slapen, je hoort haar nauwelijks. Gisteren was ze veel beweeglijker en hoorde ik de hele santenkraam aan emoties voorbijkomen: zuchten, steunen, zachtjes huilen, blije kreetjes, waarschijnlijk droomde ze dat ze de hoofdrol had in een kaskraker van het ITA.

Ik geloof dat ik het fijner vind als Joy geluid maakt; die stilte geeft me de kriebels. Ik houd niet van leeg, ik houd ook niet van oneindige dieptes en ellenlange stiltes. Dus geef mij maar de drukke dromen van Joy als achtergrondruis.

Wat nou als ik naar de wc moet? Niet aan denken… Shit, ik moet naar de wc.

Zachtjes trippel ik over de plavuizen naar de badkamer. Op de tast vind ik de toiletbril en zijg neer. Ik kan plassen zonder geluid te maken, dat heb ik mezelf geleerd toen ik op schoolreisje ging in de zesde klas van de basisschool. Ik vond de gedachte dat iemand mijn plas zou horen hemeltergend. Na het plassen doe ik de deksel naar beneden zonder door te trekken. Ik pak de handsanitizer uit mijn toilettas en was mijn handen zonder water. Ik ben een goede roommate.

Ik denk aan de Oxazepam in mijn toilettas. Ik pak een pilletje mee en ga terug naar bed. Ik probeer me voor te stellen hoe het is als ik het pilletje inneem en de weldadige rust zich via mijn hersenen verspreidt over mijn zenuwstelsel. En dan: kalmte. Ontspanning. Het wegzakken. Niets. Rust. Zwaar. Moe... Moe... Ik ben best moe. Klang! Alsof er een slagwerker aan mijn hoofdeinde staat, zo word ik teruggehaald naar het land der levenden. Potverdikkeme, kan ik dan helemaal niets? Niet eens in slaap vallen? Woest draai ik me om.

Het is een wonder dat Joy door al dat gestommel van mij heen slaapt. Maar inmiddels maakt het me eigenlijk ook niet meer uit: ik wil slapen. En als daar iemand voor wakker moet worden, dan is dat maar zo.

Ik open de meditatie-app op mijn telefoon en pak mijn oortjes van het nachtkastje. Waarom ik mezelf nog langer pijnig door de Oxazepam in zijn verpakking te laten, begrijp ik niet. Wat wil ik aan mezelf bewijzen? Of aan Lot? Dat ik het op eigen kracht kan?

Je kan het niet. Je kan het niet, klinkt de stem in mijn hoofd die ik probeer te verdrijven met de zalvende stem van Sadhguru Pilaar. Op de achtergrond klinken nu regendruppels op tentzeil. Op de voorgrond nodigt Sadhguru me uit om mijn handen naast mijn lichaam te leggen en mijn ogen te sluiten. Ik volg de voor mij bekende stem.

Wanneer ik om halfzeven wakker word, is de stem van Sadhguru Pilaar nog steeds in mijn oor aan het hijgen. Ik ben niet bepaald uitgerust, maar toch voel ik me trots dat ik op eigen kracht de nacht heb getrotseerd. Mr. Oxa gaat terug in de toilettas.

Zittend op de rand van mijn bed denk ik aan Zac. Er is van alles op hem aan te merken, maar naast hem slaap ik goed. Zac, mijn rots. Mijn baken. Arme man. Steeds maar op en neer naar die Zuidas voor obligate gesprekjes met jongens in te strakke Suitsupply-confectiepakken. Gesprekken die toch nergens op uitdraaien. Dat is toch ook geen plek voor Zac? Hij is zo creatief en zachtaardig, veel te goed voor deze wereld. En zeker voor de financiële wereld. Mijn hart vult zich met dankbaarheid. Het is moeilijk te zien wat je hebt als je er met je neus bovenop zit. Maar hier voel ik haarscherp wat hij voor me betekent. Alles. Dat hij niet mee is gegaan vanwege die drie sollicitatiegesprekken is werkelijk absurd. Waarom vond ik dat vorige week nog normaal? Waarom gaat bij ons het werk altijd voor alles? Hij had dit heerlijk gevonden, het wandelen, het buiten in de natuur zijn, de leegte, de ruimte. Nou, niet dat gekwebbel van die andere vrouwen. Maar daar hadden we ons waarschijnlijk wel aan weten te onttrekken.

Zoals je ineens kunt zien dat er een schilderij aan de muur ontbreekt, een lege plek waar je steeds overheen hebt gekeken omdat je hersenen de boel zelf invullen, zo kijk ik nu naar de lege plek in Joy's bed. Vol ongeloof sta ik op en voel aan haar lakens. IJskoud van de airco. Ze is helemaal niet teruggekomen gisteravond! Jezus, heb ik de hele nacht voor niets rekening met haar gehouden. De trut.

Ze zal toch niet...? Ze is zo labiel als een actrice met een zware identiteitscrisis. Wat zeg ik? Ze ís een actrice met een zware identiteitscrisis.

Snel trek ik een jurkje aan, open de kamerdeur en loop het trapje af. De Duitse Airbnb-host staat in de keuken jam uit een grote pot in kleine bakjes te scheppen. Kling-klang-klang, het scherpe geluid van ijzer op glas.

'Hebt u mijn kamergenoot gezien?' vraag ik.

'*Nein*,' zegt ze nijdig, 'maar ik heb wel jullie paspoorten nodig. *Ausweis, bitte*. Gisteren had ik die al nodig. Ik heb dat ook tegen je roommate gezegd.' Kling-klang.

'Spijtig,' zeg ik. 'Maar ik moet eerst mijn roommate vinden.'

Snel trek ik een sprintje naar de kamer van Bibi en Lot. De deur staat op een kier. Bibi zit in meditatiehouding op bed. Lot kijkt me wanhopig aan.

'Kun jij vragen of die vrouw beneden wil ophouden met dat klokkenspel? Ik heb vannacht geen oog dichtgedaan en ik ben zo moe.'

'Joy is weg,' zeg ik.

'Wat?' vraagt Lot.

'Joy is weg! Ze is verdwenen, sterker nog, ik vermoed dat ze gisteravond helemaal niet is teruggekomen. Spoorloos.'

'O mijn god,' zegt Lot.

'Ze komt wel weer tevoorschijn,' zegt Bibi, die haar benen uit de lotushouding vouwt. 'Ik voel haar energie vlakbij.'

'Ik geloof niet dat het tot jullie doordringt,' zeg ik, 'maar we hebben hier te maken met een patiënt.'

Bibi en Lot kijken me onderzoekend aan.

'Wat bedoel je?'

'Joy is een patiënt. Iemand die onbesuisde dingen kan doen. Iemand die zichzelf misschien wel iets kan aandoen.'

'Ik zou even in de kamer van Vincenzo kijken,' zegt Bibi mat. 'Zou me niets verbazen als de patiënt in hém haar dokter gevonden heeft.'

Drie korte klopjes op de deur van Vincenzo's kamer, alsof ik een huiszoekingsbevel heb. Hij doet de deur half open, zodat ik net niet helemaal naar binnen kan kijken. Zijn donkere haren staan rechtovereind. Hij heeft een voldane glimlach op zijn gezicht.

'*Si, prego?*'

'Weet jij waar Joy is?' vraag ik met ingehouden stem.

Hij glimlacht alsof hij een geheim heeft dat hij maar al te graag met me wil delen. Vanuit de kamer hoor ik een zucht die ik herken.

'Ah, nee, Vincenzo,' zeg ik dan. 'Neehee, toch.' En ik denk aan al die uren therapie waarin ik stellen weer bij elkaar moet brengen na één lullig slippertje. Het is het zó niet waard.

Joy

'Vind jij dat normaal?!' Lot komt naast me lopen en kijkt me nadrukkelijk aan.

'Pardon?'

'Dat je – moedwillig! – een huwelijk kapotmaakt.' Of haar gezicht paarsrood is van de inspanning door het stijgende pad waar we op lopen, of vanwege de kwaadheid naar mij, weet ik niet. Ik word er hoe dan ook bang van.

'Lot, ik heb gisteravond al gezegd dat het me spijt. Ik zal er nooit meer iets tegen jou over zeggen, dan kun je lekker je eigen struisvogelpolitiek blijven voeren.'

'Daar heb ik het helemaal niet over. Ik bedoel dat jij Vincenzo in bed hebt gelokt, puur en alleen om je zielige ego op te vijzelen, terwijl die man een gezin heeft en twee kinderen.'

Nu blijf ik stilstaan. 'Wat?! Hij heeft helemaal geen vrouw!'

'Zeker weten van wel, Joy. Hij heeft haar foto op zijn telefoon aan Hannah laten zien. Ze stond nota bene voor jou te applaudisseren op het plein in Prizzi, en vervolgens versier jij haar vent.'

Ik snap het niet, Vincenzo zou het me zeker hebben verteld als hij een vrouw had. Of was dat de reden dat hij vannacht niet met me wilde vrijen, terwijl ik probeerde aan te dringen op seks? Seks om te vergeten, seks om voelen, seks om te kunnen huilen.

'Nee, zo zit het helemaal niet in elkaar. Vincenzo is gewoon heel lief voor mij na alles wat er is gebeurd, dat kan ik van jou niet zeggen.' Ik wil verder lopen, maar Lot trekt me aan mijn arm.

'Blijf!' De agressie maakt haar lelijk. 'Weet je wat jouw probleem is, Joyce?'

'Nee, maar ik vermoed dat jij het me nu gaat vertellen.' Ik blijf opvallend kalm.

'Jij hebt geen geweten, dat is jouw probleem! Jos voelde zich in elk geval nog schuldig, hij heeft het jarenlang proberen te onderdrukken, hij heeft zijn best gedaan om het niet te voelen, dat heeft hij me zelf verteld, huilend! Maar jij zuigt mensen leeg als een vampier en smijt ze dan in de groenbak.'

'Interessant,' zeg ik, 'dus dat ik geen enkele verwachting schep, dat ik altijd eerlijk ben over dat mijn carrière belangrijker is, maakt mij volgens jou nog stééds verantwoordelijk voor andermans ongeluk?'

'Joy, jouw carrière is al heel lang niet meer dan opgeklopt eiwit, een motor vol valse lucht, een natte wind.' Met haar van meelij gekreukte gezicht kijkt ze me aan. 'Het is voorbij, besef dat nou toch.'

Nu ben ik er klaar mee. 'Vind je lekker zeker, hè, dat je dit kunt zeggen. Dat je na al die jaren van afgunst mij eindelijk naar beneden kunt halen omdat het nu even wat minder gaat. Maar heb jij je nooit afgevraagd waar jij mee bezig bent? Hoe nuttig het is om vijf, zes keer per jaar dezelfde persoon van straat te moeten plukken? Om dezelfde voordeur steeds weer te moeten openbreken? Jij voelt je de redder van de mensheid. Maar ik kan je één ding vertellen, Lot: jouw werk gaat over het afvoerputje van ons menselijke ras. Het zijn de niet weg te poetsen krassen op onze harde schijf. En wat je ook probeert, Lot, als de geest eenmaal uit de fles is, krijg je hem er nooit meer in. Daar weet Jos alles van. Maar jij blijft terugduwen, en terugduwen. Je maakt jezelf steeds groter, steeds zwaarder, omdat je hoopt dat het je op een dag wel zal lukken, maar het lukt nooit! Het is totaal zinloos. Net zo zinloos als in het huwelijksbootje stappen met iemand die niet op je geilt. Nog een wonder dat daar twee kinderen uit zijn voortgekomen.'

Lot kijk me snuivend aan. Haar ogen groter dan ooit. Haar kin naar voren geduwd, haar hand die zich opheft. Pats! Met meer kracht dan ik had verwacht slaat ze me in mijn gezicht.

Ik ben zo verbaasd dat ik alleen maar naar haar kan kijken, met mijn beiden handen tegen mijn wang en een suizing in mijn oor. Daarna beent ze naar de anderen, die inmiddels een stuk voor ons uit loopt. Terwijl de afstand tussen haar en mij groter wordt, voel ik me verslappen. Alsof de rek uit het elastiek is dat ons altijd heeft verbonden.

Ik kom niet meer vooruit. Mijn bergschoenen zijn maanschoenen geworden en mijn rugzakje zit vol met lood. Mijn schouders kunnen de last niet meer dragen. Mijn energiebron is verdampt. Ik zie hoe Lot bij de anderen komt en zich laat troosten door Hannah. Vincenzo en Bibi kijken naar mij. Ze is nu natuurlijk jankend haar hele verhaal aan het vertellen. Dat gejank ook de hele tijd van al die wijven. Wat is dat überhaupt? Vincenzo wil mijn richting op komen, maar Bibi houdt hem tegen. Dan beginnen ze weer te lopen.

Dus hij is getrouwd. Die lieve, integere Italiaan met zijn theorieën over familiebanden en over tradities in zijn dorp, over trouw zijn aan de gemeenschap, aan elkaar. Al dat gelul blijkt ook een grote farce te zijn. Wie kun je nog geloven in deze wereld? Alleen jezelf, toch?

De zwaartekracht is zo sterk dat ik het gevoel heb in de bodem te worden getrokken. Alsof Moeder Aarde me wil opslurpen. Doorlopen, Joy, je kunt het. Schouders eronder en doorlopen naar de volgende bestemming, en laten zien dat het je allemaal niks doet. Dat haar woorden je niet raken. Niet denken over morgen, overmorgen of die dag daarna. Wanneer ik weer naar huis ga, naar mijn kleine nieuwbouwappartement in Noord waar ik een godsvermogen voor hebben moeten neertellen, gebaseerd op een salaris van het meest positieve scenario dat je kunt schetsen voor een freelancer in de kunstsector. Niet denken aan de holle akoestiek die, ondanks de kussentjes en de kleedjes, niet verdwijnt en die mijn telefoonstem doet echoën in mijn oor. Of erger nog: de stilte. Al die uren dat er niks, helemaal niks gebeurt op een dag in mijn huis. Dat er geen telefoon gaat, dat ik geen tekst hoef te leren, er geen uitnodigingen voor borrels of premières in de bus vallen, en alleen de bruine wijnvlek op het kleed bewijst dat er wordt geleefd.

Naast me hoor ik hijgen. Het is Bibi, die het tempo van de groep al een tijdje niet meer bijhoudt. 'Lot vertelde dat jullie ruzie hadden.'

Ik haal diep adem, trek mijn gezicht in een glimlach en zeg: 'Joh, maak je niet druk, dat gaat zo weer over.'

'Weet je het zeker?' Ze kijkt me bezorgd aan. Als de jongeren zich over de ouderen moeten gaan ontfermen, gaat er echt wat mis.

'Ja, heel zeker.' Dan pas valt me op dat zij totaal niet rood en bezweet is. Haar huid is bijna doorschijnend bleek. Welke factor zonnebrand zou ze gebruiken?

'Vriendschap is belangrijk. Zeker als die zo ver teruggaat in de tijd.'

'Ja, maar daarom komt het ook vast wel weer goed.' Terwijl ik dit zeg, schiet er een golf van dierlijke angst door mijn lijf. Wat als het niet zo is? Wat als onze vriendschap hier eindigt? Wie kent dan nog mijn verleden, mijn jeugd in Krommenie waar Lot en ik een pact hadden gesloten waar niemand tussenkwam? Ik voel iets vanuit mijn nek omhoogschieten, via mijn achterhoofd, het trekt over mijn schedel naar mijn voorhoofd, een opwelling van iets wat ik niet lijk te kunnen tegenhouden.

'Wacht even Lot, mijn veter.' Ik doe mijn rugzak af en zet hem op de grond.

'Bibi, ik ben Bibi.'

'Ja, sorry, dat bedoel ik.' Ik zak neer op mijn hurken. Begin mijn gestrikte veters opnieuw te strikken. Ik zou willen dat ze wegging. Maar ze blijft staan, en praat tegen de lucht alsof ik daar nog onderdeel van ben, hierbeneden.

'We verhuisden steeds,' begint Bibi opeens te vertellen. 'Van het ene werelddeel naar het andere. Ik vond het leuk om nieuwe vriendinnetjes te maken. Bovendien wist ik niet beter. Afscheid nemen was voor mij zoiets als naar een andere supermarkt gaan.

Even lastig, maar binnen twee keer weet je ook daar weer waar je alles kunt vinden.'

Ik heb mezelf weer onder controle, ik kom overeind en klop op mijn short het zand van mijn handen. 'Dat is mooi gezegd.'

'Ja, maar het ís dus niet "mooi", want niemand heeft ooit dezelfde weg afgelegd als ik, en dat is meer dan alleen "jammer". Lot heeft me zoveel verteld over wat jullie samen allemaal hebben uitgehaald, dat ik er heimwee naar voelde zonder het ooit gekend te hebben.'

Ik haal adem om te zeggen dat ze moet stoppen met praten, en dat ze mij alleen moet laten, maar dan zie ik een rode druppel uit haar neus komen. 'Je hebt een bloedneus.'

Geschrokken kijkt ze me aan en buigt wat naar voren, terwijl het bloed uit haar neus op de stoffige aarde begint te druppelen. Ik trek een pakje zakdoekjes uit het zijvak van mijn rugzak. 'Hier. En dan je neus dichtdrukken.' Ik help haar de zakdoekjes uit te vouwen, die zo snel rood worden als inkt op vloeipapier. Al snel is het hele pakje gebruikt. Het bloeden lijkt niet te stelpen.

'Je moet je hoofd niet achterover houden, Bibi. Een klein stukje voorover, dan loopt het bloed niet in je keel. Kom maar.' Ik ondersteun haar, terwijl ze met het laatste zakdoekje haar neus dichthoudt.

'Goed zo, lieverd. Als we zo even blijven staan, moet het stoppen.'

Ik houd Bibi vast. Ik help haar.

Lot

Mijn rugzak. Daar begint het mee. Na de wandeling ben ik opeens op de slaapkamer beland en sta ik doodstil voor haar. Ik heb geen idee wat ik moet doen. Maar zij wel. Ik zie het aan de vastberaden blik.

Haar kleine handen tillen met stevige vingers het gevaarte van mijn schouders af en planten het tegen de verwarming. Tot mijn eigen verbazing blijf ik onbeweeglijk staan. De reflex om het gewicht onmiddellijk over te pakken of om me als een slangenmens snel uit de hengsels te wurmen zodat het de ander zo min mogelijk moeite kost mij te bevrijden: hij is er niet. Ik ben zo moe. Ik ben zo klaar met denken, met mijn best doen. Ik wil zo graag dat iemand voor één keer de regie overneemt.

Ik sta met mijn ogen gesloten. Voor het eerst deze reis hoor ik niets. Niet het egomane getetter van Joy, niet het gezucht van Hannah, niet de vinnige pasjes van Vincenzo. Ik snap het niet. Normaal hoor ik altijd alles. Maar het is stil. Ik hoor Bibi niet eens ademen. Doet ze dat überhaupt wel? Het is alsof ze kieuwen in plaats van longen heeft, spleetjes in haar huid die zich geruisloos openen en lucht toelaten, zacht weefsel, zo zacht.

Mijn zonneklep. Met een rustige beweging tilt ze hem van mijn hoofd. Mijn stugge haar trekt mee, een klein rukje, geen pijn, en weg is mijn bescherming, mijn praktische aureool die me deze dagen zo van pas leek te komen. Maar het dient me niet meer.

Mijn wandelstokken. Ik wist niet dat ze nog aan mijn polsen bungelden, als extra armen, staken waarmee ik snel en stevig kon doorploegen, maar nu Bibi ze voorzichtig losmaakt weet ik dat ik zonder kan. Het ploegen mag gestaakt.

Is dat echt zo? Moet ik stoppen met proberen? Met voortdurend voortmodderen? Is dat werkelijk wat we deden, Jos? Natuurlijk kende ik jouw verlangen. Op de middelbare school al. In de zesde maakten we een schoolreisje naar Zeeland. Midden in de nacht was ik naar de slaapzaal van de jongens geglipt. Maar Jos, mijn verse verkering, sliep al. Ik kreeg hem met geen mogelijkheid wakker. Net toen ik teleurgesteld wilde teruglopen richting de meiden, hoorde ik juffrouw Karremans en meester Van der Zeil op de gang. Zij giechelde. Hij bromde. Er klonk getinkel van glazen. Geproost. En ik kon geen kant meer op. Maar wat als een van hen zou binnenkomen en mij in het bed van Jos zag? Ik besloot het risico niet te nemen en verschanste me in het stapelbed ernaast; op het bovenste matras lag niemand.

Ik moet in slaap zijn gevallen. Na een tijdje werd ik wakker van smakgeluiden. Voorzichtig keek ik over de rand van het bed. En daar zag ik ze. Nee, niet Karremans en Van der Zeil, zoals ik even in mijn halfcoma verwachtte. Het was Jos. Innig aan het zoenen. Met Wybe. Zijn beste vriend.

Ik sta nog steeds stil. Ze gaat verder, in rustig tempo. Mijn schoenen. Mijn stevigheid. Handig ontvlecht Bibi de veters. Ze pakt mijn linkervoet en laat hem uit het beton glijden. Mijn rechter wordt eveneens bevrijd. Het tapijt onder mijn zolen voelt zacht.

Mijn Goretex-jasje. Bibi pakt met duim en wijsvinger het slotje van de rits. Het ding is iets te warm voor de tijd van het jaar. Maar je weet nooit of het gaat regenen. Geen materiaal laat de druppels zo van je af glijden als Goretex. De rits hapert. Maar tandje voor tandje beweegt ze naar beneden.

Ik was niet boos geworden, daar in het Zeeuwse bed. En ik had de Wybe-kus een paar dagen later een experiment genoemd. Jos had daarbij gretig geknikt. Toen ik Joy over Wybe vertelde, had ze geroepen: 'Waaaat? Is Jos homo?' Maar ik had mijn hoofd geschud.

Nee, hij had me verzekerd van niet. Dat vierletterige woord kwam zijn strot niet uit. Het deed hem denken aan zijn vader. Een man met grote klauwen en een grote buik. Soms liet hij één handje aanstellerig wapperen en riep: 'Hiehie!' Dat deed-ie als Jos zwak was in zijn ogen. Wanneer hij met voetbal door een bonkige tegenstander gemeen onderuit was geschoffeld. 'Kom op, Jossie!' klonk het dan van de zijlijn. 'Doorbijten. Je bent er toch niet zó een? Hiehie! Een H.O.M.O?' Dus Jos kroop overeind, schudde zijn logge kop en marcheerde verder over het veld, trekkebenend en wel.

Ach, iedereen doet weleens iets geks, had ik Jos duidelijk gemaakt. Een jongen als hij uit een gezin als dat van hem, die kon toch niet op mannen vallen? Dat deed hij ook niet echt, besloot ik. Ja, dat besloot ik. Voor hem. Omdat ik verliefd was. Maar ook omdat ik hem het allerbeste leven van de wereld gunde. En dat was een leven waarin hij gewoon op zondag op de koffie bij zijn pa en ma kon komen. Samen met zijn vrouw. En de kleinkinderen.

Dus zand erover. We begroeven het verleden en hebben er nooit meer over gesproken. Op mijn twintigste vroeg Jos me ten huwelijk, nadat ik hem diverse hints had gegeven. Trouwen zou het beste zijn. Voor mij, maar vooral voor hem. Trouwen, stabiliteit, weten wat het leven je te bieden heeft. Ik besliste dat. Zoals ik vroeger thuis ook besliste dat mijn moeder soep moest eten. Om aan te sterken. Of dat papa en mama een avondje samen uit moesten. Ik regelde mijn eigen oppas. Want dat was goed. Voor hun huwelijk. Ik bedisselde. Ik ritselde. Ik besliste. 'Mama snoepje?'

Zo besloot ik dat Lobbes moest trouwen. En dat was niet tegen zijn zin. Hij zei het vaak: 'Als ik met jou ben, heb ik niemand nodig.' Mooi, dacht ik vrolijk. Het was Jos en Lot. Anders niet. Een onverbrekelijk verbond. Zelfs Joy maakte geen grapjes meer over Wybe. Het was vergeten. Iets van lang geleden. Dat wist ik zeker. Want Jos beminde mij. Voor altijd. Maar wat doe ik dan hier? Alleen. Zonder Jos. Zonder geluid. Met slechts de vaardige handjes van Bibi.

Mijn jackje. Als de huid van een hagedis stroopt ze het van me af. Ik ga niet huilen. Ik ga niet huilen. Ik. Ga. Niet. Huilen. 'Moet je huilen?' Toen Bibi zojuist was binnengekomen, had ze meteen gezien dat ik veel te hard en nadrukkelijk slikte. Ik wist de emotie een beetje weg te duwen, maar mijn stem klonk bibberig toen ik zei: 'Ik ken haar niet meer. Joy is mijn beste vriendin. Maar als je in staat bent om een familie uit elkaar te trekken... Wat ben je dan voor mens?' Ik begon te ratelen: 'Wanneer je een ander op een zwak moment grijpt, als een roofdier dat een muisje vangt en verzwelgt, om het na afloop van de daad half verteerd uit te kotsen en de restanten achter te laten op je bed vol rozen?' Bibi knipperde verward. 'Bed vol rozen?' Ik had ook geen idee waar dat vandaan kwam.

Ach, natuurlijk wist ik het wel. Want ik was er geweest. Ik heb het verzwegen voor Joy, maar een week nadat zij Jos had betrapt en ze ons als gijzelaars liet plaatsnemen aan onze keukentafel gedekt met stilte, had ik er gestaan. Aan de rand van het park, waar stokrozen bloeiden. Het schemerde. Jos was met de kinderen naar karate. En ik stond te kijken naar ballet.

Er kwam een man schichtig vanaf het houten bruggetje gelopen, als een figuur uit een zwart-witfilm van Jacques Tati, die Franse komiek met kleine dribbelpasjes en een vogelkopje dat grappig schokkerig op zijn romp bewoog. De vogelman bleef staan, zijn blik op zijn schoenpunten. Het ritselde achter hem. Een andere vent. Een blik. Een woordeloos begrijpen. Het vogeltje bukte en ging op zijn knieën zitten. Waarna hij een broekriem losmaakte.

Ik had daar gestaan en had gekeken. Ergens was het nog mooi ook. Twee mannen. De zware lucht van bijna verwelkte bloemen. Drie andere kerels die in stilte toekeken en zichzelf met lange halen aan hun gerief hielpen. Niemand die iets zei. Niemand die behoefte had aan namen, uitleg, eindeloze mooipraterij. De eenvoud van het lichaam dat een ander lichaam verlangt. Geen woord. Slechts daad. Een daad die ik nooit kan verrichten. Hoe moet dat als ik bij hem blijf? Als ik weet dat dit is wat hem beroert? Hoe kan ik het zo fixen dat die behoefte verdwijnt? Dat kan ik niet. Hoe kan ik dan iets doen om die behoefte de bevredigen? Dat kan ik ook niet. Met mijn heupen. Mijn borsten. Mijn welvende vrouwenbuik. Ik kan altijd alles oplossen, maar dit niet. Ik ben niet genoeg.

Dat realiseerde ik me in het park terwijl ik keek. En keek. Ik zag de schoonheid daar in de buitenlucht. Maar de viezigheid zat vanbinnen. Mijn ingewanden die waren vermalen tot blubber, als de inhoud van een bloedworst. Het was niet de seks die mijn binnenste verrot maakte, het was het verraad.

Voor de gek gehouden. Is het niet ironisch dat juist mij dat overkwam? Ik werk met gekken. Maar nu sta ik hier in een hotelkamer in Italië. Mijn armen als lullige lianen langs mijn lichaam. Ik beweeg niet meer. Want ik weet niet wie ik ben. Een Lot zonder Lobbes. Een Lot zonder Lot. Bibi pakt mijn armen en houdt ze omhoog. Voorzichtig trekt ze mijn trui over mijn hoofd.

'Ik ga niet huilen.'

'Natuurlijk niet,' zegt Bibi. Ik schrik. Blijkbaar heb ik hardop gepraat. En terwijl ze zachtjes mijn broek naar mijn enkels laat zakken, voel ik dat een traan zijn weg baant richting mijn kin.

Bibi

'Ik ga niet huilen. Ik ga echt niet huilen,' herhaalt Lot, terwijl de tranen over haar wangen lopen.

Ik weet inmiddels niet meer of ze het over Vincenzo en Joy, over haar eigen man of over de mensheid in het algemeen heeft. Ik zwijg. Als verdriet zo lang opgekropt heeft gezeten, kun je het maar beter laten lopen. Woorden zouden de stroom alleen maar blokkeren.

Het enige wat ik kan doen is bij haar blijven. De ruimte veilig houden, zodat zij niet wordt gestoord in haar proces. Terwijl ik naast haar zit, kijk ik door de openslaande terrasdeuren uit over het dorpje Racalmuto. Net als bij de andere dorpen is het grootste deel van de bewoners naar de grote stad getrokken en zijn de straten leeg en onverlicht. De resterende bewoners vertellen vol trots over de glorie van weleer. Kijk, dit kasteel werd nog door de Normandiërs gebouwd. Hier woonde vroeger een beroemde schrijver. Maar in de tegenwoordige tijd is er niets meer. Het heeft iets triests en prachtigs tegelijkertijd. Het verval. Het verlangen naar wat eens was.

Telkens als Lot er wat uit lijkt te komen, begint het verdriet opnieuw. Maar langzaam maar zeker nemen de golven van haar verdriet in kracht af. En dan snuit ze nog één keer haar neus en kijkt om zich heen, alsof ze de kamer voor de eerste keer ziet. 'Jij hebt zeker wel honger na al dat gejank van mij.'

'Valt wel mee,' zeg ik, terwijl ik naast haar op bed ga zitten.

'Zal ik anders iets gaan halen?' vraagt ze. 'Waar heb je zin in? Een pizza, iets anders?'

'Niet doen,' zeg ik.

‘Hoe bedoel je?’

‘Niet in je rol als zorger schieten. Blijf nou gewoon even bij jezelf.’

‘Maar ik zorg nou eenmaal graag. Dat is wie ik ben.’

‘Is dat zo?’ Ik leg mijn hand tegen haar wang en kijk haar aan. ‘Maar wie zorgt er dan voor jou?’

Tranen wellen weer op. ‘Hè, je moet me niet meer aan het huilen maken, hoor.’

‘Die tranen van jou wilden er al heel lang uit, dus laat ze nou maar gaan.’

Ze wordt zichtbaar ongemakkelijk. Ik trek snel mijn hand terug en probeer haar wat minder indringend aan te kijken.

‘Ik heb eigenlijk geen idee wie ik ben. Zonder Jos, bedoel ik. En zonder mijn werk. Ik loop hier maar wat te lopen en in plaats van dat ik dichter bij mezelf kom, raak ik mezelf alleen maar meer kwijt.’

Weer gaat ze huilen. Ik sla mijn armen weer om haar heen en ze laat zich tegen me aan leunen. Onze lichamen lijken met elkaar vertrouwd. Misschien omdat we al die nachten op dezelfde kamer hebben geslapen.

‘Ik voel me zo leeg,’ zegt ze. ‘Alsof ik niemand meer ben.’

‘Zou je het fijn vinden als ik je help om wat dichter bij jezelf te komen?’ vraag ik. ‘Om jezelf te kunnen vóélen, om ín je lichaam te zijn?’

Ze knikt.

‘Als je wilt, kan ik je helpen om je eigen lichamelijkheid te ervaren.’

‘Hoe dan?’ vraagt ze.

‘Door aanraking.’

‘Bedoel je een massage?’

‘Zo zou je het kunnen noemen. Maar dan zachter. Niet erop gericht om spieren los te maken. Gewoon om eens te voelen wat er te voelen valt.’ Omdat ze aarzelt, zeg ik: ‘Het hoeft niet, natuurlijk. Alleen als jij je er prettig bij voelt.’

Dan knikt ze.

‘Ga maar lekker op je buik liggen,’ zeg ik. ‘En laat het over je heen komen. Niet nadenken. Gewoon voelen waar mijn handen ophouden en jouw lichaam begint.'

Ik plaats mijn beide handen op haar onderrug, zodat ze kan wennen aan mijn aanraking. Wanneer haar ademen langzamer gaat en haar huid begint te smelten, strijk ik zachtjes over haar rug.

'Misschien vind je het prettiger om je kleren uit te doen,' zeg ik.

Ik help haar uitkleden. Ze heeft aandoenlijk brede schouders die gewend zijn om veel te dragen en ze heeft een degelijke katoenen onderbroek aan, die je bij een vrouw van middelbare leeftijd zou verwachten.

'Dat is beter,' zeg ik. Met langzame, strijkende bewegingen over haar rug laat ik haar dieper in haar lichaam zakken. Dan begin ik aan haar benen. Omdat we ons als baby's vaak zo machteloos hebben gevoeld, vergeten we ook vaak als volwassenen dat we benen hebben. Dat we weg kunnen lopen van nare situaties of juist ergens naartoe. We denken altijd maar dat we zijn overgeleverd aan anderen. Iemand bewust haar benen laten ervaren, kan heel krachtig zijn. 'Dit zijn je benen,' zeg ik. 'Voel je ze?'

Ze bromt wat en ik voel dat haar spieren zich steeds meer ontspannen, haar huid beter doorbloed raakt en haar energieveld langzaam maar zeker ontlaadt. Ik schud zachtjes haar benen heen en weer, zodat ze nog meer spanning los kan laten.

'Wat is dit fijn,' zegt ze. 'Ik heb me al heel lang niet meer zo ontspannen gevoeld.'

'Ik ben blij voor je. Voel je je veilig genoeg om aan de voorkant aangeraakt te worden?' vraag ik.

Zonder iets te zeggen, draait ze zich meteen om. Ze heeft opvallend mooie borsten. Klein, maar stevig. Een beetje breed. Nauwelijks aangetast door de tijd. Het was me niet eerder opgevallen door de wijde T-shirts die ze meestal aanheeft. Ik vermoed dat ze ook de verkeerde maat beha draagt, zoals zoveel vrouwen.

Ik loop even naar de badkamer om een washandje te pakken. Die leg ik over haar ogen. Het is immers makkelijker om te voelen als we visueel niet meer aanwezig zijn. Ik begin met haar benen en aai haar met lange streken, van haar voeten tot aan haar heupen, en terug van haar dijbenen tot aan haar voeten.

'Vind je het oké, zo?' vraag ik.

'Ja, fijn,' zegt ze. 'Ik ben al heel lang niet meer aangeraakt. Eigenlijk niet meer sinds...' Ze hapert.

'Niet in het verhaal gaan,' zeg ik. 'Blijf hier. Blijf voelen.'

Dan kriebel ik haar zachtjes in haar hals, laat mijn vingertoppen over haar sleutelbenen gaan, strijk langs de zijkanten van haar borsten, over haar buik maak ik ronde bewegingen. 'Adem maar naar mijn hand. Ja, goed zo.'

Haar adem zakt steeds meer in de plek waar die hoort. Niet meer zo hoog in de borst. Niet meer van dat benauwde. Ik streel haar onderbuik. Vlak langs het elastiek van haar slipje.

Haar ademhaling wordt sneller. Het is niet de eerste keer dat iemand opgewonden raakt wanneer ze na een lange tijd weer in contact komt met haar eigen lichaam. Ik glimlach en laat mijn handen weer langs de zijkant van haar borsten gaan, ietsjes dichter naar het midden toe deze keer.

'Is het oké?' vraag ik weer.

'Ja,' fluistert ze.

'Wil je dat ik verderga?'

'Ja,' zegt ze bijna geluidloos nu.

'Wil je een volledige tantrische massage?'

'Ja,' zegt ze weer.

'Die is wel wat intiemer...'

Ik aai weer haar borsten. Haar huid verandert in kippenvel, haar tepels staan rechtovereind en inmiddels is ze zachtjes aan het hijgen. Het is een schitterend gezicht om een vrouw te zien ontwaken uit haar winterslaap. In het zachte licht heeft haar huid een prachtige glans. Haar mond staat een beetje open.

Mijn hand glijdt weer over haar buik. Ik kietel zachtjes het katoen op de plek waar de eerste haartjes beginnen.

‘Wil je misschien je onderbroek uitdoen?’ vraag ik zachtjes. ‘Alleen als het veilig voelt.’ Ik laat mijn vinger net onder het randje glijden. Ze houdt even haar adem in.

Ze tilt haar heupen op en trekt haar slipje naar beneden. Ik help haar het over haar voeten uit te trekken. In het kruis zit een vochtplek.

Ik aai over haar schaambeen, over de binnenkant van haar dijen. Ze heeft haar benen intussen gespreid en kreunt zachtjes.

‘Zal ik je yoni masseren?’ vraag ik, terwijl mijn vinger vlak langs haar schaamlippen scheert. ‘Wil je dat?’

‘Ja,’ zegt ze. ‘Ja, ja, ja.’

Dag 8

Racalmuto – Aragona

De laatste wandeldag is helaas niet de mooiste, maar een onvermijdelijke. De wandeling brengt je via dorpjes als Grotte en Comitini naar het treinstation van Aragona. Hier stap je op de lokale boemel, die je in een halfuur naar het centraal station van Agrigento brengt. Lunch in deze oude stad voordat je naar je hotel gaat. Het hotel ligt vlak bij de beroemde tempelvallei, een absolute must voor liefhebbers van de oudheid.

Wandeling: 11,5 kilometer, 180 meter stijgen en 630 meter dalen, 3,5 uur wandelen.

Joy

Er kwam geen eind aan de nacht. Hannah snurkte haar kleine gelijkmatige knorretjes en ik vroeg me af hoe het zou voelen om haar te zijn, een door oorlog getraumatiseerd leven. Het is extra gek omdat ze zelf nooit een oorlog heeft meegemaakt. Gaat trauma dan echt in je DNA zitten? Of is dat iets wat ze wilde uitzoeken toen ze besloot psychologie te gaan studeren? Eigenlijk heel rot om in de greep te zijn van iets wat er niet is, wat geen concreet deel uitmaakt van je bestaan, en wat tegelijkertijd allesoverheersend beangstigend is.

Ik heb haar beheerste gebaren bestudeerd, haar overdachte, goed geformuleerde zinnen, haar afwachtende houding, haar ingehouden boosheid. Ik weet hoe zij, heel subtiel, met haar vingers een bonnetje begint te vouwen, dicht en dan weer open. Dat haar linker mondhoek van de in haar gezicht gebeitelde zweem van een glimlach altijd iets naar beneden trekt. Dat ze haar halve rugzak heeft gevuld met pillen en poeders. Dat ze onrustig wordt als er iemand vlak achter haar staat. En dat ze dus snurkt.

Zie je wel. Lot beweert dat ik geen compassie heb, dat ik alleen maar met mezelf bezig ben, maar dit bewijst weer eens het tegendeel. Zodra ik me voorstel dat ik die ander ben, voel ik het ook echt. Ik zou Hannah perfect kunnen spelen, misschien zou ik zelfs een geloofwaardiger versie zijn dan zijzelf. Mijn specialiteit is de inleving, onder andermans huid kruipen. Voelen, bewegen en denken als die persoon. Maar… Als ik geen ander speel, wie ben ik dan? Ik bedoel: als ik gewoon mezelf ben. Hoe zou míjn karakter worden nagespeeld? Hoe zou míjn psyche worden ontleed, mijn gebaren worden uitgelegd? Ben ik eigenlijk wel iemand die je zou kunnen naspelen? Of ben ik te vluchtig, te veranderlijk, te leeg?

Zwak ochtendlicht kruipt door kieren van de luiken. Ik sta maar op. Zonder geluid te maken sta ik op uit mijn bed, sla een sjaal om mijn schouders en schiet in mijn slippers.

'Joy...' klinkt het wanneer ik de deur zachtjes achter me heb dichtgedaan. Ik schrik me rot. Het is Vincenzo, die naast onze slaapkamerdeur op de grond zit.

'Wat doe jij nou hier?' vraag ik verbaasd.

'Ik was op jou aan het wachten.' Traag komt hij omhoog.

Ik heb hier zo geen zin in...

'Gisteren heb ik steeds geprobeerd om in je buurt te komen, om te praten, maar je ontliep me. Ik weet niet waarom, Joy. Heb ik iets verkeerds gedaan?'

Een diepe zucht ontsnapt. 'Goed dan, als jij wilt praten, dan praten we,' zeg ik mat.

Het raam in het lege ontbijtzaaltje waar gisteravond alles al is klaargezet, biedt uitzicht over de vallei.

'Zal ik een cappuccino voor je maken?'

'Alleen als ze sojamelk hebben,' zeg ik, terwijl ik ga zitten op een stoel bij het raam. 'Anders gewoon water.'

Ik hoor hem rommelen in het keukentje, de kraan opendraaien en weer dicht. Dan komt hij aan de andere kant van de tafel zitten en zet de glazen tussen ons in. Ik draai mijn gezicht weer naar het uitzicht. Vincenzo blijft naar mij kijken. De stilte hangt zwaar tussen ons in.

'Joy, ik heb het gevoel dat je boos op me bent. Wat heb ik verkeerd gedaan?'

'Ik heb toch al gezegd dat je niks verkeerds hebt gedaan.'

'Maar waarom ben je dan zo... zo anders, Joy?'

Waarom moet deze gast in elke tweede zin mijn naam zeggen?

'Anders? Ach, iedereen is weleens in een andere bui.' Ik zet het glas aan mijn mond.

'Maar waarom ga je me dan uit de weg? Ik dacht dat we een bijzondere connectie hadden. Ik voelde me verbonden met jouw ziel, Joy.'

Ik verslik me bijna in mijn water. 'Dat zal wel, ja. Wat zal je vrouw daarvan vinden, heb je het daar al met haar over gehad?'

Zijn gezicht verandert in één groot vraagteken. 'Zei je nou: "je vróúw?"'

'Ja, je vrouw en je twee kinderen,' zeg ik geïrriteerd. 'Van wie je zulke leuke foto's aan Hannah hebt laten zien.'

Hij pakt de telefoon uit zijn broekzak en houdt het scherm op. 'Bedoel je deze?'

Ik slik. Ze zijn knap.

'Dat is mijn zusje Stefania, met mijn neefje Orlando en mijn nichtje Martha.' Hij schuift zijn telefoon naar me toe, zodat ik hen beter kan zien.

Ik ben in de war. Is dit een slinkse leugen of vertelt hij de waarheid? De vrouw op de foto heeft haar armen beschermend om haar twee kinderen geslagen. Lachend kijken ze in de lens.

'Waarom zegt iedereen dan dat je getrouwd bent?'

Hij gooit zijn armen in de lucht. 'Geen idee, Joy. Misschien omdat ik vaak over mijn familie praat, maar zij zíjn ook mijn familie, zij zijn mijn alles.'

'Dus je hebt geen vrouw? Jij bent toch ook al de veertig gepasseerd?'

'Vierenveertig.' Vluchtig strijkt hij langs zijn haar.

'Hoe kan het dan, Orlando –'

'Vincenzo.'

'Sorry, Vincenzo… Hoe kan het dan dat je geen vrouw of kinderen hebt? Helemaal als Italiaan is dat toch totaal…' Ik zoek naar het juiste woord.

'Mislukt?'

'Ik bedoelde vreemd.'

Hij duwt de tafel opzij en schuift zijn stoel voor de mijne, recht in mijn uitzicht op de bergen waar mijn afwezige blik op was blijven hangen. Voorzichtig neemt hij mijn handen in de zijne. Ze voelen onzeker en klam.

'Ik had eerst gewerkt op het land, om geld te kunnen verdienen om te gaan studeren. Dus ik was al achtentwintig jaar oud toen ik geschiedenis en Engels ging studeren, in Palermo, omdat ik gids wilde worden.'

'Dat heb je me verteld.'

'Eh ja... Wat ik je niet heb verteld, is dat ik daar een meisje leerde kennen op wie ik zo verliefd werd dat ik mijn leven met haar wilde delen. Ik had natuurlijk wel eerder vriendinnetjes gehad, maar nog nooit was ik zo zeker geweest van de liefde.'

Ik begin langzaam te ontspannen door zijn zangerige Italiaans.

'Giulia heette ze, en ik wilde met haar trouwen. Zodra ik klaar was met mijn studie en mijn eerste echte baan had, zou ik een mooie bruiloft voor haar betalen. We zouden een appartement kopen in Palermo, met voldoende slaapkamers voor onze toekomstige kinderen. Maar toen gebeurde er iets...'

Hij houdt even in, laat mijn handen los en lijkt terug te gaan in zijn gedachten.

'Ik was blij toen mijn zusje – van de foto op mijn telefoon – me vertelde dat ze ook uit Prizzi vertrok, en met haar man ten westen van Palermo ging wonen. Mijn zwager had een strandtent gekocht op Spiaggia Vergine Maria, het strand van de maagd Maria, iets waar ze al hun hele leven van droomden. Het was niet gemakkelijk om in een gemeenschap te komen die al gesetteld is, zeker voor iemand uit Prizzi. Hun eerste jaren waren zwaar. Maar toen ging het plotseling beter. Haar man had geld geleend van de bank om de boel op te knappen en het begon te lopen. Het was echt een prachtige plek aan het strand, en het plan was om onze mama op den duur ook naar de kust te halen. Papa was toen al erg ziek, die wilde niet meer verhuizen. Maar mama werd altijd blij van de zee.'

Vincenzo kijkt langs mij heen alsof hij het weer voor zich ziet.

'Ze kregen twee kinderen en hun geluk leek niet op te kunnen. Tot bleek dat mijn zwager het geld niet van de bank had geleend, maar van de Cosa nostra.' Hij kijkt even om zich heen om zich ervan te verzekeren dat er niemand meeluistert, iets wat me totaal overbodig lijkt in dit aftandse hotel in *the middle of nowhere*. 'De Cosa nostra is de Siciliaanse maffia. Hij had van hen geld aangenomen en moest steeds vaker klussen opknappen voor ze. Er was geen weg meer terug. De dag dat hij mijn zus alles opbiechtte en zei dat ze haar koffers moest pakken om met de kinderen te vluchten, zodra hij die avond thuis zou komen, is hij...'

Hij schudt zijn hoofd, niet in staat om verder te praten. Troostend leg ik mijn hand op zijn schouders, die hij vrijwel meteen van zich afschudt. Hij herpakt zich in een wanhopige zucht. 'Sorry Joy...'

'Geeft niet,' zeg ik zacht. 'Ik huil zo vaak.' Terwijl ik het zeg realiseer ik me dat het een leugen is. Ik kan alleen het verdriet huilen van de karakters die ik speel.

'Mijn zus is terug naar Prizzi gevlucht met haar kinderen, en ik kon niet anders dan hetzelfde doen om haar en de kinderen te beschermen. Toen heb ik mijn moeder beloofd om nooit meer weg te gaan.'

'Maar is daar geen maffia dan?' vraag ik op een toon die behoorlijk naïef klinkt.

'Nee, Prizzi is veel te arm. Daar valt niets te halen. Maar het zou kunnen dat als mijn neefje Orlando ouder is, ze proberen hem in hun clan te trekken. Dat moet ik zien te voorkomen.'

'Wat afschuwelijk, Vincenzo. Wel knap dat je toch gids bent geworden.'

'Daarom zeg ik ook tegen jou dat je door moet blijven gaan, Joy.'

Dan moet hij onverwachts lachen, en worden zijn tanden weer

volledig zichtbaar, alsof ze zeggen willen: hallo, hier zijn we weer!

Als vanzelf lach ik met hem mee. 'Wat is er?'

'Ik moet eraan denken, Joy, dat misverstanden soms zoveel stuk kunnen maken. Jij dacht dat ik getrouwd was, maar mijn familie dacht dat jij je kinderen sloeg.'

'Wat!? Ik héb niet eens kinderen.'

'Nee, dat zei ik ook, maar ze hadden op internet een filmpje gevonden – de wifi werkt nu perfect in Prizzi – waarin jij heel hard je eigen kinderen slaat.'

'O nee, dat is een voorlichtingsfilm over huiselijk geweld. Op de aftiteling staat ook dat het gespeeld is door acteurs.'

'Ja, dat zei ik ook. Ik had opgezocht wat het precies was, omdat ik ook een beetje geschrokken was, Joy. Maar mijn familie geloofde me eerst niet, omdat je het zo echt speelde, omdat je zo'n goede attrice bent.'

'O jeetje, zou dat de reden zijn waarom ik nooit meer werk krijg?' flap ik eruit. 'Misschien denkt de hele wereld wel dat het echt is.'

'Nee, Joy. Het is juist heel erg knap. Maar ik ben wel blij dat je in het echt veel liever bent.'

'Dank je wel, Vincenzo.' Ik slik mijn ontroering weg. Even is het stil tussen ons. Ik kijk naar zijn getekende gezicht dat al zoveel heeft meegemaakt en vraag me af of ik hem zou kunnen liefhebben. Zoals… Zoals Lot haar Jos liefhad. 'Wat is er met Giulia gebeurd?'

Even kijkt hij weg. 'Ze was een energieke jonge vrouw en ze wilde een bruisend leven in de stad. Dat kon ik haar niet meer bieden.' Hij haalt zijn schouders op en laat ze met een zucht vallen. 'Zo, nu ken je mijn verhaal, Joy!' zegt hij. Zijn gezicht verraadt opluchting. Dan pakt hij opnieuw mijn handen en gijzelt me met zijn grote doordringende ogen. 'Ik ben in Prizzi nooit meer een vrouw tegengekomen voor wie ik iets heb gevoeld zoals voor Giulia. En ik dacht dat me dat ook nooit meer zou gebeuren. Maar door jou is mijn hart weer opengegaan…'

Ik deins naar achteren, waarbij de stoelpoten luid over de tegelvloer krassen.

'Vincenzo, ik kan dit niet!' zeg ik terwijl ik opsta. 'Ik heb jou niets te bieden. En jij hebt mij niets te bieden. Jouw leven en het mijne liggen letterlijk – letterlijk! – zo ver uit elkaar dat ze nooit samen kunnen komen. Jouw bekrompen dorp kan mijn behoeften nooit bevredigen, mij nooit geven wat ik nodig heb. Het was logisch dat Giulia je verliet. Jij koos voor je zus, je moeder, voor je familie en voor je dorp. Maar niet voor haar.' Ik zie zijn gekwetstheid, maar ik kan niet meer stoppen. Alles moet stuk. 'Jij zou ook nooit voor mij kiezen, Vincenzo. En áls je het al zou doen, zou je er vanzelf achter komen dat je hebt gekozen voor een belofte, een mooie buitenkant, maar dat ik vanbinnen zo donker ben als de dood. Net als de dood van je zwager. Ik zweer het je, mij meenemen naar jullie dorp zal de ultieme doodsteek zijn. Ik ben het gif dat jullie bekers zal vullen, en dat het laatste restje leven in dat achterlijke dorp van je laat sterven. Ga weg! *Per favore, vai!*'

Vincenzo kijkt me beweginglooos aan, dan staat hij op en loopt weg.

Tien minuten later zie ik hem vertrekken met zijn rugzak op zijn rug. Hij kijkt niet meer om. Van achter het raam kijk ik hem na terwijl hij door het landschap loopt dat het zijne is, tot hij zo klein is dat ik hem niet meer kan volgen.

'Goedemorgen!' klinkt het achter me. Bibi komt met een grote glimlach haar kamer uit. 'Ik heb heerlijk geslapen!' Ze rekt zich geeuwend uit. 'En jij?'

Hannah

'Zullen we maar gaan?' vraagt Joy. Ze propt het laatste stukje croissant naar binnen en staat op. 'Het is al halftien, tijd om te lopen.'

'Moeten we niet op Vincenzo wachten?' vraag ik. Ik heb zin in een kopje kruidenthee, maar ze hebben hier alleen zwarte thee en daar krijg ik hartkloppingen van.

'Vincenzo neemt vandaag een snipperdag,' zegt Joy onverschillig, een minuscuul klein zenuwtrekje in het kuiltje van haar wang verraadt haar.

'Wat is er aan de hand, Joy? Wáár is Vin-cen-zo?' vraagt Lot langzaam en op een toon waarop je een kind bevraagt die een duur stuk speelgoed is kwijtgeraakt.

'Ik wil ook wel een snipperdag,' zegt Bibi. Ze kauwt op stuk bleekselderij en heeft al een paar keer gezegd dat ze misselijk is.

'Vincenzo is weg,' zegt Joy. Ze posteert zich iets steviger tussen de deurpost en plaatst haar handen in haar zij. Met de grote schoenen, het beige overhemd en het korte kaki broekje dat te jeugdig is voor haar slappe billen lijkt ze net een padvinder over de datum. 'Ik ga in elk geval. Op Vincenzo kunnen we niet meer rekenen.'

Niemand zegt iets.

'Hij was gewoon een beetje uitgekeken op deze groep,' zegt Joy, terwijl ze haar ogen ten hemel slaat. 'En dat snap ik eerlijk gezegd wel.'

Speak for yourself, denk ik. Ik hoor hem nog zo zeggen dat elke groep die hij gidst als familie voor hem voelt. Hij laat ons echt niet zomaar in de steek. Ik kauw op de woorden, dan slik ik ze door zonder iets te zeggen. Niet nog meer drama.

Onze laatste stop is Aragona. *Sounds exotic.* Maar ik laat me niet meer in de luren leggen door al die klinkende Italiaanse namen. Ze hadden deze tocht beter kunnen aanprijzen als de pelgrimsroute door de tuinen van Dante's *Inferno*. 'Geblakerde akkers waar u ook kijkt, soms zelfs nog brandende stukken grond aan uw voeten. Gesmolten asfalt, zwarte velden en keien. En heel af en toe een dode boom.'

Nadat we een kwartiertje onderweg zijn, word ik gebeld. Het is mijn moeder.

'Ik heb Benjamin gesproken,' begint ze. 'Hij wil naar een kibboets.'

'Naar een kibboets? Hoezo?'

'Ik heb het niet bedacht,' zegt ze geagiteerd. 'Hij zei het zelf. Kibbutz Bayit VeGan, bij het meer van Tiberias.'

Waarom belt hij haar en niet mij?

'Ik heb alles al betaald,' zegt ze. 'Dat weet je toch?'

'Ja, dat weet ik.'

Ze zwijgt te lang om te denken dat ze niet nog iets te zeggen heeft, iets wat ik waarschijnlijk niet wil horen.

'Het is een schande dat hij dit zomaar zonder overleg met jullie besluit. Jullie zijn zijn ouders.'

'Ik kan het me ook niet voorstellen, mam. Hij heeft een kamer op de campus. Hij gaat daar toch niet zomaar weg?' Ik zie Bibi grimassen. Ze heeft last van me. En ik snap het wel. Ik heb ook last van mezelf. Waarom neem ik dit telefoontje nou weer op? Die telefoontjes trekken me steeds in een ander probleem. Terwijl ik hier ben om tot rust te komen en te wandelen.

'Bel je me alleen hierover?' vraag ik haar.

'Je zoon gooit zijn toekomst overboord. Vind je dat niet de moeite waard om te weten?'

'Jawel.'

'Nou dan.'

'Waarom wil hij naar die kibboets?' vraag ik.

'Wat denk je? Waarom doen mensen dingen die rationeel onverklaarbaar zijn? En dom?' Ik hoor de spot in haar stem. En ik weet het antwoord al: de liefde. Ze had altijd al een oordeel over mijn vriendjes toen ik jong was. Hoe verliefder ik was, hoe groter haar afkeur. Ze keek erop neer, niet op die jongens, maar op de emoties die ze bij mij losmaakten. Ze noemde het ook nooit emoties: het waren 'door hormonen ingegeven dwalingen'. Ik heb me nooit afgevraagd waarom ze zo laatdunkend over de liefde deed, maar nu ze het bij mijn zoon doet, voel ik de drang om hem beschermen.

'Misschien heeft Benjamin behoefte aan een andere toekomst dan die wij voor hem hebben bedacht.' Ik zeg het voornamelijk omdat ik een daad wil stellen richting mijn moeder, niet omdat ik daadwerkelijk denk dat het Benjamin goed zal vergaan als hij zijn studie opzegt, voor een meisje.

'Hij heet Elon,' zegt mijn moeder. Ze zwijgt nu zo hard dat de stilte in mijn slapen begint te tintelen.

'Wie?'

'Zijn geliefde.'

'Is dat een jongensnaam?'

'Ja.'

Bibi is vlak voor me gaan lopen. Ik wil eigenlijk gewoon ophangen en doen alsof ik dit allemaal niet gehoord heb. Mijn tolerantiegrens is bereikt, Elon kan er niet meer bij.

'Mam, waarom bel je Zac niet even? Ik heb slecht bereik hier en mijn batterij is bijna op.'

'Ik heb verder niets te zeggen,' antwoordt ze droog. 'Het lijkt me beter dat jij Zac even belt en dat jullie samen actie ondernemen voordat die jongen zijn leven voorgoed verpest met bananen plukken en lakens wassen in kibboets Kinneret, of hoe heet dat ding, daar wil ik vanaf wezen.' En dan hangt ze op.

De pieptoon krijst in mijn oor. Ik begin ertegen te praten: 'Goed mam, heel lief dat je belde. Ik waardeer je bezorgdheid, maar ik denk dat het niet nodig is... Ik hou ook van jou. Ja. Het komt allemaal goed. We zien elkaar snel weer. Veel liefs.'

Ik wil niet dat Bibi denkt dat ik een slechte band heb met mijn moeder. Wat ook niet zo is, ik heb een geweldige band met mijn moeder. De waarheid is ook: ik heb nog nooit 'ik hou van je' tegen mijn moeder gezegd. En zij ook nog nooit tegen mij. Maar moet iets gezegd worden om het werkelijkheid te laten worden? Natuurlijk houd ik van haar.

'Gaat-ie?' vraagt Bibi.

'Ja hoor,' zeg ik en ik stop de telefoon in het zijvakje van mijn rugzak. Niets kan hier ongemerkt voorbijgaan.

'Rotdingen, hè, die telefoons. Ze halen je uit het moment en brengen je naar een verhaal waar je helemaal niet in wilt zitten.'

'Ach, valt wel mee,' zeg ik. 'Mijn moeder is alleen bezorgd. Dat snap ik best.'

'Mijn vader ook,' zegt ze. 'Altijd bezorgd, zelfs voordat ik... Maar goed, ik ben er niet om zijn rotgevoel weg te nemen. Als hij belt neem ik gewoon niet meer op. Ik heb geleerd dat bezorgdheid niet hetzelfde is als liefde.'

Ik geef haar een knikje om te laten weten dat ik haar heb gehoord, en ga bij mezelf na: wat is eigenlijk houden van? Is het dat de ander doet wat jij wilt? Of juist dat je kunt accepteren dat de ander iets doet wat jou niet aanstaat en dat je toch aanwezig blijft, in liefde?

Ik begrijp heel goed wat Bibi bedoelt, maar ik kan het niet goed rijmen dat zij deze wijsheid bezit en ernaar handelt, terwijl ik op mijn zesenveertigste nog steeds in de val trap die ik het 'Anne Frank-telefoontje' noem. Dat ene telefoontje waarvan je bang bent het te missen. Dat telefoontje waarin ze je vertellen dat je moet vluchten. Of waarin ze vertellen dat je naar het ziekenhuis moet komen omdat je moeder een ongeluk heeft gehad. Het schuld-telefoontje.

'Mag ik je iets van feedback geven?' vraagt Bibi.

'Natuurlijk.' O god, wat nu weer?

'Het lijkt alsof je niet helemaal jouw plek inneemt in het familiesysteem. Als jij de problemen van je moeder probeert op te lossen, dan ga je boven haar staan. Familiesystemen. Dat ken je toch wel?'

'Uiteraard,' zeg ik. 'Maar hoe kom je erbij dat ik mijn moeders problemen oplos?'

'Doe je dat niet dan? Als je met je moeder praat, maak je jezelf helemaal ijl. Je stem is hoog, je krijgt iets transcendents, alsof je er niet echt bent. Er komen wel woorden uit je mond, maar met je energie zeg je: ik ben er niet. Waarom doe je dat? Wil je haar kind niet zijn?'

Er zijn niet veel mensen in mijn omgeving die zo onomwonden durven te zeggen wat ze waarnemen. En ze heeft misschien wel een punt. Ik woon op zolder, in mijn hoofd. En mijn lijf doet zijn eigen ding. Ik ben een wandelend hoofd. Een wandelend hoofd op Sicilië. Een hoofd dat niet kan verbinden.

'Er is nog nooit iemand geweest die dit tegen me heeft gezegd.'

'Dat komt doordat je heel zelfverzekerd overkomt. Ik was ooit ook zo.'

Zij was ooit ook zo? Bibi? Hoe dan?

'Het spijt me, ik ben te moe,' zegt Bibi. 'Ik moet even pauzeren.' Ze zijgt neer op een grote steen, pakt een flesje uit haar tas en klokt gulzig het kleine beetje water dat er nog in zit naar binnen.

'Ik moet continu mensen teleurstellen,' zegt ze. 'Om te beginnen mezelf.'

Ik observeer haar en wacht tot ze weer een beetje op krachten komt. Haar wijsheid lijkt te maken te hebben met het afleren van je angsten, een wijsheid die ontstaat als je de eindigheid van het leven aanvaardt.

'Je doet erg je best, hè?' zegt Bibi. Ze staart naar de grond. 'Jij doet er alles aan om de mensen om je heen niet teleur te stellen.'

Ik voel een brok in mijn keel. Het woordje 'ja' blijft op mijn lippen hangen. Iedereen doet zijn best, denk ik.

'Maar lukt het je ook?'

'Nee,' zeg ik nu luid en duidelijk. 'Het lukt me helemaal niet. Ik heb een ontevreden patiënt. Mijn man is op het laatst niet meegegaan op deze reis omdat hij moest solliciteren en mijn zoon is net met zijn studie gestopt, althans, dat begreep ik zojuist van mijn moeder. En ik heb hem deze hele week nog niet gesproken. Daar voel ik me ook schuldig over, maar als er iets is belt hij zijn vader, niet mij.'

'Is je zoon echt gestopt met zijn studie of wil hij tijdelijk iets anders doen?'

'Ik heb eigenlijk geen idee.'

'Hoe zou het zijn om hem die ruimte te geven? Om jezelf die ruimte te geven? Volgens mij wil jij een perfect leven voor hem, maar hé...' Ze kijkt op en glimlacht.

'Ik weet als geen ander dat een perfect leven niet bestaat,' zeg ik.

'Ja, dat weet je, maar handel je er ook naar? Of denk je stiekem dat jij de *loophole* zult vinden? Dat jij toch die perfectie kunt naderen? Jij alleen. Door alles goed te doen.'

'Misschien,' zeg ik, niet overtuigd. 'En mijn praktijk...' Ik zucht.

'Zeg het maar, *let it all out*. Dat heelt.'

'Ik heb een patiënt die een tuchtzaak tegen me is gestart. Omdat ik... Ik begrijp eigenlijk niet eens waarom. Ik probeerde haar alleen te helpen. Ik probeer anderen te behoeden voor pijn. Dat is mijn vak. En desalniettemin heb ik nu een zaak aan mijn broek hangen.'

'Wauw,' zegt Bibi. 'Dat vind ik cool. Een zaak. Ik bedoel: als je niets verkeerds hebt gedaan, ga je die toch wel winnen. Dan heb je dat ook weer eens meegemaakt.' Ze zwijgt even. 'Mensen zijn zo bang om uit hun comfortzone te treden. Wat maakt het uit? Het recht zal zegevieren en jij bent een ervaring rijker.'

'Zo kun je er ook naar kijken.'

'Jij kan dat ook. En wat is er met je moeder?' vraagt ze dan.

'Mijn moeder?'

'Ja, de sleutel ligt bij je moeder. Dat zei je laatst zelf. Dat alle relationele problemen hun oorsprong vinden in de relatie die je hebt met je moeder. En het klinkt alsof je daar nog wel wat te doen hebt.'

Ik kijk naar haar slanke, glanzende armen, haar bijna doorzichtige, bleke huid. Ze heeft iets van een gevallen engel, zoals ze daar zit op die steen.

'En je moet naar je zoon in Israël. Je moeder kan best voor zichzelf zorgen. En die praktijk valt ook niet om als je er een jaartje niet bent.'

Ik staar haar aan zonder iets te zeggen. Een jaartje?

'Ik ben normaal niet zo van de ongevraagde adviezen, begrijp me goed, maar ik krijg dit zo door en ik moet het je zeggen. Leeft je vader nog?'

Ik schud mijn hoofd.

'Nou, dan denk ik dat hij hier zojuist was. Hij wil dat ik dit tegen jou zeg.'

Ik knipper met mijn ogen. Als het niet zo absurd was, zou het wel grappig zijn, maar toch weerhoudt iets me ervan haar te zeggen dat je niet met dode mensen kunt praten.

'O,' zegt ze, met de dictie van een dominee. 'Hij zegt ook nog dat je niet zo moet oordelen. Dat doet *hakodesh borregoe* wel.'

Er trekt er een pijnscheut door mijn borst. Die woorden heb ik al heel lang niet gehoord en ik had niet verwacht ze hier uit Bibi's mond weer te zullen horen. *Hakadosh borregoe* is Jiddisch om de Almachtige mee aan te duiden. Hoe kent Bibi deze woorden?

Bibi knikt alleen maar.

In mijn rechterzij voel ik een trilling. Nog steeds bevangen door de schrik denk ik dat ik steeds opnieuw door een onzichtbare bliksem wordt getroffen – pas dan realiseer ik me dat het gewoon mijn telefoon is die trilt.

Ik kijk naar Bibi in de verwachting dat ze me zal aanmoedigen niet op te nemen, om in het hier en nu te blijven, maar in plaats daarvan gebaart ze dat ik beter kan antwoorden. Na wat ze hier zojuist heeft laten zien, is mijn vertrouwen in haar voorspellend vermogen zienderogen gestegen.

Ik peuter mijn telefoon uit het iets te kleine zijvakje van mijn rugzak en neem net op tijd op.

'Dag mevrouw Levi, mijn naam is Joost Wouterse. Fijn dat ik u even aan de lijn krijg. Ik bel u namens de tuchtraad. We willen u laten weten dat mevrouw Linda du Perron de zaak die ze tegen u heeft aangespannen vanmorgen heeft ingetrokken. Het spijt ons. We hopen u hiermee niet te veel te hebben belast.'

Lot

'Ik vind er wat van. Weggaan. Dat doe je niet. Zo simpel is het.'

'Hè? Wat?' zegt Hannah.

Ik steek mijn voortanden naar voren. 'Vincenzo. Je weet wel, Het Sprekende Paard. Joy zal hem wel op z'n hart hebben getrapt nadat hij haar de eeuwige amore heeft verklaard, maar dan draaf je toch niet weg? We betalen hem om gids te zijn, dan kun je niet zomaar verdwijnen.'

Hannah knikt. Ik wist dat zij het met me eens zou zijn. Hannah is de loyaliteit zelve natuurlijk.

'Nou, kom op!' zeg ik monter. 'We hebben ook helemaal geen gids nodig. De navigatie-app is onze beste vriend.'

'Voor iemand die er wat van vindt, klink je opvallend vrolijk,' murmelt Hannah.

Ze heeft gelijk. Onbedoeld grijns ik.

Hannah blijft staan en kijkt me aan. 'Misschien een rare vraag, hoor, maar jij en Bibi… Ik heb het gevoel dat er iets veranderd is. Je hebt al de hele dag niets tegen haar gezegd. En tegelijkertijd zit je steeds naar haar te kijken.'

Dit is dus waarom ik een hekel heb aan psychologen. Dat geobserveer. Maar ze heeft wel gelijk. Natuurlijk heb ik niets tegen Bibi gezegd. Ze moet niet denken dat ik nu opeens Ellen DeGeneris ben. Hallo. Ik ben zo hetro als metro. Dat is gisteren maar weer eens bewezen.

Een orgasme faken bij een man is hetzelfde als bij een vrouw. Zelfs Bibi die zo gevoelig staat afgesteld had niets in de gaten. Ik vond het prettig, haar aanrakingen, maar ik wist bij voorbaat dat klaarkomen een utopie was. Ik ben nooit zo piekgericht geweest. Ook niet zo pikgericht trouwens. Seks is prima, seks is fijn, maar al dat vlees en al die sappen, ik vind het vaak ook wat banaal. En het moet vooral niet te veel op een circusact gaan lijken.

Toch liet ik het lang duren voordat ik op z'n Joy's een hoogtepunt acteerde. Want ergens wilde ik niet dat Bibi stopte. De aandacht die ze besteedde aan de kleinste millimetertjes huid. Die aandacht ken ik niet. Jos en ik neuken heus nog wel, maar dat wat ze een vluggertje noemen is in onze optiek al best een lange toestand. Wij doen het doelgericht. Een soort neus snuiten voor volwassenen.

Bij Bibi wilde ik dat het voortduurde. Ze aaide eindeloos lang een kleine moedervlek in mijn knieholte, ze masseerde minuten lang alleen mijn pinken, ze kuste zachtjes haartje voor haartje mijn bikinilijn. En ik vond het fantastisch. Ik was niet zozeer geil. Ik was gezien.

En dat maakt dat ik vandaag zo licht ben. Ik mompel tegen Hannah dat ik niet weet wat ze bedoelt. Hannah knikt de psychologenknik die uitdrukt: 'Jaja, lult u maar raak, patiënt, maar ik weet toch beter dan uzelve hoe u in elkander steekt.' Toch blijf ik naast haar lopen. Ik mag haar wel, dit zorgelijke type. En niemand maakt vandaag mijn gemoed zwaar.

'Wat eeeeeh, wat ga je nou doen als je terugkomt?'

Ik haal mijn schouders op. 'Gewoon. Maandag weer aan het werk. Gekkies redden.'

Hannah pakt mijn pols. 'Met Jos, bedoel ik.'

Ik slik. Ik heb geen antwoord. De afgelopen week heb ik allerlei scenario's zitten bedenken, maar het juiste zat er niet bij. Hoe kom ik aan een happy end?

Hannah kijkt me aan en zegt: 'Lot, verraad is pas verraad als het moedwillig gebeurt.'

Ik blaas een pluk haar uit mijn gezicht. Ga dat mijn kinderen vertellen, denk ik. Straks komt Jani op school en staat de halve klas verwijfd met een handje te wapperen. We kunnen elk jaar braaf met heel het land Paarse Vrijdag vieren, maar op de middelbare school is 'homo' gewoon een scheldwoord. En ik zeg niet dat ik dat goed vind, integendeel. Maar ik bespaar hem graag de schaamte. Maar het koor dat roept: 'Jouw vader is een homo, jouw vader is een nicht!' – ik bespaar hem graag de schaamte. En dat geldt al helemaal voor Noelle. Noelle, spiegeltje van me. Altijd zo ferm, zo aanwezig, zo áán. Hoe erg is het als je denkt dat je alles in de gaten hebt maar dat je belazerd blijkt? Ja, Lot, hoe erg is dat? Heel even knijpt een onzichtbare hand mijn keel samen, maar ik verjaag hem met harde woorden.

'Hij wist anders prima wat-ie deed toen-ie zijn proppenschieter in het park uit zijn broek haalde,' sis ik tegen Hannah.

Zij glimlacht wijs. 'Jawel. Maar hij wist niet dat hij je zo zou kwetsen.'

'Omdat hij dacht dat hij niet betrapt zou worden! Kom op, ga je die schijnheiligheid nou verdedigen?'

'Hij heeft je niet moedwillig pijn gedaan.'

'Jaja. En dus moet ik als een soort Jezus grootmoedig zeggen: "Vader, vergeef het hun, want ze weten niet wat ze doen"?'

Ik loop met flinke pas verder, zo hard dat ik merk dat zelfs Hannah me met moeite kan bijhouden. Heeft Hannah een punt? En wat als Jos wél wist wat hij deed en dacht dat het ooit zou uitkomen? Of erger nog: wat als ik dat stiekem ook onbewust heb geweten? Ben ik dan schuldig aan zijn schuld? En wat betekent dat? Dat het pact dat we ooit sloten ons allebei gevangen heeft gezet? En dat hij er wel uit móést breken? 'Lot, verraad is pas verraad als het moedwillig gebeurt.' De woorden van Hannah echoën na. Misschien heb ik Jos te veel in een mal gedrukt? Zozeer dat er geen enkele andere uitweg was dan zich ruw bewegen waardoor het gips zou breken en de echte Jos eronder vandaan kon komen? Ik zie het opeens voor me. Mijn Jos die zichzelf bevrijdt van banden die ik heb aangelegd. En dan opeens voel ik een zweempje trots. Kijk nou toch eens, de man die altijd zo volgzaam was, die meeging op mijn pad, die altijd mijn hand is blijven vasthouden, díé man durfde met zijn andere hand te reiken naar iets wat hij verlangde. En hoeveel pijn hij daarmee ook heeft veroorzaakt, ergens voel ik respect. Respect voor de man die kiest wie hij wil zijn.

Ik zucht en begin te neuriën. Ik weet niet waar het vandaan komt, ik weet niet waarom dit liedje, waarom nu, maar David Bowie knalt mijn mond uit.

I, I will be king
And you, you will be queen
Though nothing will drive them away
We can beat them, just for one day
We can be heroes, just for one day

I, I can remember
Standing, by the wall
And the guns, shot above our heads
And we kissed, as though nothing could fall
And the shame, was on the other side
Oh we can beat them, for ever and ever
Then we could be Heroes, just for one day

Bibi

Steken in mijn hoofd. Lichtflitsen. Ik blijf staan en zeg tegen de anderen dat ik op adem moet komen. Niemand zegt iets, maar ik zie ze denken. Wat is er nu weer met Bibi aan de hand? Hannah zucht nogal demonstratief wanneer ik op de grond ga zitten. Het kan me niet schelen dat het stoffig is en er duizend kleine kiezeltjes in het vlees van mijn billen prikken. Ik maak met mijn handen kommetjes om mijn ogen en probeer het teveel aan yang-energie via mijn handen te ontladen.

'Ik wil niet vervelend doen,' zegt Joy, 'maar kun je toch niet proberen om door te lopen? Het begint al donker te worden.' Waarschijnlijk hoort ze zelf hoe snibbig ze klinkt, want met een zachtere intonatie voegt ze eraan toe: 'We zijn er vast bijna. Straks ga je lekker douchen en eten, en dan ben je er zo weer bovenop.'

'Als jij nou nog een keer op de app kijkt welke kant we op moeten. Want het voelt alsof we in rondjes lopen,' zegt Lot tegen Joy. Ze heeft me de hele dag nog niet aangekeken. Waarschijnlijk schaamt ze zich voor gisteravond. Ik heb nog geprobeerd om er met haar over te praten, maar ze zei: 'Laten we maar doen alsof het niet is gebeurd.' Doen alsof het niet is gebeurd: dat betekent kennelijk voor haar doen alsof ik niet besta. Toch zit er een lichtheid in haar energieveld die er eerder niet was. Ze lijkt ruimtelijker. Open. Dat moet ze zelf toch ook voelen.

Er valt een stilte. Dan zegt Joy: 'Mijn telefoon is leeg.'

'Wát?' zegt Hannah.

'Ja, hij is echt leeg.'

'Eerst jaag je onze gids weg en nu laat jij, die als enige de navigatie-app heeft, je telefoon leeglopen?' zegt Lot.

'Vincenzo heeft er zelf voor gekozen om te vertrekken,' zegt Joy. 'En ik heb natuurlijk niet opzettelijk mijn telefoon leeg laten lopen. Die navigatie-app slurpt kennelijk energie.'

Het wordt al wat rustiger in mijn hoofd. De pijn neemt af en ik zie geen lichtflitsen meer. Ik realiseer me dat ik net op tijd ben gaan zitten. Dit had helemaal mis kunnen gaan. Misschien wordt het tijd dat ik de anderen vertel wat er met me aan de hand is. Straks lig ik ineens schuimbekkend op de grond en raakt iedereen in paniek.

Opeens mis ik papa.

'Laat die wijven de vinkentering krijgen,' zou hij zeggen. Wat ik tegenwoordig tekortkom aan assertiviteit, wordt ruimschoots door hem gecompenseerd.

Ondertussen gaat de discussie vrolijk verder en lijkt iedereen me te zijn vergeten.

'Jij kunt nooit ergens iets aan doen,' zegt Lot tegen Joy. 'Jij externaliseert alles.'

'Nou, ik zou eerder zeggen dat Joy problemen externaliseert en successen internaliseert,' zegt Hannah. 'Op zich is daar niet zoveel verkeerds aan, ware het niet dat het een nogal narcistisch beeld geeft.'

'Hou alsjeblieft op,' zeg ik nog steeds met mijn hoofd tussen mijn handen. 'Ik word helemaal gek van jullie.' Ik hoor mezelf niet eens meer, laat staan dat de anderen me horen. Ik kan net zo goed niet bestaan.

'Vind je dat niet erg makkelijk?' vraagt Joy op verhitte toon aan Hannah. 'Iemand een narcist noemen? Ik kan bijna niet geloven dat jij…'

'Laten we ons nou maar concentreren op de weg vinden,' zegt Lot. 'Want over een kwartier is het hartstikke donker en kunnen we geen kant meer op.'

Pas nu komt ze naar me toe en legt een hand op mijn schouder.

‘Gaat het weer een beetje? Wil je anders een slokje water?’

Ik knik en Lot geeft me haar thermoskan met drinken aan. ‘Je hebt zelf ook zo’n klein lullig flesje bij je. En dan die gymschoenen. Ik snap dat je er leuk uit wilt zien, maar ze lopen natuurlijk voor geen meter. Vind je het gek dat je telkens uitgeput bent?’

Ik laat haar woorden van me afglijden en concentreer me op het water. Het liefst goot ik het over mijn hoofd uit. Te veel hitte. Te veel conflict. Te veel van alles. Deze wandeltocht was een heel grote fout.

‘Zullen we proberen of je kunt opstaan?’ vraagt Lot. ‘We zijn vast vlak bij het volgende dorp en morgen gaan we lekker met de trein naar het eindpunt.’

Ik laat me door haar overeind helpen. Alle energie is uit me gelopen. Ik weet niet hoe ik de ene voet nog voor de andere moet zetten. Alle drie de vrouwen kijken me ongeduldig aan.

‘Wil je anders even iets eten?’ vraagt Lot. ‘Heeft iemand nog wat?’

Rugzakken worden doorzocht.

‘Ik dacht dat ik nog wat nootjes had,’ zegt Joy. ‘Maar ze blijken al op.’ Ze zwaait met een leeg zakje.

‘Ik heb nog een gelletje,’ zegt Hannah. ‘Het is pure Manukahoning; het geeft je net dat beetje energie om door te gaan.’

‘Dit moet je niet persoonlijk opnemen, hoor. Maar wie had nou ooit gedacht dat onze jongste wandelaar, die nota bene professioneel sporter is, het minste uithoudingsvermogen zou hebben?’ zegt Joy.

‘Dit is mijn allerlaatste,’ zegt Hannah en ze geeft me een soort snoepje aan. ‘Dus geniet er maar van.’ Ik stop het in mijn mond. Het is het zoetste wat ik in tijden heb gegeten. Mijn mond trekt er helemaal van samen.

Inmiddels is het volledig donker en zijn de eerste sterren zichtbaar. In het westen komt de halve maan op. Veel licht zal ze ons niet geven.

‘Kunnen we niet gewoon op Google Maps kijken?’ zegt Joy.

‘Geen bereik,’ zegt Hannah.

'En als we nou teruglopen,' zegt Lot. 'Ja, jongens ik zit daar ook niet op te wachten, maar dan komen we tenminste wel weer in een dorp uit.'

'Ik ga echt niet zeven uur teruglopen,' zegt Hannah.

'We moeten vlak bij Aragona zijn. Dat kan toch niet anders?' zegt Joy.

'Dan zouden we het toch moeten zien?' zegt Hannah. 'We staan immers op het hoogste punt.'

Dan zegt Lot wat we allemaal allang weten: 'We zijn gewoon keihard verdwaald.'

Dag 8/9

Berg nabij Aragona

Hannah

Nu ik de tuchtzaak niet meer met me meedraag, voel ik me lichter op de been. Sneller, behendiger ook. Maar daar heb je allemaal niets aan als je verdwaald bent.

'Ik ben hier helemaal niet goed in,' verzucht Joy.

'Waarin?' vraagt Lot. Ze probeert haar telefoon aan en uit te zetten, maar ook haar batterij doet niets meer.

'Nou, in dit... verdwaald zijn.'

'We zijn niet verdwaald,' zegt Bibi. Ze lijkt zich er niet aan over te willen geven, maar feit is dat we de weg niet meer weten, niemand nog een telefoon heeft met een werkende batterij en dat de nacht met een razend tempo het licht opvreet dat zich aan de rand van de dag bevindt. Gelukkig is de aarde onder ons zo opgewarmd dat het wel even zal duren voordat we het koud gaan krijgen. Verdwaald zijn is vervelend, maar ik ben het meest bang voor kou. Ik heb geen vest bij me, noch iets anders wat me warm kan houden. Wie bedenkt het ook, dat we zouden kunnen verdwalen op een georganiseerde wandeltocht?

Bibi laat haar ellebogen op haar knieën steunen, haar hoofd hangt slapjes naar voren. Ik wil dat Bibi meer eet, ze oogt zo breekbaar, het liefst zou ik haar als een kind volstoppen met boterhammen en drinken. Maar niemand heeft nog iets. Zelfs het water is bijna op en ik heb mijn laatste *liquid food* al aan haar gegeven. Ook al was die voor noodsituaties.

'En nu?' vraagt Bibi, en ze heft haar hoofd op. 'Wat gaan we doen? Ze richt haar blik op mij.

'Ik wil het liefst doorlopen, op een gegeven moment moeten we wel langs een huis of een dorpje komen,' zeg ik.

'Lijkt me niet,' zegt Lot. 'Het stomste wat je kunt doen als je verdwaald bent, is doorlopen.' Ze zet haar handen in haar zij en drukt haar buik naar voren, waardoor haar achterwerk en haar rug één stuk worden. Ze heeft iets mannelijks vandaag, maar misschien komt dat door het overhemd dat ze aan heeft.

'*Says who?*' zegt Joy met haar kenmerkende minachting voor alles wat Lot suggereert.

'Jongens, laten we alsjeblieft geen bonje maken.' Ik probeer moederlijk te klinken. 'Lot, waarom zouden we niet verder lopen tot we bij de bewoonde wereld komen? Het kan toch niet lang meer duren voordat we een dorpje aantreffen?'

Lot kijkt om zich heen. Er is in geen velden of wegen een huis, laat staan een dorp te zien. 'Mensen die verdwalen, raken in paniek,' gaat ze verder. 'En gaan dan onnodige risico's nemen.' Ze klinkt bezorgd. 'Dat doen ze omdat ze uit die situatie willen, alleen maken ze het daarmee vaak erger. Ik denk dat we ons lot moeten aanvaarden, er het beste van maken. Hier een slaapplek creëren en morgen als de zon weer opkomt verder lopen.'

'Hier slapen?' vraagt Joy. '*Over my dead body.*' Met grote ogen kijkt ze naar de lucht die boven ons samentrekt. 'En het gaat volgens mij ook nog regenen.'

'Nee, het wordt gewoon donker,' probeer ik de boel te sussen.

'Dat bedoel ik,' zegt Joy. 'Ik hou niet van donker. Daar verderop staan volgens mij twee huisjes.' Ze tuurt in de verte en wijst ergens naar. Ik volg haar vinger, maar behalve een verdwaalde boom en een struik zie ik niets wat boven de eindeloze akkers uit torent. Dat kan ook aan mijn ogen liggen, ik ben nachtblind.

Joy laat zich de hoop op een bed niet ontnemen en begint al te lopen. Lot kijkt me hoofdschuddend aan.

'Kom,' opper ik, 'laten we het proberen. Wie weet heeft Joy gelijk en anders slaan we een stukje verderop een kamp op. Lukt dat nog, Bibi?'

Bibi stemt schoorvoetend in. Ik trek haar overeind en merk dat ze een beetje trilt, alsof ze de controle over haar spieren kwijt is.

We lopen omhoog over een akker. De weg is vals plat en Bibi raakt al snel achterop. 'Ik ben gewoon moe van al dat lopen,' zegt ze verontschuldigend. Ze steekt krijtwit af tegen de schemerlucht. 'Lopen jullie maar vast door.'

'Samen uit, samen thuis,' zeg ik kordaat. De bezorgdheid brandt in mijn borst en mijn hart bonst in mijn keel. Wat als er echt iets met Bibi aan de hand is? Wat als ze straks dood neervalt? Jonge vrouwen vallen niet zomaar dood neer, maar wat als zij wel... Wie moeten we dan om hulp vragen? De nacht doorbrengen in een onherbergzaam gebied is één ding, maar wat als Bibi iets ernstigs onder de leden heeft?

Ik heb nog nooit geen dak boven mijn hoofd gehad. Hoelang kan een mens eigenlijk zonder eten, zonder drinken? Ik hoor de stem van mijn moeder in mijn hoofd, die me als kind al vertelde hoe haar ouders hadden moeten overleven in de concentratiekampen, in de kou, met honger en gebrek aan slaap. Mensen kunnen veel meer hebben dan ze denken.

Tegelijk besef ik dat ik mijn hele leven al op scherp sta. Voorbereid op het moment dat het allemaal misgaat. Ik leef, en tegelijk trek ik een zijspoor waarin ik overleef. Is dit het moment waarop het misgaat?

Bibi loopt langzaam maar gestaag verder. Iedereen is muisstil, verzonken in de eigen doemscenario's.

'Jongens, probeer in het hier en nu te blijven,' zeg ik hardop. Ik heb het denk ik vooral tegen mezelf. Niemand reageert, totdat Joy zegt: 'Ik zou juist graag even uit dit hier en nu weg zijn.'

We moeten allemaal lachen. Een gezamenlijke vijand schept een band.

Wanneer we bij de 'huisjes' aankomen, blijken het twee ruïnes te zijn. Oude boerderijtjes die vroeger dienstdeden als plekken waar herders konden overnachten wanneer ze met hun dieren op pad waren. Ik loop voetje voor voetje een huisje in, of wat daar nog van over is. Twee vogels fladderen op uit een karkas en ik deins naar achteren, waardoor ik tegen Bibi aan bots. Bibi valt op de grond, grijpt naar haar enkel en slaakt een gilletje.

'Mooi, dit bedoel ik dus,' zegt Lot, die nog buiten staat. 'We gaan onverantwoorde dingen doen als we in paniek zijn. Ik ga hier nu kwartier maken, en ik zet geen stap meer tot de zon opkomt.'

Bibi ligt zachtjes op de grond te jammeren. Ik kniel bij haar neer en aai over haar haar, dat zo zacht is als babyhaar.

'Het doet zo'n pijn.'

Ik knik. 'Maar het komt goed,' zeg ik. 'Het komt allemaal goed.' In plaats van zachter begint ze harder te huilen. Ik neem haar in mijn armen.

Joy staat schaapachtig naar ons te kijken. Het wordt tijd dat ze eens wat voor de groep doet.

'Joy, jij gaat hout verzamelen voor een kampvuur,' zeg ik met mijn meest directieve stemgeluid. 'Lot, jij gaat een plek maken waar Bibi kan liggen.'

'Maar ik ben niet ziek,' snottert Bibi. Haar stem klinkt onvast.

'Maar je gaat wel rusten,' zeg ik. Ze trilt over haar hele lichaam.

'En wat doe jij?' vraagt Joy, die haar armen over elkaar heeft gevouwen en me nog steeds vanuit de hoogte aanstaart. 'Ik bedoel, ik vind het best om iets te doen, maar ik denk dat we allemaal iets moeten doen. Ook jij.'

Lot gromt en zegt dan: 'Joy, doe nu maar wat Hannah je vraagt!'

Joy

'*Pardon me?*' Het schiet me plotseling naar mijn kop. '"Doe nou maar wat Hannah vraagt." "Het is jouw schuld dat Vincenzo weg is." Die slappe lul heeft ons hier allemaal in de steek gelaten, maar daar hoor ik niemand over. Nee, het is Joy die alles verpest. Joy die een narcist is.'

'Zeg, kunnen we het hier een andere keer over hebben?' Ik hoef Lots gezicht niet te kunnen zien om te weten dat ze pissig is. 'We zijn verdwaald.'

'Nee Lot, jij bepaalt niet wanneer ik wel of niet iets zeg. Vraagje: heeft iemand van jullie ooit tegen mij gezegd: "Hé, Joy, wat ongelofelijk rot voor je dat je die rol niet gekregen hebt. Ik weet hoe belangrijk het voor je was." Antwoord: nee! Ik word hier weggezet als een aansteller, een actreutel, terwijl jullie problemen allemaal o-zo-belangrijk zijn. Lot is bedrogen door een man van wie ze had kunnen weten dat hij gay was. Hannah zit de hele dag met die Zak van haar te bellen omdat een klant een beetje heeft geklaagd, en nu doet ze of de oorlog is uitgebroken. HET IS GEEN OORLOG! En Bibi. Bibi, die is gewoon TOTAAL niet te volgen. *Get real*, Bieb. Je bent allang geen kind meer. Maar dat MIJN leven ECHT naar de klote is, daar wordt achter mijn rug om gelachen. En weten jullie wat het meest cynische hieraan is? Had ik die rol wél gekregen, dan hadden jullie mij gefeliciteerd en was het Joy voor en Joy na geweest. Dan wilde iedereen hier mijn vriendin zijn. Ik heb dat al zo vaak meegemaakt. Zo zitten ALLE mensen in elkaar, EN JULLIE OOK! Met jullie zogenaamde FUCKING integriteit!'

'Joy, ik vind niet...' Lot steekt haar arm naar me uit die ik fel wegsla.

'Af! Blijf van me af. 'Jij was mijn vriendin. WAS. Maar bij dezen zeg ik officieel de vriendschap op. Klaar. Zie je: ík durf dat wel, de beslissing te nemen om weg te gaan als mensen je hebben verraden. TABEE!'

Ik stap over de drempel en stampvoet weg in het donker. Struikelend over een steen kan ik mezelf nog net overeind houden, waarna ik onzeker verderloop.

'Kom terug!' De stem van Lot is zo dwingend dat ik als vanzelf stil blijf staan. 'Als jij nu wegrent hoeft het voor mij echt niet meer. Nooit meer.'

'Volgens mij heb ík het al uitgemaakt tussen ons, Charlotje Kapotje!' De naam die de jongens haar hadden gegeven omdat ze zo makkelijk te krijgen was. Ik keer me weer terug naar de nacht.

'Ik waarschuw nog een laatste keer! Van mij weglopen is van jezelf weglopen!'

'Ik denk dat Lot gelijk heeft,' hoor ik nu ook Hannah zeggen. 'Als je blijft vluchten voor je pijn, raak je alleen maar verder verwijderd van jezelf.'

Met een ruk draai ik me om. 'Mezelf? Wat weten jullie nou eigenlijk van mij? Helemaal niks!' Ik zie geen gezichten, alleen drie schaduwen die voor de opening van de ruïne staan.

'Ik weet dat je in elke spiegel kijkt die we tegenkomt.' Het is Bibi's stem. 'Eerst dacht ik dat het was om te checken of je haar nog goed zat, en je mascara niet was uitgelopen. Tot ik zag dat je iemand zocht in dat spiegelbeeld.'

'Tjonge jonge, diep hoor! Zijn we ineens allemaal psycholoog geworden?'

'Ik weet dat je je niet kunt binden,' zegt Hannah. 'Dat je iedereen die dichterbij probeert te komen afstoot.'

Weer wil ik weglopen, minder daadkrachtig, maar nog steeds weg.

'Ik weet dat je bang bent, Joy!' roept Lot in mijn rug. 'Niet voor iets of iemand, maar gewoon bang.'

Als het niet stikdonker was, had ik het nu op een rennen gezet. Ik wil dit niet. Ik wil dit niet horen! Ik zak op de aarde verberg mijn hoofd in mijn armen.

'Ik weet dat je motivatie om actrice te worden gevoed werd door je onzekerheid. Herinner je je nog toen je was aangenomen op de toneelschool en we stiekem de kerk van Krommenie in zijn geslopen?' Haar stem klinkt steeds dichterbij. 'We klommen in de toren, en dronken daar een fles wijn leeg, terwijl we uitkeken over ons geboortedorp. Ik weet nog dat je tegen mij zei: "Nu wordt alles beter, Lot." Ik weet dat je op die acteursopleiding over je grenzen bent gegaan, omdat je niets wilde riskeren. En dat je, ook toen je eenmaal werkte, veel te veel met je hebt laten sollen. Dus nee, Joy, het is niet beter geworden. Maar er was voor jou geen weg terug, omdat je alles had gegeven voor dat ene doel.'

Ik voel een hand op mijn rug, die ik zwak wegduw. Niet doen… Alsjeblieft, niet doen.

'Ik weet alles van jou, Joyce. Als jij mij wegduwt, duw je jezelf weg. En ik zal me voor altijd geamputeerd voelen, want zonder jou ben ik…' Haar stem stokt. 'Zonder jou ben ik mijn beste vriendin kwijt en de meest grappige, irritante, getalenteerde, en ja, ook de meest liefdevolle persoon uit mijn leven. Jij hebt me wakker geschud voor wat ik niet wilde zien. Laat me alsjeblieft bij jou hetzelfde doen.'

Ik draai me naar haar om.

'Heb je crisisdienst?' pers ik uit mijn lippen.

Ze glimlacht. 'Ja, ik heb dienst. Kom maar.'

Ik duik in haar armen.

Hannah

Joy heeft hout en stro verzameld voor ons kampvuur.

'Ik heb een aansteker in mijn rugzak,' zegt Bibi zwakjes. Haar enkel is gezwollen, maar de pijn is wat gezakt.

'We moeten wel een beetje uitkijken met vuur,' zegt Lot. 'Alles is hier gortdroog, straks gaat de hele boel in de hens.'

'Dan kunnen ze ons wel makkelijk vinden,' zegt Joy.

Lot moet lachen. De spanning verdwijnt meteen uit de groep als Lot en Joy aardig tegen elkaar zijn.

'Wie zou ons komen zoeken?' vraagt Lot voorzichtig.

'Vincenzo?' opper ik.

'Vincenzo komt nooit meer terug,' mompelt Joy.

Ik zeg niets, alles wat ik hierop zou zeggen is slechts olie op het vuur. Maar laten we wel wezen: in feite is het natuurlijk Joy's schuld dat wij hier zonder gids in de Siciliaanse Apennijnen ronddolen. Als zij zich een beetje had kunnen inhouden, dan hadden we nu een bed, een warme douche en een groot bord *melanzane alla parmigiana* gehad. Dus om Vincenzo nu de zwarte piet toe te spelen, vind ik wat gemakkelijk.

'Weet je nog, Lot,' zegt Joy, die nu op handen en knieën met een stuk boomschors het vuurtje aanwakkert. 'Die keer dat we verdwaald waren in dat enorme bos in de buurt van Apeldoorn?'

'Ik moet daar steeds aan denken,' zegt Lot. 'Dat liep gelukkig goed af. En jij had het steeds over die kerel met wie je die avond een afspraakje had. Hoe heette hij ook alweer, Dennis?'

'Derek.'

'O ja, Derek, jezus wat was dat een griezel.'

'En wat was ik verliefd op hem.' Joy grinnikt en richt zich dan tot Bibi en mij. 'Derek was een beroemde acteur uit Duitsland en ik mocht met hem mee naar de uitreiking van de Oscars, want hij was genomineerd voor de beste mannelijke rol.'

'O ja, dat verhaal, maar toen ging hij niet,' vult Lot aan.

'Nee, want hij had helemaal geen rol, zelfs geen bijrol. Hij was gewoon edelfigurant in een film die genomineerd was.'

Lot begint te gieren van de lach.

De vlammetjes likken aan de boomschors en ze werpt het hout in het vuur.

'En jij maar denken dat je naar de Oscar-uitreiking mocht.'

'Ja joh, mijn jurk hing al klaar.'

Glimlachend kijken we naar het vuur.

Opeens veert Joy overeind. 'Hoor je dat?'

'Wat?' zegt Lot.

'Ik hoorde een sissend geluid.'

Lot trekt haar schouders op. 'Een geest, misschien?'

'Hou op, Lot,' zegt Joy. 'Je weet dat ik dat doodeng vind. Ik ben heel erg bang voor geesten.'

'Er zijn hier inderdaad een paar entiteiten aanwezig,' zegt Bibi. 'Maar ze vinden het geen probleem hun ruimte met ons te delen, voor een nacht.'

'Hoe weet je dat?' vraagt Lot.

'Ik heb dat gevraagd,' zegt Bibi. 'Dat doe ik altijd wanneer ik ergens voor het eerst slaap. Vind ik wel zo netjes.'

'Goed,' zeg ik. 'Als Bibi met de entiteiten heeft gesproken, is er niets aan de hand.'

'Ik wil hier weg,' jammert Joy. 'Ik wil hier absoluut weg.'

'Maar dat kan niet,' zeg ik. 'Dat is nu juist het probleem.'

'Denk aan het jungle-verhaal,' zegt Lot. 'Die meisjes die gingen wandelen in Panama en nooit meer zijn teruggekeerd. Ze hadden gered kunnen worden als ze op de plek waren gebleven waar ze ontdekten dat ze verdwaald waren. Maar ze zijn doorgelopen en dat is hun fataal geworden.'

'Ssssst, ik hoor het weer, horen jullie dat ook?' zegt Joy.

'Ik hoor niets,' zegt Lot.

Bibi kijkt me aan en maakt een kronkelbeweging met haar hand. Het was een slang.

'Zie je,' zegt Joy en ze wijst naar Bibi's hand. 'Jij hebt het ook gehoord. Laten we hier weggaan.'

Joy staat met een woeste beweging op. Ze doet me denken aan een patiënt van me die enkele malen per sessie opstaat, haar tas pakt, haar sleutels zoekt en aankondigt te vertrekken, om vervolgens te blijven totdat de tijd helemaal op is en ik haar nog net niet de kamer uit hoef te werken.

'Joy, je angsten zijn er om je veilig te maken,' zeg ik. 'Dat is de functie van angst. Het zorgt ervoor dat je geen gekke dingen gaat doen. Maar angsten die doorslaan maken je juist weer onveilig. Probeer rustig in te ademen en dan een paar seconden langer uit. Daarmee kalmeer je je centrale zenuwstelsel en dat heeft een gunstig effect op je geest.'

Gek genoeg word ik altijd kalm van mensen die bang zijn.

Joy kijkt me met grote ogen aan. 'Ben je gek, we moeten iemand vinden die ons kan helpen. Ik ga niet rustig inademen, terwijl de dood me op de hielen zit.'

Ze zet een paar stappen de gitzwarte nacht in en stopt dan. Ik zie haar lichaam iets naar voren hellen. Ze aarzelt. De kans dat ze in haar eentje op pad gaat lijkt me verwaarloosbaar, dus ik laat haar strijden met haar innerlijke demonen. Net wanneer ik het woord tot Lot wil richten, klinkt er een suizend geluid en daarna een doffe krak, alsof er een tak afbreekt.

'Een windvlaag,' zeg ik stellig, voordat iemands fantasie ermee aan de haal gaat. Dit klinkt toch anders dan een slang.

'Ik moet je zeggen dat ik dit wel een beetje unheimisch vind,' fluistert Lot. Ze kijkt om zich heen, maar er is niets te zien. De halve maan aan de zwarte hemel schenkt ons het zicht van enkele meters. En ons kampvuur is ook niet laaiend enthousiast.

'Zitten we misschien in hun ruimte?' oppert Lot bezorgd. Ze heeft het tegen Bibi, alsof die een open lijn heeft met gene zijde.

'Dat zou kunnen,' zegt Bibi, 'Maar als jullie het echt willen weten, moet ik ze oproepen en ik heb juist gevraagd of ze plek konden maken. Zal ik ze terugroepen?'

'Hè, ja,' zegt Joy. 'Roep ze vooral terug. Misschien weten ze ook wel de weg naar huis.'

Joy begint ineens als een bezetene op haar kleren te kloppen. 'Ik heb vreselijke jeuk, volgens mij zat ik daarnet in een mierenhoop. Gatverdamme.' Ze gaat met haar handen onder haar T-shirt en slaat zichzelf op haar rug. 'We zitten in een horrorfilm. Hier, hier.' Ze wijst op haar lichaam. 'Allemaal mieren.'

Bibi en ik moeten lachen.

'Dit is geen grap, hoor.'

Lot is nu ook opgestaan. Ze begint Joy te slaan, op haar billen.

'Auw! Lot, beetje rustig aan!'

Bibi ligt met haar hoofd op mijn dijbeen. Ze heeft een grijns van oor tot oor.

Het heeft me vaak beziggehouden, in de besloten omgeving van mijn werkkamer: hoe kan het dat de ene mens met de omstandigheden in de kampen kon omgaan, terwijl de ander er volledig aan onderdoor ging? Natuurlijk heb ik me ook vaak afgevraagd hoe ík ermee om zou zijn gegaan. Maar het ging mijn voorstellingsvermogen altijd te boven, dat wat mijn grootouders hadden beleefd. Ik wist alleen hoe ik ermee had wíllen omgaan: als Victor Frankl. Een Holocaust-overlevende en een vakgenoot. Alles kan je worden afgenomen, zei hij, behalve dat ene. Het laatste stukje vrijheid zit 'm in hoe je je verhoudt ten aanzien van je omstandigheden. Daarin kun je altijd je eigen weg kiezen. Daarin ben je immer vrij. De lucht is ook blauw boven Auschwitz.

Natuurlijk kun je mijn situatie nu niet vergelijken met wat er toen gebeurd is, maar dichter bij overleven ben ik nooit gekomen. En in het hier en nu voel ik me gefocused, sterk en kalm.

'Hé Bieb,' zeg ik. 'Waarom ben jij eigenlijk niet bang?'

'Waarom zou ik?' antwoordt ze droog. 'Ik ga toch dood, wat heb ik nog te vrezen?'

Bibi

'Ik ga toch dood.' Meteen stopt iedereen met praten en valt er een zware stilte waarin de nacht nog donkerder lijkt, de akkers kaler en de krekels luider.

'We gaan allemaal dood,' zegt Joy. 'Of bedoel je dat niet?'

De drie vrouwen kijken me gespannen aan.

'Ik heb een hersentumor.' De vermoeidheid in mijn stem is hoorbaar. 'Eigenlijk had ik nu bestraald moeten worden, maar ik koos ervoor om te gaan lopen.'

'Wat?' zegt Lot. 'Hoe bedoel je?'

'Precies zoals ik het zeg. Acht jaar geleden bleek ik een hersentumor te hebben. Ze hebben toen het grootste deel weggehaald, maar hij is weer gegroeid. En ook al kunnen ze een groot deel van de tumor doden, ze krijgen hem nooit helemaal weg. En naast de kankercellen gaat ook een deel van je gezonde hersenen kapot. Na elke behandeling word je trager en dommer. Ik heb geluk als ik na die bestralingen mijn eigen naam nog kan onthouden. Dus ja, wat maakt het allemaal uit? Ik zal de tachtig niet halen. Waarschijnlijk niet eens de vijftig.'

'Wat afschuwelijk,' zegt Hannah. 'Sorry, ik wist niet…'

'Waarom heb je niets gezegd?' vraagt Lot. 'Ik wil niet lullig doen, maar we hebben ergens wel het recht om te weten van jouw conditie. Straks was er iets gebeurd en…'

'Ik wil niet behandeld worden als een patiënt.'

'Maar je bént een patiënt,' zegt Hannah voorzichtig. 'Misschien als je dat accepteert…'

'Maar ik wíl het niet,' zeg ik fel. 'Want geef toe, hadden jullie je anders naar mij toe gedragen als jullie hiervan afwisten?'

Het valt even stil. Dan zegt Lot zachtjes: 'Waarschijnlijk wel.'

'Nu vonden jullie me raar, irritant en dommig. En dat was niet makkelijk voor me, maar het was wel oprecht. Als jullie hadden geweten van de tumor, waren jullie allemaal lief voor me geweest, want ja, je kunt niet lelijk doen tegen iemand met een tumor. Je kunt iemand met een tumor niets kwalijk nemen. Jullie hadden mijn rugzak gedragen, mijn waterflesjes gevuld, mij de beste kamer gegeven, de hele tijd gevraagd of het wel met me ging. Dat had ik verschrikkelijk gevonden.'

'Het lijkt me zo ontzettend eenzaam,' zegt Joy. Ze steekt haar hand naar me uit, maar ik pak hem niet vast.

'Ik wil geen medelijden. Begrijpen jullie dat niet?' Ik sta op. Mijn benen zijn stram en mijn enkel doet nog steeds pijn. Ik wil naar de maan kijken. De sterren.

'Wie gaat later jouw rolstoel duwen?' roept Lot me na.

'Niemand!' roep ik terug.

Na een paar meter hoor ik iemand achter me. 'Ik laat je niet alleen,' zegt Hannah. 'Of je dat nou leuk vindt of niet.'

Ik zeg niets terug. We lopen al lang niet meer over een pad, maar dwars over een akker heen, de ruïne steeds verder achter ons latend. Af en toe struikel ik over een losliggend stuk rots. Geen idee waar we naartoe gaan. Het kan me ook niet schelen. Ik hoop de hele tijd dat Hannah zich zal omdraaien en terug zal gaan naar de anderen, maar ze blijft me maar volgen. Als een soort hinde huppelt ze achter me aan. Ik raak steeds meer buiten adem.

'Het klopt dat ik nogal een oordeel over jou had,' zegt Hannah. 'Dat is helemaal waar. En misschien had ik wat meer belangstelling voor je moeten tonen, moeten dóórvragen in plaats van overal wat van te vinden. Het is nota bene mijn vák!' Ze lacht even. 'Maar tegelijkertijd heb ik zoveel bewondering voor je. Je hebt me over mijn angst voor koeien heen geholpen en me laten zien hoe het anders kan, juist door de bijna schaamteloze manier waarop je jezelf bent. Ik vond je al heel dapper, en nu ik dit weet...'

'Het is al goed,' zeg ik.

'Nee, laat me het zeggen. Nu vind ik je nog dapperder. Nog steeds knettergek, maar wel heel dapper.'

Ik realiseer me dat ik buiten adem ben en ik ga wat langzamer lopen. Hannah pakt mijn hand vast. 'Kom, we gaan terug naar het vuur. Het is hartstikke koud aan het worden.'

Ik blijf staan. Mijn benen beginnen zo erg te trillen dat ik moet gaan zitten.

'Ik kan niet meer,' zeg ik. 'Ik heb alles geprobeerd, accepteren, omarmen, negeren, vechten... Wandelen was mijn laatste optie.'

Hannah zegt niets, ze kijkt me alleen maar aan. Opeens zie ik de therapeut in haar.

'En het is goed dat je dat allemaal hebt geprobeerd. Maar soms zijn we nou eenmaal weerloos,' zegt ze.

Voor het eerst hoor ik het woord dat perfect omschrijft hoe ik me al die jaren al voel. Weerloos. Het is alsof ik na een lange zeereis voor het eerst weer voet aan wal zet.

Hannah gaat naast me zitten en slaat een arm om me heen. Ik voel tranen over mijn wangen stromen, maar heb geen zin om ze weg te vegen. En ik ben blij dat Hannah er niets van zegt, er niets aan doet.

'Ga je je laten bestralen?' vraagt ze na een hele tijd.

'Ik denk dat ik geen keus heb.'

'Je hebt natuurlijk altijd een keus.'

'Dan is de keus vroeger of later.'

'Dat is een goede vraag. Wil je vroeger of wil je later?'

De geur van verbrande akkers dringt weer mijn neusvleugels binnen. 'In de lente schijnt het hier prachtig groen te zijn,' zeg ik.

'Dat heb ik ook gehoord.'

'Dan komen de planten weer op. De tomaten, de paprika's, de courgettes, de aubergines...'

‘De lekkerste groente van heel Italië. Misschien wel van de wereld,’ zegt Hannah.

‘Ik denk dat ik hier nog wel even langer wil rondlopen. Op de aarde bedoel ik. Niet híér. Dit heb ik wel een beetje gezien. Bovendien liggen mijn voeten helemaal open.’

Hannah glimlacht. ‘Je moet de volgende keer echt betere schoenen kopen.’

‘Ik ben halsoverkop uit Ibiza vertrokken en heb al deze spullen die ochtend in Palermo gekocht.’

‘Ik had me er al over verbaasd,’ zegt Hannah. Dan gaat ze staan. ‘Het is koud, er zit overal zand en mijn benen zijn verkrampt. We gaan naar de anderen.’ Ze steekt haar hand naar me uit. ‘Kom, ik help je overeind.’

Ik pak haar hand vast en wil me omhoog laten trekken, maar haar aandacht is afgeleid. Ze kijkt naar een punt net schuin achter me.

‘Zie jij wat ik zie?’

In de verte glinsteren de lichtjes van Aragona.

Lot

Ik had haar achterna moeten gaan. Hannah sprong net iets eerder op dan ik en volgde Bibi meteen. Ik wilde mee, maar iets hield me tegen. Nee. Iemand. Ik kon Joy niet alleen laten.

Ze gaat dood. Bibi gaat dood. Mijn middenrif trekt samen. Een tijdje staar ik naar mijn voeten. Ze gaat dood. Verdomme. Dit meisje dat lucht in mij blies, gaat er zelf aan. Verdomme nogmaals. Ik slik omdat het voelt of er een tennisbal in mijn strot zit. Ze gaat dood. Ze loopt weg, want ze gaat dood. En ik ga haar niet achterna. Omdat ik niet aan de dood wil denken? Nee. Omdat ik nooit degene ben die weggaat. Ik ben Lot. En ik blijf.

Bij het flikkeren van het provisorische kampvuurtje ziet Joy er vermoeid uit. Het komt niet door rimpels, die heeft de botoxman zorgvuldig weggespoten, maar er komen onverwachte schaduwen naar voren waar geen naald iets tegen kan doen. Oud worden is zowel verharden als verzachten. Je nekvel krijgt de zompige structuur van veelgebruikt, talloze keren verkreukeld briefpapier. Maar in je gezicht zit vaak een donkerte die streng en star maakt.

Ik prik doelloos in het vuur terwijl ik stiekem Joy's trekken bestudeer. Schaduwen of niet, opeens is het of de vlammen de tijd hebben weggevreten en de zestienjarige Joyce tegenover me zit, kauwend op een bonk Stimorol. We maakten er een sport van om een heel pakje tegelijk in onze mond te proppen, onze tongen door het gomrubber te duwen en elkaar intussen flauwe woordgrappen te vertellen. 'Het is groen en het staat in Parijs?'

'De Preifeltoren!' roep ik keihard door de nacht.

Joy kijkt me verstrooid aan. 'Sorry?'

Ik grijns gegeneerd. Jezus. Zit ik nu de clou van een intens slechte grap te vertellen? Terwijl er een jong meisje gaat sterven aan een tennisbal in haar kop? Een kind nog dat mijn schaamhaartjes telde met haar tong. Dat leven in mij blies. Ja, ik vertel een mop met een extreem stomme clou en moet nog lachen ook. Want ik moet reiken naar dat andere jonge meisje. Het meisje dat mijn beste vriendin was en dat ik kwijt ben.

Dan zeg ik zacht: 'Het is groen en het racet van de schans?'

Joy bestudeert bokkig haar schoenen.

'Aaaaaah Joy, kom op.' Klein lachje. Een nog iets zachter gezicht. 'Een skiwi.'

'Het is klein, oranje en roept: 'Ik ben een sinaasappel, ik ben een sinaasappel!'

Dan schiet Joy echt in de lach. 'Ha! Een mandarijn met een grote mond!'

We grinniken schaapachtig naar elkaar. Het is een tijdje stil.

'Dat je die moppen nog weet,' zegt Joy uiteindelijk.

'Ja natuurlijk,' roep ik. 'Ik weet alles nog. Hoe we elkaars verhalen afmaakten, hoe we uitspraken wat de ander dacht. Ik weet alles nog.'

'Echt?' vraagt ze. 'Soms denk ik dat we ons allebei vergeten zijn.'

'Ons?'

'Wie we waren. Ooit. We zijn zo anders geworden, Lot.'

Ik knik. Maar ik weet niet zeker of ze gelijk heeft. Volgens mij zijn onze werelden anders geworden. Niet wij. Hoezeer je het ook probeert, je ontsnapt nooit aan wie je echt was. Dus zal Joy gedurende haar hele leven een glansrol blijven zoeken, en ben ik Lot die blijft. Altijd.

'Ik mis ons.' Ik weet niet hoe het komt dat ik het opeens durf te zeggen, maar voor ik het weet zijn de woorden mijn mond uit.

'Ik mis ons ook,' zegt Joy dan.

'Zonder ons heb ik het gevoel dat ik mezelf niet ben.'

Joy snuift. 'Wat doe jij opeens poëtisch.'

'Het is wel zo,' zeg ik zacht.

Joy glimlacht. 'Jij hebt nooit goed los kunnen laten, hè.'

Ik schud mijn hoofd.

'Joy, waarom praten wij niet? Ik bedoel: die hele toestand met Lobbes... Met Hannah heb ik er meer over gepraat dan met jou. Waarom is dat? Waarom wil je niet...'

'Hallo! Jíj wilde het er niet meer over hebben, Lot.'

'Dan hoef je daar toch niet naar te luisteren?'

Haar stem klinkt fel. 'Natuurlijk wel. Iedereen luistert naar jou. Je wilt niet weten hoeveel mueslirepen ik de afgelopen dagen tegen mijn zin heb zitten wegstouwen.'

'Die kon je toch weigeren?' zeg ik.

Joy gaat rechtop zitten. 'Het is heel moeilijk om jou iets te weigeren. Kijk maar naar Jos. Je hebt hem in een mal gedrukt, Lot. Hij moest uitbreken.'

Even krijg ik geen lucht. 'Jezus, die conclusie heb ik zelf net ook getrokken,' zeg ik zacht.

Joy glimlacht. 'Dus ik zei wat jij al eerder dacht? Net als vroeger.'

Onwillekeurig glimlach ik ook.

'Misschien kunnen we...' Nog voor Joy haar zin heeft kunnen afmaken staan Hannah en Bibi voor ons. Met verhitte koppen kijken ze ons aan.

'We gingen wat lopen, keken over de berg uit en wat denk je? We zien lichtjes! Misschien zijn we helemaal niet zo ver van de bewoonde wereld. We denken dat het station vlakbij is. Goed, hè!' brult Hannah met een enthousiasme dat slecht bij haar past maar niet gespeeld lijkt.

'Heel goed,' zeg ik. 'Maar er rijden nu toch nog geen treinen. Laten we hier nog even blijven tot het licht is. Dan kunnen we verder.'

De wind doet het vuur walmen, waarna het snel zijn warmte verliest. Dan kijk ik naar Joy's gezicht erboven. Ook zij is haar warmte kwijt.

'Wat wilde je zeggen?' zeg ik zacht tegen haar.

Maar ze is al opgestaan en dendert weg.

Dag 9

Aragona – Agrigento (met de trein)

Bij het treinstation van Aragona stap je op de lokale boemel, die je in een halfuur naar het centraal station van Agrigento brengt.

Bibi

We zitten op een bankje op het perron te wachten op de eerste trein. Het treinstation van Aragona zou niet misstaan in een oude western. Het vierkante, fantasieloze gebouw heeft een vaalgele kleur en in bordeauxrode westernletters staat er ARAGONA CALDARE op de muur geschreven. Je zou verwachten dat er elk moment een cowboy aan komt rijden, al zouden we blijer zijn met een warme bakker.

We hebben geen idee wanneer de eerste trein zal komen. Volgens Joy, die van ons de meeste tijd in Italië heeft doorgebracht, moeten we niet verbaasd zijn als de trein maar één of twee keer per dag gaat. De zon is opgekomen, maar het zal nog wel even duren voordat we het écht warm krijgen. Een oude hond scharrelt rond in het afval dat naast een vuilnisbak op de grond ligt.

Dan gaat de deur van het stationsgebouw open. Een wat oudere man met diepe groeven in zijn gezicht staat in de deuropening. Hij draagt een donkerblauw uniform en een pet met een rode bies. Even kijkt hij verstoord in onze richting. Dan breekt er een glimlach door.

'Buongiorno! Zijn jullie pellegrini?'

'Ja!' roepen we in koor.

Het zal nog een uur duren voordat de trein komt, maar nadat hij ons verhaal heeft gehoord, biedt hij ons koffie aan. In zijn kantoortje, een kleine ruimte tot aan de nok toe gevuld met paperassen, blijkt zowaar een fatsoenlijk espressoapparaat te staan. Gretig slurpen we de warme drank naar binnen.

'Jullie zijn de eerste pelgrims in vijf dagen,' zegt de spoorwegbeambte, die Giuseppe blijkt te heten. 'De vorigen waren minder knap dan jullie.' Hij moet hier zelf nogal om lachen. 'Maar wat alle pelgrims gemeen hebben, is dat ze dankbaar zijn dat ze deze tocht hebben gemaakt. Dat ze zichzelf opnieuw hebben leren kennen. Geldt dat ook voor jullie?'

Het valt even stil.

'Ja, toch wel,' zegt Lot.

'Zeker,' zegt Joy.

'Absoluut,' zegt Hannah.

Iedereen kijkt naar mij. 'Ik weet alleen niet of het er beter op is geworden,' zeg ik.

'Mooi,' zegt Giuseppe tevreden. 'Dat is ook precies waar een pelgrimstocht voor bedoeld is.'

Als in een wonder komt er een vrouw het stationsgebouw binnenlopen met een witte papieren zak.

'Ruiken jullie wat ik ruik?' vraagt Hannah.

'Mmmm,' zegt Joy. 'De beste geur ter wereld.'

'Ik dacht dat jullie wel honger zouden hebben,' zegt Giuseppe. 'Dus heb ik mijn goede vriendin Patrizia gebeld om croissants te brengen. Aragona mag dan een nederige plek zijn vergeleken bij de pracht en rijkdom van Agrigento waar jullie straks ongetwijfeld van zullen genieten, maar onze deegwaren bakken we met zeer veel liefde.'

Patrizia reikt ons de lekkerste cornetti aan die ik ooit heb gezien. Nog voordat ik mijn tanden erin zet, loopt het water me al in de mond. Ze zijn boterig en luchtig tegelijkertijd en in het midden zit een sliertje warme chocolade die nog vloeibaar is. Ik hoor niemand meer over koolhydraten. Ik weersta de neiging om de croissant naar binnen te schrokken en dwing mezelf om van elke hap, elke seconde van deze verrukkelijkheid te genieten.

'En?' vraagt Giuseppe wanneer we allemaal onze mond leeg hebben gegeten. 'Heb ik te veel gezegd?'

'Deze cornetti zijn de allerlekkerste ter wereld,' beamen we.

'Daar ben ik blij om. Nu denken jullie vast met veel plezier aan Aragona terug.'

In de vijftien minuten die de treinreis naar Agrigento duurt, kunnen we onze ogen nauwelijks openhouden. Slaperig hangen we tegen elkaar aan. Ik kan niet wachten om een warme douche te nemen en op een zacht, warm bed te liggen. Verder wil ik nog niet nadenken. Ik weet dat ik mijn vader zal moeten bellen. Ik weet ook dat ik naar Nederland zal moeten om me te laten bestralen.

Met een schok komt de trein tot stilstand bij het perron.

'Whoa,' zegt Lot, 'Ik geloof dat ik even was weggedoezeld.'

We pakken onze rugzakken uit de bagagerekken.

'Moet ik je helpen?' vraagt Lot bezorgd. Dit is precies wat ik niet wil. Nooit heb gewild. Nooit zal willen. Ik weet niet of ik boos moet worden of moet lachen.

'Laat nou gewoon lekker voor je zorgen,' zegt Joy. 'Het lijkt mij heerlijk als iedereen alles voor me doet.'

Ze is zich zó niet bewust van de gevoeligheid van wat ze zegt dat het verrukkelijk en ontwapenend is. Misschien heeft ze zelfs wel gelijk.

'Ja,' zeg ik dan tegen Lot. 'Ik vind het fijn als jij mijn rugzak voor me pakt.'

Met een handjevol andere mensen stappen we uit de trein. Agrigento is duidelijk een grote stad. De geur van uitlaatgassen. Overal gebouwen. Lawaai.

'Welke kant is het hotel op, denken jullie?' vraagt Hannah.

'Weet iemand eigenlijk wat voor dag het is?' vraagt Joy.

Op dat moment hoor ik iemand 'Biebelebabbeleboebski!' bulderen.

Aan het einde van het perron staat mijn vader, gekleed alsof hij op safari gaat, met een beige linnen overhemd aan en een Fedorahoed op zijn hoofd.

Ik laat mijn rugzak op de grond vallen en begin te rennen. Bij elke meter die ik dichter bij hem kom, voel ik mijn hart bijna uit zijn voegen barsten.

Mijn vader spreidt zijn armen en ik laat me erin vallen.

'Bibi toch.' Mijn lichaam begint te schokken en ik huil alles eruit, terwijl mijn vader me over mijn haar aait en zegt: 'Dat zal je leren om zonder je vader op reis te gaan.'

Hannah

Wanneer we eindelijk in het hotel in Agrigento – met maar liefst vier sterren – arriveren, vertelt de receptionist ons dat we ter compensatie van de niet-genoten nacht ieder een eigen kamer krijgen. We loten om het penthouse met dakterras en ik win. Ik betrap mezelf op de gedachte dat een penthouse met dakterras eigenlijk niet zo leuk is als je het niet kunt delen. Maar laat ik nu maar gewoon tevreden zijn.

De lift van het hotel reikt maar tot de derde verdieping. Het laatste stukje moet ik via een houten wenteltrap omhoog. Ik mis Vincenzo, die altijd zo galant was mijn koffer te dragen. Misschien moet ik hem straks maar eens bellen om te horen wat er nu eigenlijk aan de hand is. Of is dat niet aan mij?

Ik voel me een beetje onwennig in die grote kamer met een gigantisch tweepersoonsbed waar ik overdwars en diagonaal in pas. Tegelijkertijd bieden de rust en de ruimte me de gelegenheid bij mezelf te komen en te voelen waar ik de laatste dag van deze vakantie nu echt behoefte aan heb. Ik ga op bed liggen, sluit mijn ogen en val meteen in een diepe slaap.

Twee uur later word ik wakker van mijn telefoon. Het is Bibi die vraagt of ik kom lunchen. Mijn lenzen branden in mijn ogen en ik ben ook nog ongesteld geworden. Vandaar al dat gehuil de afgelopen dagen.

'Geef me een kwartiertje,' zeg ik tegen haar.

'Tuurlijk, neem je tijd, en het is niet verplicht hè? Geen programma vandaag. Het leek me alleen wel gezellig om nog even met z'n allen te eten.'

'Ja, graag,' zeg ik. 'Ik kom er zo aan.'

Ik mag erbij, ik hoor erbij, ik ben wij, danst het door mijn hoofd.

Toen ik mijn koffer naar boven had gesjouwd was het me gek genoeg niet opgevallen, maar nu ik weer afdaal voor de lunch gebeurt er iets vreemds. Ik word teruggezogen naar vroeger. Wij hadden thuis precies zo'n wenteltrap. En terwijl ik afdaal, voel ik me weer even het meisje dat elke ochtend vol goede moed aan de ontbijttafel aanschoof. Steevast met het voornemen niemand, en zeker haar ouders niet, teleur te stellen.

Ik houd even in, mijn handen knijpen in de leuning. Een zwaar gevoel zakt naar de plek onder mijn borstbeen. Voor mijn geestesoog zie ik mijn moeder achter het aanrecht staan, terwijl ze het aantal koolhydraten noteert dat ze in mijn broodtrommeltje stopt. Ik at haar zuurdesembroodjes met Tartex, een vegetarische groentespread van de biologische winkel, altijd op. Maar op een gegeven moment voelde ik weerstand wanneer ik naar het volgestouwde trommeltje keek. Vaak bleef ik het de hele dag vermijden, kocht ik een roze koek in de pauze en gooide ik het trommeltje op weg naar huis leeg in de bosjes. Het enige wat ik wilde was haar gezicht zien oplichten wanneer ze het lege Tupperware-bakje vol trots bekeek.

Ik ga een tree naar beneden. Het is altijd zo gebleven. Nog steeds verberg ik alles waarvan ik niet wil dat zij het ziet. Nog een tree. Nog steeds houd ik de pijn en het verdriet bij haar weg. Zoals ik dat bij iedereen probeer weg te houden, of weg te nemen. Ik heb er zelfs mijn beroep van gemaakt. Nog een trede. Maar daarom, júíst daarom ben ik er zo goed in geworden. Het is mijn tweede natuur om anderen te beschermen. Maar wie beschermt mij?

Ik knijp in de leuning en dan hef ik mijn hand streel mezelf met de rug over mijn wang. Het is maar een kleine beweging, maar het ontroert me, het maakt een zachtheid in me los. Ik aai mezelf nog een keer. En ik voel me zowel Hannah de moeder als Hannah het kind dat wordt getroost. Het is een gek intiem gevoel. Even kijk ik om me heen, in de hoop dat niemand me zal betrappen op deze radicale vorm van zelfliefde.

'Uit je hoofd, in je hart,' fluister ik tegen mezelf. 'Toe maar, lief meisje.'

Ik wil nog een stap zetten, maar mijn lichaam blokkeert. Kom, moedig ik mezelf aan, naar beneden, de lunch wacht. Maar mijn lichaam blokkeert. Alsof ik daar niet weg wil, alsof ik nog meer troost nodig heb. Ik houd me vast aan de smalle leuning en kijk omlaag; nog drie treden en ik ben er. En toch lijkt het een onoverbrugbare afstand. Alles in mijn lichaam weigert dienst.

Ik kijk naar de slanke spijlen die vastzitten aan de massief houten treden. Waarom werd er thuis nooit gevraagd naar mijn gevoel? Waarom was er geen aandacht voor mijn binnenwereld? Natuurlijk was ik psycholoog geworden. Ik wilde weten wat daarbinnen gebeurde. Die plek die mijn ouders niet leken te kennen, niet in zichzelf maar ook niet in mij, die ik zelf heb moeten ontginnen. Die plek daarbinnen, daar verlangde ik als kind al naar. En die heb ik de laatste jaren verwaarloosd.

Nog steeds weigert mijn lichaam in beweging te komen.

'Ontspan,' spreek ik mezelf toe. 'Het mag er allemaal zijn.'

Ik ga op de tree zitten en tuur naar beneden. Ik heb mijn toevlucht in de psychologie gezocht, omdat het me redde van de dorre, dode binnenwereld van mijn ouders. Ze waren geslaagd in het leven, maar vanbinnen was het stil en regeerde de leegte. En daaronder de angst, die, wat ze ook deden, altijd aanwezig bleef en die ik overal in doorvoelde.

Mijn moeder was als de dood dat me iets zou overkomen. Had ze het maar gewoon een keer tegen me gezegd. Had ze maar eens geprobeerd te vertellen wat ze diep vanbinnen beleefde. Maar ze wist het zelf ook niet. In plaats van zich kwetsbaar te tonen, werd ze veeleisend. Ze eiste mijn aandacht, mijn aanwezigheid en mijn leven op. Zonder verklaring. Het hoorde zo, ik was haar kind en ik moest er voor haar zijn. Een loyaliteit die verder reikte dan het leven.

De niet-uitgesproken angst van mijn ouders was in mijn adolescente jaren als niet te verklaren pijnen in mijn lichaam gaan wonen. Pijn die ik probeerde af te schuiven op anderen, maar die als een hongerige geliefde steeds weer bij me terugkwam. Pas na jaren therapie kon ik die pijn een plek geven. Maar toen de pijn verdween, kreeg de angst pas echt vrij spel. Sindsdien gebruik ik elke dag een klein pilletje om de angst in het gareel te houden. Niemand die het weet, alleen Zac.

Het was Zac geweest die me had geleerd dat emoties niet gevaarlijk zijn. Dat we niet meteen omvallen als we hartzeer voelen. Maar het leek wel alsof ook hij de laatste jaren was afgedreven van zijn kern. De baan bij de bank had hem uitgewrongen en alle levensenergie uit hem geperst. Ik moet hem zeggen dat hij het niet meer moet doen, niet meer terug die bankwereld in. Er is nog zoveel meer te ontdekken.

De lunch wordt geserveerd op een overdekt terras met uitzicht over Griekse tempels die hier meer dan tweeduizend jaar geleden zijn gebouwd. Lot staart wat dromerig voor zich uit, terwijl ze over een turquoise dennenappel aait die ter decoratie op tafel staat. Joy is uitgelaten omdat ze heeft besloten nog een tijdje op Sicilië te blijven.

Bibi zit tegen haar vader aan gedrukt, een knappe Alain Delonachtige kerel die een en al oor is voor onze verhalen. We vertellen over het tamelijk plotselinge vertrek van onze gids, over hoe Joy een paar ruïnes aanzag voor een dorp, over de reddende mueslirepen van Lot en hoe trots we zijn op Bibi dat ze de tocht heeft volbracht. Maar we zeggen niets over de ruzies tussen Joy en Lot, het incident in het verlaten fascistendorp, de mislukte auditie, de tarotlegging en de steeds slechter wordende conditie van Bibi. In slechts negen dagen hebben we elkaar goed leren kennen. Negen dagen, het lijkt wel een eeuwigheid. Morgenochtend zal alles weer normaal zijn, wanneer we in onze eigen huizen, met onze eigen gezinnen aan onze eigen ontbijttafels schuiven.

Ik voel me licht en leeg vanbinnen. Maar deze keer is het niet de leegte van afwezigheid, het is de leegte zoals ons huis leeg kan voelen wanneer de werkster is geweest. Ik heb een heleboel ballast van me afgeschud. Bij elke stap van de tocht heb ik een beetje van de krampachtigheid die me in haar greep had kunnen loslaten. En terwijl ik een stuk focaccia door een plasje olijfolie haal, kapittel ik in gedachten mijn moeder voor al die jaren waarin ze me vertelde over de gevaren van snelle koolhydraten en geraffineerde suikers. Ik kan me niet heugen dat ik zonder schuldgevoelens heb kunnen genieten van een stuk witbrood met olie, terwijl het zo lekker is.

Terug in de hotelkamer open ik de schuifdeur naar het terras. Leunend op de door de zon opgewarmde balustrade kijk ik uit over de vallei van de goden. De tempels staan als kleine kronen op de heuveltoppen. Agrigento is rijk aan historie; tweeduizend jaar geleden kwamen hier ook wandelaars aan. Die gedachte maakt me nederig. Sinds we bestaan zijn we op zoek naar de antwoorden op hoe te leven. Ieder mens schrijft zijn eigen verhaal, een constructie van ideeën en gedachten waarin we onszelf vastzetten. Maar het enige wat telt is het hier en nu. En de kracht van ons zelfreinigend vermogen, de mogelijkheid om altijd en op elk moment opnieuw te kiezen voor een ander perspectief, voor geluk.

Maar echt geluk gaat niet over het verzamelen van spullen, ideeën en gevoelens, geluk is niet de beste zijn, of beter zijn dan de ander. Geluk zit voornamelijk in de afwezigheid van al die dingen die we denken nodig te hebben. De afwezigheid van heel veel zorgen die we zelf steeds opnieuw creëren. Geluk zit in samen zijn, in met elkaar leven in verbondenheid.

Benjamin.

Voordat ik mezelf het verhaal kan vertellen dat ik een slechte moeder ben, pak ik mijn telefoon en bel ik hem. Mijn hand trilt en in plaats van mezelf tot rust te manen, laat ik mijn zenuwen bestaan. *It means you care…* Hannah.

'Mama?' Als ik zijn stem hoor, ontspan ik.

'Benji.'

'Hoe was je vakantie?'

'Ik ben er nog. Ik sta op een dakterras in Agrigento. Het is hier prachtig, Ben.'

'Ik hoorde van papa dat je het best lastig vond, dat gewandel en gedoe met die andere vrouwen.'

'Ach, als je ergens middenin zit lijkt het altijd ingewikkelder dan wanneer het voorbij is. Ik denk zelfs dat ik het nog ga missen.'

Benjamin is even stil.

'Bel je ergens voor mam, of gewoon zomaar?'

In mijn fantasie ben ik vele malen dapperder dan in het gesprek. In praktijk verdwijnen de moedige liefdesbetuigingen uit mijn verbeelding in onbeholpen cliché-zinnetjes...

'Ik wil weten hoe het met je gaat, zomaar dus...'

Zeg toch eens duidelijk wat je bedoelt. Het is de stem van Joy. *Van je hoofd naar je hart.* Bibi. *Je bent er niet helemaal bij.* Lot

'Ik mis je, Ben.'

'Maar mam, ik woon niet meer op de universiteit, hè.' Hij zegt het alsof dat iets zal afdoen aan mijn liefde voor hem.

Ik knik. 'Ik heb het gehoord van oma.' Ik ga er niets over zeggen. Niets. 'Hoe is het in de kibboets?'

'De kibboets is prachtig, maar wel anderhalf uur rijden van Tel Aviv.'

'Vind je het leuk als we je daar komen opzoeken?' vraag ik.

'Het is paradijselijk hier. Ik geloof niet dat ik me ooit zo gelukkig heb gevoeld.'

Ik slik iets weg. Mijn zoon, die zo lang niet gelukkig is geweest. En een moeder die het meest van hem houdt maar hem daarbij niet kon helpen. En nu hij weg is, is hij gelukkig.

'Ik begreep dat je iemand hebt ontmoet.'

'O ja.' Hij klinkt ineens weer op zijn hoede.

'Dat is heel fijn voor je, Ben.'

We zwijgen even.

'Dit is awkward, mam.'

'Wat?'

'Dat je verder niets zegt.'

'Wat moet ik zeggen dan?'

'Dat ik een jongen heb ontmoet. En dat dat best raar is, want ik ben nog nooit verliefd geweest op een jongen, voor zover jij weet.'

'Moet ik dat zeggen?'

'Nee. Maar... Aaarrrggghhh. Hoe doe je dat met je patiënten? Zeg je dan ook van alles? En eigenlijk toch niets?'

'Eh, ja nou, meestal zeg ik niet zoveel. En als ik wel wat zeg, wordt me dat niet altijd in dank afgenomen. Of ze slepen me voor een tribunaal.' Ik lach pover.

'Mam...' Hij zucht.

'Jongen, ik weet dat ik dingen verkeerd heb gedaan.'

'Je hebt niets verkeerd gedaan.'

'Waarom ben je dan altijd zo geagiteerd op me?'

'Omdat je zo... Je hebt gewoon nooit echt tijd voor me. Echte aandacht, zoals papa. Je bent altijd druk en zelfs als je met vakantie bent, bel je niet.'

Ik weet niet wat ik moet zeggen. Hij heeft gelijk.

'Elon heeft me geholpen weer wat te voelen. Ik kon niet meer voelen, weet je. Alles drukte ik weg. Net als jij.'

Hij moest eens weten wat ik allemaal voel. Maar daar gaat het kennelijk niet om. Het gaat erom dat hij niet kan voelen wat ik voel. Dat ik hem vertel wat ik voel. Wat voel ik nu? Ik zou hem het liefst in mijn armen nemen. Hem zachtjes aaien over zijn donkere krullen. Zijn hoofd tegen mijn borst drukken.

'Maar nu ik hier ben, is het alsof ik weer mag ademen,' gaat hij door. 'Je hebt niets verkeerds gedaan mam, maar je bent gewoon zo fucking in control. En altijd dat geheven vingertje... Of nou ja, nu dan even niet.'

'Benji, wat heb je van me nodig, lieverd? Zeg het maar.'

'Mam, ik heb nodig dat jullie naar je eigen leven kijken. Je kunt niet eens met papa met vakantie omdat hij zo nodig drie sollicitatiegesprekken moet gaan voeren. En waarom? Bij elk gesprek wordt hij afgewezen omdat hij te oud is. Wat proberen jullie elkaar te bewijzen? Spreken jullie elkaar eigenlijk weleens?'

In een reflex voel ik de gewoonte opborrelen mijn zoon te berispen. Ik wil hem voorhouden dat hij door ons harde werken nu op zijn luie togus in een kibboets kan zitten.

'En jij bent zo druk met je nieuwe vriendinnen dat je niet eens naar huis belt om te vragen hoe die sollicitatiegesprekken gingen.'

Shit. Dat is waar. Ik heb Zac niet meer gebeld sinds we verdwaald zijn geraakt.

'En je hebt vast ook allerlei oordelen over het feit dat ik gestopt ben met mijn studie. Nou, kom maar op, voor de draad ermee, anders hangt het ook maar zo in de lucht, hè?'

'Ben, jouw keuze om te stoppen met je studie aan de universiteit, is er een die ik niet begrijp.'

Het blijft even stil aan de andere kant van de lijn.

'Maar... Ik hou van je en ik steun je in alles wat je nu nodig hebt. Je klinkt gelukkig, en dat is wat telt, dus ik zal je niet overhalen terug te gaan naar Tel Aviv.'

'En dat meen je?'

'Ja. Dat meen ik.'

'Wauw. Ik kan bijna niet geloven dat er nu geen veroordeling volgt. *What happened* daar op dat eiland? Ben je soms verliefd?'

Ik houd wijselijk mijn mond en tel de toppen van de cipressen in de tuin van het hotel. Verliefd, dat zou leuk zijn.

'Mam?' Zijn stem is weer zacht.

'Ja, lieverd?'

'Mam, ik heb het hier geweldig, hoor, maar ik mis je wel. Jou en pap.'

Ik bijt op mijn lip.

'Benji... Geloof me, de eerstvolgende vlucht naar Tel Aviv, daar zit ik op. Met papa. Sollicitatiegesprek of niet. We komen.'

'Echt?'

'Ja, Benji, echt. Papa en ik houden zoveel van je. Je hebt geen idee. En ik zeg het te weinig. Veel te weinig. Ik kan niet wachten je weer te zien en Edon te ontmoeten.'

'Elon mam.'

'Ja dat zeg ik, Elon.'

Ik moet glimlachen.

Ben maakt een spinnend geluid, zoals hij vroeger deed als hij tegen me aan lag voor de tv. Zie je wel, het leven is wél perfect. Voor even dan.

Nadat we hebben opgehangen, ijsbeer ik wat rond over het terras. Als iets me duidelijk geworden is deze week, is het dat alles fundamenteel ambivalent is. Je kunt van iets houden en het verafschuwen. Je kunt bij iemand willen zijn en volledig tot rust komen door afstand te nemen. Je kunt je leven lang vrienden zijn en elkaar toch niet meer verdragen. Je kunt jezelf haten en van jezelf blijven houden. Je kunt als de dood zijn om dood te gaan en toch vertrekken. En het is allemaal goed, zolang je maar niet gaat vechten tegen de tegenstrijdigheden die het leven je opdient.

De wind speelt door mijn haar, de zon brandt op mijn armen. Ik adem de zilte zeelucht diep in mijn longen. Vier seconden in. Rust. De verse geur van rozemarijn. Zes seconden uit. Rust. Morgen zal alles vast weer anders zijn. Maar vandaag kies ik ervoor gelukkig te zijn.

Lot

Ik heb het liedje de hele vlucht in mijn hoofd gehad. Terwijl ik stiekem Bibi's rugzak een klein beetje optilde toen zij hem van haar schouders haalde en haar vader hem vervolgens in het bagagerek deed. Toen ik Hannah enthousiast naar haar vent zag rennen en hij een tikje ontredderd en verward zijn pas gekochte bosje tankstationbloemen voor zich op de grond legde om ruimte in zijn armen te maken voor zijn vrouw. Ik hoorde de songtekst nog steeds toen ik terugdacht aan de schouderklop die ik Joy op Sicilië ter afscheid gaf, waarbij ik heel even stiekem met mijn wijsvinger over haar zachte nekvel aaide.

We could be heroes. Just for one day.

Volgens Hannah wordt slechts vijf procent van onze gedachten gevormd met ons bewuste, de rest komt allemaal voort uit de onduidelijke brij vol hersenspinsels waar we met ons nuchtere verstand niet meteen chocola van kunnen maken. Dus waarom David Bowie de afgelopen dagen de plaats heeft ingenomen van Dreetje Hazes als mijn reisgezel: ik wist het niet. Maar nu ik mijn sleutel in het slot steek, de deur open en Jos daar achter blijkt te staan, zijn gezicht verwachtingsvol, ja zelfs hoopvol, begrijp ik het.

Want ik moet het uitzoeken. Wat heldendom is. Wie is de held? In romantische films is het altijd degene die zijn hart volgt. Die luistert naar het gefluister in zijn binnenste.

Maar wat is dan mijn stem? Waarom hoor ik mijn gefluister niet, heb ik het nooit gehoord? Waarom sta ik zo afgestemd op anderen, die continu radiosignalen naar me zenden? 'Lot, ik ben ongelukkig, misschien kun je me helpen.' 'Joehoe Lot, ik ben zo nerveus, maak eens een geruststellende grap.' 'Haaaaaa Lotje, ik heb zo'n zin in een mueslireep, heb jij er nog een in die handige rugzak van je?' 'O Lot, trouwens, ik ga dood, dus misschien kun je mij helpen om beter te leven?'

De buitenwereld is een kakofonie, een stemmenorkest dat me aldoor lijkt te roepen. En ik geef gehoor. Want dat heb ik geleerd. Ik geef gehoor aan alles. Aan iedereen. Ik ben Lot en ik ben er altijd. Ik ben Lot en ik blijf.

'O Lotje. Ik ben zo blij dat je er bent.' Hij is afgevallen. Zijn Lobbes-vel lijkt losser om zijn torso te spannen. Zou hij wel goed hebben gegeten? Of wil hij trainen voor een sixpack, om de mooie jongen uit te hangen in bars waar ik niet welkom ben?

'Dag. Jos.' Ik klink afgemeten. Een punt achter elk woord. Doorpraten lukt me niet. Kan ik ooit weer doorpraten? Een verhaal vertellen? Ons verhaal vertellen?

'Wat ben je mooi.'

Wat ben je mooi? Ik schiet in de lach. Zoiets heeft Jos nog nooit tegen me gezegd. Heeft hij dit gelezen in het handboek *Hoe win ik mijn vrouw terug nadat ik een kerel in een rozenperk heb gepijpt?*

Ah Lot, hou op met je cynisme. Ik hoor het opeens in me fluisteren. Een stem van Bibi, een echo van Hannah, een lachje van Joy. Ik heb hun stemmen geabsorbeerd en daar een nieuwe van gemaakt.

Nee joh. Geen nieuwe stem. Niet de stem van anderen. Dit is jouw stem, Lot.

Het ruist in mijn binnenste. Woorden, flarden, een tekst. En intussen zwelt de muziek aan.

I, I will be king. And you, you will be queen.

De koning en zijn koningin.

Ik ben Lot en ik blijf.

Wanneer ga je nou eindelijk voor jezelf kiezen, Lot?

Wat is het opeens druk in mijn hoofd.

De bassen zwellen.

Ik ben niet alleen. Ik ben nooit alleen. Ik mag weggaan. Maar ik mag ook blijven.

Dit is míjn heldenboek. Dit is mijn verhaal.

We could be heroes. Just for one day.

'Hé Lot.' Hij loopt op me af. Zijn buik puilt over zijn broekband. Zijn armen gespreid. 'Kom eens even hier.'

Ik kijk naar zijn ogen. Ogen die al zo lang hetzelfde zien als de mijne. Een huis dat nog steeds geen plinten op de zolder heeft. Het brede neusje van onze dochter dat zo ver openstaat als ze juicht wanneer ze een doelpunt stopt. Het kleine haarwaasje op het stuitje van onze zoon die uitbot tot een kopie van zijn vader. Ogen die een verleden delen. En een nu.

'Lot. Hé. Kom. Kom eens even hier.'

Hij staat er nog steeds. Zijn armen gespreid.

Dan zeg ik hees: 'Jos, we moeten praten.'

En ik zet heel langzaam een stap naar voren.

Joy

Een maand later. De berichtjes in de wandelgroep-app worden steeds sporadischer. Toch heeft nog niemand de groep verlaten. Je weet nooit wanneer we elkaar weer nodig hebben. In elk geval zal ik Lot vroeg of laat weer terugzien, maar wanneer is onzeker. Ik ben niet naar huis gegaan. Was dit pad bedoeld om te mediteren, om tot jezelf te komen, dan heb ik nog een eindje te gaan. Ik doorkruis het Siciliaanse binnenland opnieuw, deze keer van zuid naar noord. Mijn haarkleur is uitgegroeid, mijn huid is ondanks factor vijftig bruin geworden en rimpelig. Mijn make-up heb ik weggedaan, te veel ballast. Net zoals ik de meeste van mijn contacten heb weggedaan. Al die mensen van wie ik dacht dat ze belangrijk voor me waren, tot ik me realiseerde dat er niets is wat ons bindt. Behalve dat we allemaal het licht willen vangen, die spotlight die uiteindelijk maar op een klein clubje mensen kan schijnen. Die massale hunkering om zichtbaar te zijn maakt het een onveilige omgeving waarin echte vriendschappen lastig gedijen.

De telefoon is nog een paar keer gegaan voor een auditie, maar ik heb gezegd dat ik niet beschikbaar was. Op een dag zag ik dat ik vijf gemiste oproepen van Robert had. Opgetogen had hij mijn voicemail ingesproken met dat hij een rol voor me had. Ik hoefde niet eens auditie te doen. Een prachtige rol om mijn comeback te maken, volgens Robert. Ik heb hem niet teruggebeld. Ik haalde diep adem, snoof de frisse berglucht in en wandelde door. De wond is nog altijd niet geheeld. De wond van alles wat ik probeerde te zijn, waardoor ik steeds verder van mijzelf verwijderd raakte. Van alle jaren die heb vergooid, de eenzaamheid die ik probeerde weg te drinken, weg te feesten met mensen die niks om mij gaven. En ik niet om hen. De pijn van spijt. Maar het helen is begonnen.

Ik kom bij een glanzend blauw meertje waarlangs koeien staan te grazen. Het bordje met PRIZZI wijst naar links, waar het dorp hoog tegen de bergwand aan lijkt geplakt. Nog drie kilometer stijgen, dan ben ik er. Mijn conditie is er een stuk op vooruitgegaan sinds ik hier voor het eerst kwam. Ik heb geen plan, niet eens een voornemen, ik wilde gewoon terug naar de plek waar ik mijn laatste rol heb gespeeld, en waar mijn nieuwe leven is begonnen. Ik wilde ook terug naar Vincenzo, hoewel ik ook bang ben hem onder ogen te komen. Misschien is hij nog steeds boos op me. Of misschien herkent hij me niet eens. Dan liever dat eerste. Mijn grootste angst is nog steeds dat ik er zo weinig toe doe dat mensen zich mij niet meer kunnen herinneren. Dat de schaduwzijde me op zal slokken.

Met zenuwen in mijn buik loop ik de Bluegames Bar binnen.

'Joy! Je bent terug!' De uitbater omhelst me uitbundig en wijst me op de ingelijste foto aan de muur. Ik sta er vrolijk lachend op, naast de pastoor voor de kerk. Hij vertelt me dat ze nog steeds zo trots zijn in het dorp dat ze een beroemde actrice op bezoek hebben gehad, en vraagt of ik de rol gekregen heb.

Ik schud mijn hoofd. 'Nee, maar het is niet erg. Ik ben hier veel gelukkiger dan in Amsterdam.'

Verbaasd kijk hij me aan. 'Hier in Prizzi?'

'Hier op Sicilië.'

Hij gebiedt me te gaan zitten, hij gaat pasta voor me klaarmaken. Die brede slierten deeg, met *ragu* en room. Die vond ik het lekkerst, herinnert hij zich trots.

Terwijl ik zit te eten, druppelen er steeds meer mensen binnen. Ze groeten me vriendelijk, maar laten me verder rustig eten. Wanneer mijn bord leeg is, zie ik pas dat het café behoorlijk vol is.

Enrico, de kok, komt naar mij toe. 'Joy, we hadden vandaag niet je lievelingsdessert, de Siciliaanse cassata. Maar gelukkig heeft iemand hem voor jou gemaakt, ze is nu onderweg, dus ik hoop dat je nog even tijd hebt.'

'Tuurlijk, ik heb alle tijd.'

Niet veel later gaat de deur open en komt er een vrouw binnen met lang zwart haar, grote ronde ogen die wat onzeker kijken. Met een ingetogen glimlach zet ze de taart voor mij neer. 'Voor jou, Joy.'

'Voor mij alleen? Waarom eten jullie niet met me mee?'

De tafels worden aan elkaar geschoven, en onder druk geklets gaan we met elkaar aan tafel alsof we dit elke week doen. Zo nu en dan gaat mijn blik onrustig naar de deur, in de hoop dat Vincenzo binnenkomt. Pas na een glas prosecco durf ik te vragen of hij misschien in het dorp is. De vrouw van de taart geeft antwoord: 'Mijn broer is op een tour met wandelaars. Jammer, want ik denk dat hij je graag had willen zien.'

Ik zucht, dat is in elk geval wat. De uitbater wil nog wat prosecco bijschenken, maar ik bedank hem vriendelijk. Ik vraag of er nog een huisje vrij is waar ik vannacht zou kunnen blijven slapen; het is te laat om nog naar het volgende dorp te lopen. Net als ik ben opgestaan en iedereen een fijne avond wens – *'Buona serata, a domani!'* – zwaait de deur van het café open.

'Is ze er nog?'

Vanuit het donker achter in het café stap ik naar voren. 'Vincenzo!'

Hij komt naar me toe gelopen, nog steeds nahijgend door de steile weg naar het dorp. 'Ik was bang dat… Sorry, ik ben helemaal nat.'

'Dat geeft niet,' zeg ik. 'Ik ben helemaal zenuwachtig.'

'Zenuwachtig waarvoor, Joy?' zegt hij, terwijl hij nu vlak voor me staat.

'Omdat… Ik wil sorry zeggen. Het spijt me dat ik jou…' Het lukt me niet om verder te praten.

Vincenzo tilt mijn kin op. 'Dat hoeft toch niet. Ik weet toch dat je niet anders kon.'

'Klopt,' pers ik door mijn lippen. 'Ik kon het niet. Ik was niet bij mezelf.'

'Dat weet ik toch, Joy,' zegt hij zacht. 'En nu? Waar ben je nu?'

'Waar ik wil zijn.' Ik pak zijn hand. 'Hoewel ik niks kan beloven, weet ik dat ik nu hier wil zijn.'

Er verschijnt een brede glimlach op zijn gezicht. Gek, in mijn herinnering had hij veel grotere tanden, maar eigenlijk heeft hij een heel normaal gebit. Het verschil is dat de meeste mensen met hun lippen op elkaar lachen, maar Vincenzo lacht altijd met open mond.

'Ik wist dat je zou terugkomen, Joy. Ik wist het. Ik wist alleen niet wanneer.'

Ik haal mijn schouders op. 'Nu dus.'

'Ja, nu dus.' Hij buigt zich langzaam naar me toe, voorzichtig, zodat ik nog kan weigeren, zodat ik 'nee' kan zeggen en we gewoon vrienden kunnen blijven. Maar hij weet dat ik dat niet zal doen. Onze monden vinden elkaar, ik ruik weer zijn luchtje als ik me tegen hem aandruk en mijn armen om zijn bezwete lijf sla. In de zoen sluit ik mijn ogen. Nu dus.

Om ons heen wordt geklapt.

Paklijst

Aan het lijf
Wandelschoenen
Wandelstokken
Wandelsokken
Ademende kleding
Hoed/pet

In de dagrugzak (20-40 liter)
Portemonnee met voldoende contant geld
Paspoort
Creditcard
Telefoon met noodnummers en navigatie-app
Waterfles
Zonnebrandcrème
Zonnebril
Verrekijker
Regenkleding
Badslippers of sloffen voor in de hotels
Mueslirepen en andere snacks (noten, gedroogd fruit)
Desinfecterende handgel
Zakdoekjes
Lucifers
Tampons, plus zakjes om ze later weg te kunnen gooien

EHBO-set

Pleisters
Blarenpleisters
Betadine of ander ontsmettingsmiddel
Antimuggenspray
Vaseline
Sporttape (overal goed voor)
ORS of ander middel tegen uitdroging
Spier- en gewrichtsgel
Pincet

Dankwoord

Natuurreisorganisatie SNP, met name Marleen Raats, Carlijn Keukens en Floor Langenberg.

Stadsgids Naida Samona voor de rondleiding in Palermo, en gids Fabio Giorlando voor het meewandelen van Corleone naar Prizzi.

Gastheren en -vrouwen van Hotel Tonic in Palermo, Hotel Leon d'Oro in Corleone, La Casa di Kokalo in Prizzi, Agriturismo Casale Margherita nabij Cammarata, B&B Piazza in Sutera en het Collaverde Park Hotel in Agrigento.

Speciale dank aan Giovanni en zijn vrouw bij de Bluegames Bar. En last but not least Salvatore ('Toto') Greco, onze eigen Vincenzo, die ons zo hartelijk verwelkomde in Prizzi, waardoor die oude stad onze harten heeft veroverd. Ga er naartoe!

En natuurlijk dank aan alle andere mensen die we tijdens onze reis tegenkwamen.

Rest ons nog Lenneke Cuijpers te bedanken: onze geweldige redacteur, chauffeur, gids, steunpilaar en boksbal. Lieve Lenneke, wat mensen niet kunnen lezen in dit boek is jouw ongelofelijke betrokkenheid en je slimme oplossingen om deze complexe stukken tot één geheel te smeden. Je was er elke dag bij, dacht, voelde en schreef met ons mee. Zonder jou had dit boek nooit kunnen ontstaan. Jij bent onze geniale vriendin!

Over de auteurs

Marion Pauw is schrijfster en scenariste. Ze schreef onder andere de bestsellers *Daglicht, Zondaarskind* en *Hemelen*. Voor *Daglicht* ontving Pauw de Gouden Strop en de IJslandse prijs voor beste vertaalde thriller. Bij Lebowski Publishers verschenen van haar hand *Hotel Hartzeer*, met Susan Smit, en *De experimenten*. Haar meest recente thriller is *Vogeleiland*.

Elle van Rijn studeerde aan de Toneelacademie Maastricht en aan de Schrijversvakschool Amsterdam. Ze speelde in verschillende toneelstukken, tv-series en films. Eerder schreef ze succesvolle boeken, waaronder *Mijn naam is Nadra, Mijn ontvoering* en de historische roman *De crèche*, die een internationale bestseller werd.

Roos Schlikker is van vele markten thuis: ze is columnist voor *Het Parool* en *Libelle,* schrijft scenario's voor theater en tv, schuift geregeld aan bij talkshows en maakt samen met Malou Holshuijsen de succesvolle podcast *Dit komt nooit meer goed*. In haar laatste roman *Moeder van glas* schreef ze over haar bipolaire moeder.

Femmetje de Wind studeerde Vergelijkende Kunstwetenschap en Rechtsgeleerdheid. Ze is uitgever, schrijver, journalist en columnist. Ze richtte het tijdschrift *Jackie* op, waarvan ze zes jaar lang hoofdredacteur was. Met haar debuutroman *Rivka,* deels gebaseerd op het oorlogsverleden van haar vader, oogstte ze veel lof. *Het beloofde leven* is haar meest recente roman.